The Coffin Ship

[爱尔兰]
奇安·T. 麦克马洪
著
*
初庆东
译

爱尔兰大饥荒时期海上的生与死

棺材船

Life and Death at Sea during the Great Irish Famine

上海人民出版社

谨以此书献给我逝去的导师和朋友

戴维·W. 米勒（David W. Miller）教授

我看到了我的生活，然后走出去，
就像海员在夜间独自行走，
从他的房子到港口，
携带着捆绑好的物品，
在黑夜中乘船航行。

——德斯蒙德·奥格雷迪（Desmond O'Grady），
《目标》，1996

中文版序

1852 年秋，从爱尔兰贝尔法斯特启程前往中国厦门的“格特鲁德”号（*Gertrude*），在厦门征募 300 多名契约华工后，启航驶往古巴的甘蔗种植园，以补充那里的劳动力。契约华工与船员之间的关系从一开始就高度紧张。一位名叫谭才（Tan Chye）的契约华工在一份证词中对船上提供的食物满腹牢骚，这份证词刊登在 1853 年 1 月 17 日的《纽约时报》(*New York Times*）上。他解释说：“在晴天，我们可以吃到大米、咸鱼和蔬菜，但每顿都吃不饱。”“我们本来可以吃下两倍的量。”当船只遇到恶劣天气时，他们的境况会变得更加糟糕，只能吃干饼干、喝凉水。而且因为受制于语言障碍，他们的遭遇每况愈下。尽管从中国到中美洲的航程通常需要至少 4 个月的时间，但船员中没有一个人会说中文。谭才断言：“我们无法向船长索要更多（食物）……因为没有人为我们提供翻译。”契约华工最终忍无可忍，开始反抗，但船长无法理解他们叫嚷的内容，误以为他们试图推翻他的领导。于是，船长命令船员向乘客扣动步枪扳机，结果造成 17 名移民当场死亡，并有更多人受伤。船长把契约华工的不满误以为是一次未遂的哗变，而这实际上是一个移民内部“不同群体之间的误会”。

除却“格特鲁德”号是爱尔兰人在太平洋从事贸易的船只这一事实之外，契约华工的遭遇与《棺材船：爱尔兰大饥荒时期海上的生与死》(*The Coffin Ship*：*Life and Death at Sea during the Great Irish Famine*) 一书的核心人物爱尔兰人之间有着非常重要的相似之处。首先，他们是重塑 19 世纪中叶世界历史上大规模移民浪潮的重要组成部分。《棺材船：爱尔兰大饥荒时期海上的生与死》关注大饥荒时期那些离开爱尔兰的人。1845—1855 年，在只有 850 万的爱尔兰人口中，有 100 万人死亡，另有 200 多万人移民海外。这一时期的爱尔兰移民与远赴美洲地区的华工遥相呼应。从 19 世纪 40 年代中叶开始，有超过 12.5 万名契约华工前往古巴甘蔗种植园，另有 10 万名契约华工在秘鲁的种植园和鸟粪矿劳动。在今天的加利福尼亚地区发现金矿之后，又有数万名华工前往美国。其次，华人和爱尔兰人在移民海外的航船上死亡率相近。在当时欧洲船只所载乘客于航行过程中的死亡率平均为 1%—2.5% 的情况下，19 世纪的第 3 个 25 年中前往古巴的契约华工和 1847 年航向魁北克的爱尔兰移民的死亡率高达 10%。最后，也最重要的是，华人和爱尔兰人与德国人、东印度人等其他经历漫长路程的移民一道意识到，如“格特鲁德”号上所发生的，远航船上的社会动力学（social dynamics）不仅受到沟通不畅和暴力的影响，也由齐心协力和大无畏精神所形塑。本书即透过乘客的日常生活来观察海上航行如何影响移民。

对移民海上生活的关注是重要的，因为在很长时间里这一视角都被历史学家所忽视。例如，在爱尔兰，“棺材船”这一术语成为描述大饥荒时期航船状况的一个准确表述，这早已司空见惯。但这种表面的刻板印象不经意地剥夺了移民的人性，将他们的声音淹没在历史档案之中。同样，对 19 世纪的契约华工而言，“苦力”(coolies)

一词具有种族歧视的色彩，将数十万鲜活个体的生活和经历贬低为大量无法区分、毫无个性的受害者。如果可以倾听他们的声音，那么我们对他们经历的历史解释会有什么变化呢？《棺材船：爱尔兰大饥荒时期海上的生与死》就是这样的一个尝试，这也是我想要达成的目标。本书运用跨国史的研究方法，成为当前迅猛发展的海洋社会史（maritime social history）的一部分。在过去的数年中，很多学者已经围绕海盗、船员和奴隶在海上的经历推出重磅著作。但奇怪的是，移民并未成为他们的研究主题，尽管19世纪每个移居海外之人都会耗费数周或数月在海上漂泊。《棺材船：爱尔兰大饥荒时期海上的生与死》借助散落在世界各地档案馆的书信、日记和报纸，力图展示航行本身就是人类迁徙谜题中至关重要的一块拼图。

于美国内华达拉斯维加斯

目　录

导　论

约翰·戴维斯（John H. Davis）在为肯尼迪家族——爱尔兰裔美 1
国第一家族——所写的丰富多彩的传记中，富有想象力地重构了约翰·菲茨杰尔德·肯尼迪的祖辈“在船上可能的经历”——他们在大饥荒时期搭乘了一艘从新罗斯（New Ross）到波士顿的移民船。移民生活在黑暗且充满危险的甲板下，戴维斯写道：“病人在呕吐和呻吟，女人在分娩时尖叫，男人为争夺几英尺的床铺或因有人侮辱他们的出生地而大打出手。”船员经常在暴风雨来临时调戏女乘客，因此，强奸是“经常发生的事”。而最糟糕的是，这些船上的死亡率居高不下，只有三分之一的乘客能够活下来。“他们称之为‘棺材船’”，戴维斯说道，“这确实是死在船上之人唯一拥有的棺材”。[1]

长期以来，这种将饥荒时期的移民船只描述成“棺材船”的线性叙述模式，使人们对这一航行的真正理解蒙上了阴影。然而，当使用移民的话语去划破它的表面时，我们对移民的实际生活便有了一幅更加复杂却愈发清晰的画面。1847 年秋，托马斯·麦吉尼蒂（Thomas McGinity）和他的儿子从爱尔兰移民到纽约，当时船上的死亡率维持在史无前例的高水平。在到达纽约后不久，他写了一封信寄给家乡的亲人，告诉他们自己已经安然抵达。这封信连同其他数百封移民书信现存放在位于贝尔法斯特的北爱尔兰公共档案局。“我趁此良机向你写信，是要告诉你，我和约翰经过 30 天的航行已经安全抵达，谢天谢地”，托马斯在信中写道，“我的身体从来没有像在海上那样健康过”。当然，他不应该被看作是1847年（或任何年份）离开爱尔兰远航的移民的代表，因为很多人遭受苦难并逝于途中。但托马斯的书信是重要的，因为它为我们了解陌生而复杂的大饥荒移民故事提供了一个引人入胜的视角。此外，它还抛出了一个重要
2 问题：如果我们使用爱尔兰移民的话语和经历来重写，并以此种方式更全面地理解这一现代史上史诗般的时刻，那会发生什么？[2]

我们需要这种新颖的视角，因为历史学家长久以来忽视海上航行，将之看作人类迁徙大戏中的一则简短插曲。对于研究爱尔兰大饥荒的学者而言，更是如此。1995年，历史学家罗伯特·斯卡利（Robert Scally）解释道：“（大饥荒）这些年跨越大西洋的悲壮史诗时常被提及，因此好像没有必要去重述那些令人痛苦的细节。”“在饥荒的三联画中，两侧是航行首尾的斯基伯林（Skibbereen）和格罗斯岛（Grosse Isle）的场景，而‘棺材船’位居中间。”尽管包括斯卡利在内的大多数历史学家长期以来对众所周知的“棺材船”的真实性表示怀疑，但他们缺少一种立论有据的替代性论述，这使一系列罔顾史实的删削与曲解得以存续。例如，一般认为“棺材船”这一术语起源于大饥荒时期。实际上，这个术语的出现早于19世纪40年代，且在饥荒时期很少被提及；直到19世纪80年代初才开始流行，因为这一时期爱尔兰民族主义者在土地战争中以之作为反对土地所有者和英国恶政的修辞武器。“棺材船”的说法也将爱尔兰饥荒中的移民故事限定在跨大西洋范围内，而把1844—1855年前往英国和澳大利亚的规模较小但重要的移民潮（包括流放的犯人）排除在外。也许更加重要的是，爱尔兰移民被束缚在“棺材船”中的形象，剥夺了他们的活力、创造性和能动性。我之所以将本书的主标题定为“棺材船”，正是为了挑战那种公认的真理。如此老生常谈的真理

不仅限制了对饥荒时期爱尔兰移民的完整认识，而且限制了对更广泛意义上人类移民的完整认识。移民之旅早在船只起航前就已开始，并且一直延续至看到陆地后。我在书中的目标是将这一航行过程从晦暗不明的历史中拯救出来，然后重新安置航行的船只，将其与寓所和每周发行的报纸一同作为移民史富有活力的组成部分。[3]

本书通过爬梳三大洲的档案馆和图书馆所藏书信、日记、政府
文件及报纸，聚焦移民亲身经历。我最初的目标是辨识与理解饥荒 3
时期爱尔兰移民跨越大西洋的生存策略。鉴于前往英国和澳大利亚的人与他们前往加拿大和美国的亲友使用了很多相同的策略，因此严格区分北半球的移民潮与南半球的移民潮只会阻碍课题的完成。民族主义政治家约翰·奥康奈尔（John O'Connell）在 1854 年要求移民船至少与流放犯人的船一样适于航行，这指向另一个重要因素：那些搭乘运输犯人船只的爱尔兰人（很多人是自愿的）构成了这一时期移民大潮的一个支流。在更宽泛的意义上，这也让我确认，一个人耗费在船上的数周甚至数月时间，仅仅是航行的一部分。19 世纪的海上航行确实是一个漫长的过程，从收集离开所需物品开始，到在当地社区定居结束。在这一过程中的每一步，移民都要依赖地方性和国际性的联系网络。因此，本书的核心观点是，迁移过程绝不仅仅是个体从这里到那里。实际上，通过鼓励金钱、船票、建议与信息的跨国交流，航行本身在爱尔兰人大流散的世界性网络中催生出数不胜数的新线索。[4]

了解饥荒最初发生的背景，这很重要。在灾难发生的前夕，大多数爱尔兰人生活在（大不列颠及北爱尔兰）联合王国的经济边缘，过着朝不保夕的生活。绝大多数人口生活在农村，以农业为生。耕地是贝尔法斯特、都柏林和科克这些工业城市外围最重要的生产资料，大多由数量较少且主要是清教徒的精英控制。这些精英的祖辈

从 16、17 世纪国家没收的地产中分得这些耕地。然而，农村中并不是一派富裕佃农繁忙劳作的景象。60% 的耕地由 25% 的农民租种。大约半数的农场拥有很少的地产（5 英亩左右）和短期转租的贫瘠土地。在他们之下，是小农和工资劳动者；在农场工作的男性中，60% 的人持有很少或完全没有属于自己的土地。到访爱尔兰的人经常会因季节性失业、粮食短缺和许多爱尔兰农民破败不堪的住房而震惊
4 不已。尽管物质匮乏，但爱尔兰农民有强大的社会凝聚力，具体表现为小村庄（clachan）——家庭与邻里联系紧密的地方共同体，团结一致又植根于小块土地占有制（rundale system）这一延续数世纪的土地管理方式。在这种制度下，土地共有，并且定期重新分配，以确保每个家庭都能分得上等地、下等地和中等地。尽管小块土地占有制以及扩展而来的小村庄在 19 世纪中叶因为土地所有者寻求农业生产理性化的压力而陷入危机，但生活在爱尔兰的大多数民众仍然认为他们是由传统、血缘和互助结成的关系网络的一部分。1845 年，当枯萎病袭击马铃薯这种爱尔兰人严重依赖的作物时，无疑从爱尔兰人的生活中踢走了一根支柱。很多人死亡，而更多人带着这种强烈的亲属关系和共同体意识移居海外。[5]

爱尔兰人在饥荒年代的蜂拥而出，成为人类移民史上最大的浪潮之一。数百万德国人和意大利人也在 19 世纪离开他们的家乡，尽管这些群体在数字上要大得多，但他们的人口基数更大。饥荒前夕生活在爱尔兰的人口大约有 850 万，在随后 10 年里有 100 万人死亡，另有 200 万人移民，这是骇人听闻的。无怪乎《戈尔韦水星报》（*Galway Mercury*）在 1851 年抱怨道："康尼马拉（Connemara）因移民而几乎成为无人区。"这一运动的规模也给大饥荒的标准化分期带来麻烦。大多数学者同意克里斯廷·基尼利（Christine Kinealy）的看法，即随着 1852 年没有枯萎病的马铃薯的丰收，"最严重的饥荒

图 1 1845—1855 年爱尔兰移民的年度人数

在爱尔兰各地随之结束”。但从移民的角度来看，这种分期并不能令
人满意。爱尔兰的饥荒移民直到 1851 年才达到峰值，超过 25 万人
迁出。实际上，在 1855 年之前，爱尔兰移民一直没有恢复到饥荒前
每年不到 8 万人的水平（参见图 1）。因此，我使用 1845 年（马铃
薯枯萎病暴发）到 1855 年（饥荒引发的移民结束）作为本书的历史
分期。我限定的地理范围同样是宽泛的。大饥荒时期，爱尔兰有超
过 200 万人移民国外，人数最多的（150 万）是前往美国，另有 30 5
万人前往加拿大。大约同样多的人在英国落脚，他们要么是计划前
往更远的目的地，要么就是钱花光了。移民到澳大利亚和新西兰的
爱尔兰人不到 7.5 万人，同时有 6000 多名犯人被运送到范迪门之地
（Van Diemen’s Land）。尽管我努力将每一个群体都纳入我的故事中，
但最大的群体（前往美国和加拿大）显然最受关注。[6]

英国和爱尔兰的海上运输结构在饥荒年代也发生了重大变化。如图 1 所示，早年（直到 1848 年）没有足够的船只运送出国的移民，特别是 1847 年，爱尔兰移民的数量是前一年的两倍。[7] 很多有生意头脑的人临时启用各类船只（并不是所有船只都适宜航海），即使是秋冬时节，这些船只也都在运营，而乘坐这些船只航行是危险且不舒适的。他们之所以能够这么做，是因为政府分散的移民官员网络并未准备好管理这些蜂拥而至的人、船只和新近活跃的港口。这些因素连同政府的自由放任经济政策和对社会骚乱的担忧，致使
6 很多铤而走险、惊慌失措和身体抱恙的移民在危险的情形下起航，这为 1847 年恐怖的降临搭好了舞台。1848 年移民人口的显著减少与改善航行条件的诸多举措相一致，使 1849—1851 年向外移民的人口稳步增长。1848 年，英国对移居英属北美的人口开征人头税，因此移民潮转向美国。随着安逸的农民家庭选择离开故国，移民的涓涓细流汇集成滔滔不绝的洪水，当地企业在与美国邮轮公司建立更为密切的工作联系的过程中因势利导，承租最好的船只，竞相提供最好的船上条件。英美政府在 1847—1855 年间多次更新《乘客法案》，以确保正常的移民船只不太拥挤、有更好的通风条件并配备更加舒适的补给品。[8]

大饥荒中的爱尔兰人因前往的目的地不同，航线也不同，而不同航线之间有着显著的差异和相似之处。显而易见，最大的差异是航程的长度。75% 以上的爱尔兰移民必须穿越爱尔兰海才能前往世界各地，航程覆盖大约 200 英里（从都柏林到利物浦）波涛汹涌的海路，需要 14—30 个小时来完成。当然，这取决于从何处出发。这一航程极不舒服，甚至是危险的，但与前往北美的远航不可同日而语。举例而论，从利物浦到纽约的航程约 3000 英里，需要差不多 6 周时间。从爱尔兰直航加拿大约 5 周时间。前往澳大利亚的航线显然最长，大约要三个半月，从英格兰到悉尼的航路长达 13000 英里。这些长短不一的航行无疑形塑了不同的社会关系。到利物浦的短程航行没有为移民提供足够的时间和刺激以发展新的社会关系。移民团结一致的情形更可能发生在前往美国或加拿大的数周海上航行中。尽管很难量化，但可以合理想象，前往澳大利亚的漫长旅行要比其

他旅程较短的航线催生了更为强烈的同心同德与种种敌意。与此同
时，所有移民共享某些具有持续重大影响的经历。他们抛下亲人， 7
他们在公海上冒险，他们结识新的朋友，他们历经生死。他们自己做饭，睡在木制板床上，还要与晕船作斗争。“我认为我是最脆弱的人”，詹姆斯·米切尔（James Mitchell）在回忆1853年从都柏林到利物浦的旅行时哀叹道，“尽管我身边还有人和我的情况一样糟糕”。这些共有的经历有助于将流散各地的爱尔兰人凝聚起来。[9]

那些主动选择或被迫移民（或帮助其他人移民）的爱尔兰人还面临着筹措足额现金的艰巨任务。由于年份和目的地不同，一个成年人在大饥荒时期的一次航行需花费从几先令（从都柏林到利物浦）到至少3英镑（从爱尔兰到加拿大最近的路线），再从四五英镑（从利物浦到美国）到超过18英镑（从英格兰到澳大利亚）不等。在一个大多数劳工年收入10英镑即可维持生活的时代，这是一笔巨大的投资。这些费用可以为旅客在船舱中提供一个多人共用的卧铺，旅客每天可以获得3夸特淡水，以及1磅重的燕麦片、面粉或饼干，并且可以在公用的炉子上烹调。尽管前往澳大利亚的船只受到严格监管，但在大西洋上远行的船只没有严格遵守这些规则。除航行本身外，大多数旅客愿意额外花费1英镑添置一套足以应付海上生活的装备，以及花费同样数额的钱购买粮食以补充船上限额提供的不足。因移民从居住地到登船港口距离的远近不同，他们还需要花费数便士到数英镑不等才能登船。同时，他们最好留数便士在口袋里，以支付旅途中的各项杂费。在一个濒临崩溃的经济中，200多万人是如何成功筹措这些资金的？如果不是大多数，那也是相当数量的移民，往往从家乡和海外亲友处得到现金或预付船票。其他人则变卖家具、农具和牲畜，或者通过出售他们在农场中的“权益”以获得对自身改良农场的补偿。那些渴望获得有利可图的土地和降低济

贫税的地主，为佃农支付移民费用可以使他们摆脱赤贫家庭的“累
8 赘”。在大饥荒的最后几年，爱尔兰一些地方联合济贫会（poor law
union）管理的济贫院已不能容纳更多饥饿的人口，他们开始将移民视为比向穷人提供食物和住所更为划算的方式。历史学家倾向于将这些不同的救助方式描述为单独的存在，但正如我们看到的那样，这些救助方式之间常常存在很多重叠。[10]

19 世纪海洋资本主义的循环系统，不仅长途运输木材、生铁、精美的陶器，而且也包括迁徙的移民。众所周知，很多爱尔兰人乘着空荡荡的木材货船向西航向加拿大寻找时鲜货，但真相是 19 世纪中叶很多船只往往会改造船内装置以适合客货两用。跨洋贸易的特点要求所有船只必须是灵活的，他们从北美和澳大利亚运出诸如棉花与羊毛等大宗原材料，并在返程时装载纺织品、工具等精美而小型的商品。因此，前往南半球和西半球的船只尚有额外的空间。当 19 世纪初奴隶贸易被废止后，空间未充分利用的船只开始搭载更多的欧洲移民。简言之，市场经济与迁移模式之间总是存在联系。在 18 世纪亚麻布风靡之际，阿尔斯特（Ulster）从宾夕法尼亚进口亚麻籽，当地的移民乘坐返航船只前往大西洋中部的国家。到 19 世纪 40 年代，爱尔兰周边港口从魁北克和新布伦瑞克（New Brunswick）进口大量木材，包括松木板和桶板，以满足箍桶匠制作盛放鸡蛋、黄油、猪肉的木桶。与此同时，利物浦成为从美国进口棉花到兰开夏各地纺织厂的门户。满载货物的船只从新奥尔良、查尔斯顿等港口出发，常常在返航时装载货物（和支付费用的移民）前往波士顿、费城、纽约等北方城市。之后沿海岸南下，从而再次开启循环。最后，英帝国的优先选项意味着在英国与澳大利亚和新西兰之间经常出现货物短缺。一艘船“可能一整年都在运送犯人”，查尔斯·贝特森（Charles Bateson）在他的经典著作《犯人

船》(*The Convict Ships*) 中写道，“下一次在澳大利亚水域出现时，
船上往往满载货物、旅客或移民，或仅仅是作为货船远航”。英国需 9
要羊毛，而澳大利亚需要劳工。一艘帆船往返一次就可以完成贸易闭环。[11]

这些船只的多重功能意味着它们的物理布局经常处在变化中，但它们都运送犯人，并涵盖一些共有的基本特征。大多数船只是三桅帆船或四桅帆船，装有至少 3 个顶层甲板（艏楼在前面，主甲板在中间，艉楼在后面，尽管一些船只在紧挨着主桅后面装有升高尾甲板)。海上生活森严的等级决定了艉楼和尾甲板往往预留给官员以及一等和二等“房舱”的乘客，统舱的乘客只能在主甲板区域活动。除桅杆栅栏、升降索、系索栓和海事劳工的其他装备外，甲板上至少还有一个水房和一套明火炉排，供统舱的乘客在指定时间内做饭使用。此外，船只还配有一艘或几艘小船用于往返海岸，但不是现代意义的救生船。生活区位于甲板的下面。官员和房舱乘客在相对舒适的房间中睡觉和进餐，位于艉楼甲板的下面，靠近船只的厨房和医务室（那个时候船上往往设有 1 个医务室)。全体船员生活在艏楼。船的心脏部位是统舱，也被称为二层舱，是一个长长的房间，从主甲板的舱口进入。这里就是普通移民在整个航行过程中食宿的地方。他们将铺盖放在双层甲板舱的木架上，木架是沿着统舱的墙体搭建的，按照 6 英尺乘 6 英尺的大小分割成舱位，每个舱位住有 4 人，甚至更多。在最大的船上，桌椅放在舱位之间的空隙里，两头有盥洗室。统舱有时会被分成隔间，用来安置已婚夫妇，将单身男性和单身女性隔开（见图 2)。最后，移民将他们的一些食物和衣服放进麻布袋、旅行袋、旅行箱和靠近他们舱位的储藏箱。他们剩余的随身物品，连同船只的给养、淡水和其他货物统统都放在船身底部的货舱，在任何特定的航程中一般都很少进入。[12]

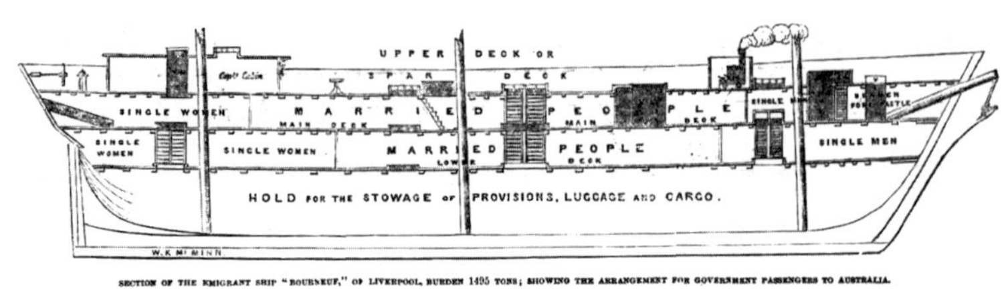

10 图 2 1852 年前往澳大利亚的“布尔纳夫”号（*Bourneuf*）的一个横截面，这是一艘双层甲板的移民船

来源:《伦敦新闻画报》(*Illustrated London News*)，1852 年 6 月 26 日。感谢英国报纸档案馆（www.britishnewspaperarchive.co.uk）和大英图书馆委员会惠允使用。© Illustrated London News Group

大多数深海船只都大同小异，但并不意味着它们是同质的。在大多数情况下，美国船只要比英国船只更好。由于数十年的贸易保护主义和传统，英国船只通常更小、更慢，而且往往是过时的。1834 年劳埃德船级社（Lloyd’s Register）建立后，根据船只的年龄、建造标准、整体的维护情况，将所有船只划分为三个等级。尽管移民按理只能乘坐一等或二等船只（第三等级的船只甚至不被允许在欧洲范围内进行沿海贸易），但由于监管不力、无知、不断膨胀的需求和先前提及的欺骗，使得 19 世纪 40 年代中叶很多爱尔兰移民搭乘不适于航行的船只前往加拿大。司法管辖权问题也使很多设备陈旧的英国船只能够搭载乘客前往美国，而英国船长还因在启程前挑战政府代理人的权威、在海上对移民横行霸道而声名狼藉。但航向澳大利亚的英国船只并非如此。不论是乘客支付费用乘坐的私人船只，还是获得资助的移民乘坐的殖民地土地和移民委员会（CLEC）特许的船只，船上都配有至少 1 名全职外科医生，移民在旅途中可以获得更好的照管。同样，政府严禁为二等或三等船只颁发运输犯人的特许状，并要求 1 名医学专业人员在场维持纪律、保持卫生和提供像样的食物。[13]

尽管美国船只本来是为运输原材料和商品而设计的，但为因应

日益增长的移民贸易，他们改变了船只的设计和运输货物的清单。殖民地土地和移民委员会主席托马斯·默多克（Thomas Murdoch）在 19 世纪 50 年代中期向英国一个特别委员会证实，美国的移民船 11
只“壮丽宏伟”，常常装有“固定的床位”。随着这些船只和他们的船员以航行速度更快、更安全著称，美国在 1847 年之后成为爱尔兰移民的主要目的地，美国船只占据客运业的大片江山。1849 年，前往纽约的旅客选择乘坐美国船只的人数是选择乘坐英国船只的人数的两倍，而且这一趋势一直持续到 19 世纪 50 年代。根据默多克的证词，1853 年从利物浦乘船到美国的移民共有 175000 人，其中美国船只运送了 158000 人。这主要是因为以科普家族（the Cope family）为代表的美国人在这些年里主导了跨大西洋航运业。我在研究中曾使用过科普家族的档案。常规船只要等到装满货物或旅客后才启程。尽管这种做法对船主是方便的，可以保证每次昂贵的航行都能达到最大装载量，但对旅客和商人却是极大不便，他们可能要等待数天或数周才能启程。因为美国邮轮每个月在固定时间起航，所以最受欢迎。这些船只的时刻表构成复杂的资本主义交换体系的基础，爱尔兰农民必须了解这个体系，并且参与进去，惟有如此才能在大饥荒时期移民海外。[14]

本书在最广泛意义上使用“旅行”(journey）一词，全书五章内容依次考察大饥荒时期海内外的爱尔兰人在启程、航行、抵达的过程中同心同德、相互支持的复杂面相。从在十字路口的挥泪告别到路遇利物浦的骗子和盗贼，前两章考察了航行的早期阶段。第一章论证了准移民如何通过复杂的社会关系网络，有时跨越数千英里以获得启程所需资源。然而，在统舱中获得立足之地只能算是第一步，他必须按时到达船只起航的港口。而要做到这一点，正如第二章表明的那样，常常意味着需依靠同样的跨国和地方交换网络，使

航行成为首要之事。第三章探析乘客在统舱的海上生活，有学者曾将之与“高密度的城市环境”作过对比。在一个周围都是陌生人的
12 生态系统中，移民的共同体意识突破了朋友和家庭的传统束缚，这些在他们家乡占主导地位。海洋航行在真正意义上是以共有的经历为基础，而不是亲属关系，这为社会秩序奠定了心理基础，也是在新世界建立新共同体的基础。海上生活使爱尔兰人从“向外移民”(emigrants) 变为“向内移民”(immigrants)。第四章分析船上死亡的情况。经过对可获得的死亡数据的条分缕析，转向分析死亡和临终者对一个给定船只上的微型共同体和生活在陆地上的人们的影响。研究表明，尽管船上的死亡率可以将漂浮不定的共同体撕裂，但也可以将他们更紧密地联系在一起。最后，第五章涉及移民到达新世界面临的挑战。移民着手重建他们与爱尔兰的联系，这与他们在北美和澳大利亚组建新的联系是同步的。总体而言，依据上述各章的简要论述，可以得出这样的结论：航行不是一条漂泊的线程，反而是移民生命肌理的一个重要接缝。[15]

这种将移民航行作为19世纪全球网络连接链条的思路，为理解现代历史提供了一个新视角。科马克·奥格拉达（Cormac Ó Gráda）和其他学者认为移民是历史上对饥荒的一种救济方式，这毫无疑问是正确的，但本书将证明移民在重建共同体及之后都发挥了作用。但凡读过这些爱尔兰移民的书信和日记的人，都不会认为19世纪中叶的海上航行是安全的，或者是轻而易举的过程，对无数民众经历的苦难轻描淡写绝不是本书的目标。毫无疑问，当时的很多报纸也没有这样做。“罹难者……从感染瘟疫的船上被扔到海里，成为怪物的食物，连最勇敢的人看到怪物都会脸色苍白。”都柏林《民族报》(*Nation*) 在1847年8月哀叹道：“(或者) 将与陌生人一同埋葬在一片陌生的土地上！”对死亡和流离失所的担忧是大饥荒时期移民日常

生活的组成部分。相应地，关于移民的智慧、勇敢和决心的故事长
期被“棺材船”的原始印象所遮蔽。超越海量的统计数字、官方报
道和陈词滥调，去倾听移民自己的诉说，这不仅为我们提供了一个
混乱但更加真实的图景，而且也有力地证明了成百上千次的航行如 13—14
何帮助我们重织被撕裂的联结纽带。1846 年，一位不具名的赞助人
在寄出一张预付船票回爱尔兰之前，在船票的背面草草写下一段鼓
励的话。“我希望你的朋友可以帮助你做好准备，你不必感到害怕”，
他写道，“因为你要乘坐的船只非常安全，就像你坐在马吉先生（Mr.
Magee）的火炉旁”。本书正是以这些消失的声音为向导，带领大家
穿越一段隐藏已久的历史的“无轨深渊”。[16]

第一章

准　备

15 1847年4月，来自爱尔兰女王郡（Queen’s County）芒特梅利克镇（Mountmellick）的汉娜·林奇（Hannah Lynch）给她在费城的兄弟约翰写了一封信。汉娜的很多邻居所仰仗的汇款系统正如火如荼地发展，这是她们移民所需钱财的来源。汉娜解释道：“我想希利神父（Rev. Fr. Healy）每天都会收到50多封书信，而且每封信中都有现金。”“这些书信是由身在美国的人寄给他们在家乡的朋友的，他们希望把这些朋友带到自己身边。这里的邮局每天都塞满了书信，几乎没有一封是不附现金的。”本章考察大饥荒时期人们为离开爱尔兰而筹集资金的不同方式。通过成功地利用跨国和地方的交换网络，移民和他们的朋友及家庭强化了共同体和权力的跨国联系。来自海外的汇款是移民过程中跳动的心脏。不论是来自多伦多、悉尼，还是纽约，这些现金资助具体表现为金融凭证（例如支票、预付船票），穿梭于国际网络（例如包裹和邮政系统）中，最初都立足于国际资本主义提供的服务。当这些汇款同地主、济贫监护人、教士和政府官员提供的官僚的、财政的及其他各种支持相结合时，也将共同体和权力的地方性节点与可以将民众带离的商业、交通和帝国的全球网络联系在一起。因此，每位移民航行的第一步就是在爱尔兰人的世界中发展和强化跨国联系。[1]

“带我们离开这个贫困之岛”：
家庭、朋友和私人慈善组织

1846年8月10日，澳大利亚吉朗（Geelong）的詹姆斯·珀塞尔（James Purcell）向他在基尔肯尼郡（Kilkenny）的姐妹布里奇特·布伦南（Bridget Brennan）汇了一笔钱。此时，布里奇特正在帮助詹姆 16
斯的孩子前往澳大利亚与他汇合，这张10英镑的支票是用来为她们购置“衣物和航行必需品”的。在另一封信中，珀塞尔汇寄了21英镑以支付布里奇特的行程费用。然而，这类汇款是灵活变动的。如果布里奇特选择不去，那么“可以推荐任何人去，我想可能是米克（Mick）”。如果不是米克，“那就是我姐妹的儿子帕特·布伦南（Patt Brennan）”。一年之后，布里奇特的地主注意到这类汇款带来的显著影响。查尔斯·万德斯弗德（Charles Wandesforde）的很多佃农在亲人的帮助下移居国外。“他们家庭的成员从美国汇寄钱款来帮助他们。在一年的时间里，很多兄弟姐妹愿意帮助他们家庭的一到两名成员，最后将他们整个家庭迁走，这种情况并不鲜见。”这种家庭导向的援助过程经常被历史学家称为“链式移民”(chain migration)，占据大饥荒时期爱尔兰移民所获经济援助的大部分。尽管有些人手头有足够的现金，但大多数人还是需要这样或那样的帮助。这也就解释了为什么大饥荒时期爱尔兰移民的年度人数、费城一家邮轮公司出售的预付船票、从北美到英国的汇款数量，都在19世纪50年代初达到峰值，而通常认为饥荒在此时已快要结束（见图3和图4）。

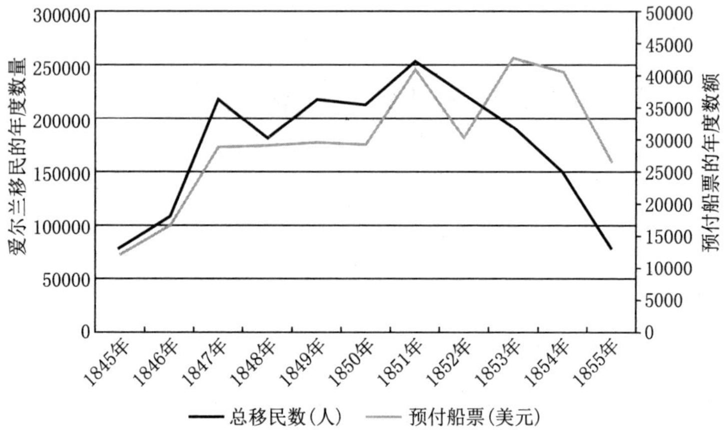

图 3 1845—1855 年爱尔兰移民的年度人数与从科普家族邮轮公司购买的统舱预付船票的数额[2]

来源：《从科普家族办事处购买预付船票的年度美元额度（四舍五入到十位数）》，记录在日志中“向内的统舱乘客”条目下（vols. 86—88, HSP）。

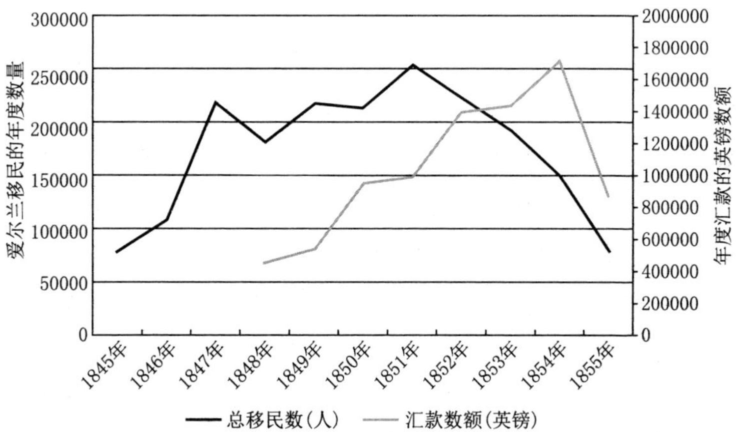

17 图 4 爱尔兰移民的年度人数（1845—1855 年）与从北美汇到英国的钱款数额（1848—1855 年）

来源：《从北美汇到联合王国的年度现金数额》，引自 *Twenty-Fourth General Report* (1864), 583。只有 1848 年以后的数据。

正如我们所看到的那样，这类跨国汇款系统在爱尔兰人大流散中充当修复和重建被撕裂的社会纽带的角色。[3]

尽管现金汇款直到1854年才达到峰值，但这是从饥荒早年开始的爱尔兰移民全球交往的组成部分。1847年，美国爱尔兰裔贵格会教徒雅各布·哈维（Jacob Harvey）宣称，1846年爱尔兰移民汇往家乡的钱款超过20万英镑。哈维指出，“贫穷的爱尔兰人的爱心并不会因为移居国外而改变”。“他们的善心就像宗教信仰一样根深蒂固，将剩余工资首先用来帮助那些留在家乡的亲人！”在纽约的爱尔兰裔美国人可以从天主教大主教休斯（J. J. Hughes）和爱尔兰移民协会处获得帮助，也可以从哈恩登公司（Harnden）移民办事处提供的服务中获得支持。哈恩登公司承诺：“寻找朋友下落的客户可以信赖我们，我们将按照约定找到客户要找的朋友。”在1846年寄往悉尼《纪 18
事晨报》（*Morning Chronicle*）的一封信中，英国慈善家卡罗琳·奇泽姆（Caroline Chisholm）认为移民将礼金寄回家乡代表了一种“慷慨和值得称赞的感情”。这封信随后被爱尔兰的报纸转载。她认为政府应该鼓励这种促使家庭团聚的努力，“这不仅对他们自己有利，而且对公众也有益”。然而，生活在澳大利亚的爱尔兰人却发现他们很少有负担得起的选项。最迟到1852年2月，“一位来自蒂珀雷里（Tipperary）的人”向悉尼的《自由人之报》（*Freeman's Journal*，爱尔兰裔澳大利亚人的旗舰周刊）抱怨道，如果他们当地的银行出售2英镑到5英镑的小额汇票，“绅士们，（我们）将要向世界表明在澳大利亚的爱尔兰人对他们家乡亲友的同情”，即与在美国的爱尔兰人作出相同之举。1853年，伦敦《泰晤士报》将洪水般的汇款归因于爱尔兰人独有的特性。是年3月，《泰晤士报》发表社论称，“家庭、族群、语言和宗教的所有感情，在之前使爱尔兰人留在家乡，现在以同样的力量推动他们移居海外”，“他加入或去或留的人群中，当后者流行时，他将从众离开，就像此前在原地坚守一样”。[4]

很多打算移民海外的爱尔兰人为获得亲友的帮助，在信中极为详尽地描述了他们在爱尔兰的悲惨生活和绝望之感。1846 年 9 月，在一封写给远在加拿大的父母的信中，米歇尔·拉什（Michael Rush）和玛丽·拉什（Mary Rush）将在斯莱戈郡（Sligo）阿德纳格拉斯（Ardnaglass）的生活描绘成一幅凄凉的画面。他们写道：“亲爱的父亲和母亲，语言无法形容这个国家的贫困，现在整个爱尔兰的马铃薯颗粒无收。”“这里没有什么值得期待的，除了即将到来的饥荒。”这对兄妹乞求父母“带我们离开这个贫困之岛”。一些人则寄希望于家人之间的牵绊。艾菲·格里芬（Affy Griffin）的丈夫舍弃她和 4 个孩子独自前往美国，艾菲求助他的兄弟，“请利用你对乔治的影响力，劝说他把我从贫困中解救出来”。艾菲坦言，过去的一年半生活十分艰难，要不是一些朋友的接济，她和孩子早就要被关进当地的济贫院了。虽然其他人是在乔治之后离开爱尔兰的，但他们早已
19 将旅费汇给家人，而“（乔治）连一便士都没有寄给我”。还有一些人简直是绝望至极。诺兰夫人（Mrs. Nolan）在寄给她在罗德岛的儿子的信中，表达了她和另一个儿子迪克斯（Dicksy）想要移民的强烈渴望。在鼓动儿子与其他家庭成员一道协助她们逃离故土之前，她解释道：“帕特，我无法让你对我们的痛苦感同身受，除非你经历过在饥饿和贫困的时候没有朋友或伙伴给你一个先令或一个便士。”“可怜的孩子说”，她总结道，“如果明天能够收到寄给他和母亲的书信的话，他就会赤裸地跳上船，因为他已经迫不及待地想见到你们”。[5]

准移民有时会利用内疚感，迫使家庭成员给他们汇钱。艾菲·格里芬认为她丈夫的兄弟丹尼尔可以用这种方法说服她丈夫资助她和孩子。在坦诚乔治“喜欢喝点酒”和“喜欢打扑克或玩其他赌博游戏”后，她告诉丹尼尔不要提这些事儿，因为她知道丈夫在

意名声。因此，艾菲建议丹尼尔不要直截了当地与乔治谈。她说："比如你可以说你从来自爱尔兰的某人那里听说，但不要说这个人是谁，我们的生活穷困潦倒，然后你希望他能够发财，（让他的妻子儿女）住在你附近。"住在丹尼尔附近可能会"给（乔治）一个目标"，使他能够"改头换面"。其他人则直接要求他们离开的家庭成员不要弃他们于不顾。汉娜·林奇坚信她的兄弟即将给她汇款，因此她将家具悉数变卖，"家徒四壁"。林奇感到被她的兄弟忽视了。"我认为没有事情可以让你忘记我，我现在孤身一人"，她写道，并提醒她的兄弟她们的父亲曾经承诺要举全家之力来帮助她。林奇还援引共享和慈善的乡村传统来为自己壮势。她提醒自己的兄弟："父亲多次暗地里借钱给邻居，我确信无论是他还是你，都不如把这些钱寄给我，才能更好地使用这些钱。""每个人都收到了钱，只有我没有。我甚是嫉妒，并为你们感到羞耻。"[6]

汉娜·林奇提及的借贷习俗表明并不是所有的移民汇款都是现金救济。一些人或多或少地会临时借贷，以正式或非正式的方式承诺，一旦定居海外并开始有稳定收入后会立即归还借款。汉娜·林 20
奇在对兄弟感到愤怒和失望中，不冷不热地承诺将归还她和家人前往宾夕法尼亚的船票费用。"我相信我会和其他人一样"，她写道，"如果你能尽你所能地借钱给我们，谢天谢地，我们也许能够还给你"。相比之下，米斯郡（Meath）拉霍得（Rahood）的一位名叫玛格丽特·马斯特森（Margaret Masterson）的洗衣女仆，在 1850 年 10 月写给肯塔基州波旁县（Bourbon County）的亲戚米歇尔·马斯特森（Michael Masterson）的书信中，明确无误地承诺会尽快把钱还给他。"我迫切想去美国"，她解释道，"在你的来信中我感到了令人鼓舞的力量，特别是你愿意为想去你那里的朋友支付旅费，我发自内心地想去"。"如果你能够好心地垫付我的路费，在上帝保佑下我能顺利到达的话，我会挣钱后立即把钱还给你，并满怀感激，我也相信我可以做得很好。”有时候移民和他们的资助者会借少量钱以弥补汇款的不足。威廉·厄利（William Earley）在寄送预付船票前，表达了他对未能早些寄出的歉意。“我没有钱”，他解释道，“我必须借一部分钱”。1848 年，另一位赞助人将预付船票和用于支付航行中所有开销的一张 4 英镑的支票一同寄出。“如果不够的话”，他建议道，“布里奇特或托马斯会借给你想要的数额，之后我再还给他们”。借贷与偿还贷款的国际循环体系为汇款系统的良好运转保驾护航。[7]

鉴于现金汇款对汇款人和收款人的重要性，常常随之而来的还有关于如何花销的明确建议，这是可以理解的。例如，人们总是担忧预付船票丢失或失窃。“亲爱的姐妹艾伦（Ellen）”，一位汇款人写道，“如果其他人拿到这张船票，你就无法成行，我也会损失为你购票所支付的 4 英镑”。那些不愿意接受这一恩惠的人，需按要求将预付船票跨洋寄回。“请妥善保管好这一通行证明”，玛丽·奎因（Mary Quin）被告知，“如果发生意外，导致你不能成行的话，那么就将船票寄返给我，我还有望凭船票把钱拿回来，而没有船票就无法退钱”。寄送现金以供移民购买海上给养的资助者经常提醒要将部分开支放在首位。玛丽·达根（Mary Duggan）是一位在安大略省工作的仆人，当听说她在德里郡（Derry）邓吉文（Dungiven）的姐妹
21 迫切地想要离开爱尔兰后，她汇去了 4 英镑，“这足以将她带到这个国家”。随支票一起寄送的还有为确保她姐妹把这些钱花在刀刃上的建议。专款包括前往魁北克的船费 2 英镑 10 先令，购买燕麦片所需的 9 先令，购买猪肉火腿所需的 5 先令，更不必说购买茶叶和糖等杂货的小额支出。在信的结尾，玛丽提醒她的姐妹可能会有很多人给她出主意。“不要相信他们”，她坚持说，“按照我在这里告诉你的建议行事，才是正确的”。保护珍贵投资的渴望和捐赠者自身移民过

THE EMIGRATION AGENTS' OFFICE.—THE PASSAGE MONEY PAID.

图 5 移民在科克的船票经纪人办事处购买船票
来源:《伦敦新闻画报》,1851 年 5 月 10 日。感谢英国报纸档案馆和大英图书馆委员会惠允使用。© Illustrated London News Group

程中的一手经验,都不鼓励被资助人进行新的尝试。[8]

资金和建议强化了汇款系统,此外还需要其他信息。例如,在没有闲置资金的情况下,“链式移民”要传达所需资金的具体额度。1848 年 2 月,在马里兰州巴尔的摩市的约翰·奥康纳(John O’Connor)寄给他在戈尔韦郡的妻子朱迪(Judy)10 英镑。“你务必精打细算”,约翰写道,“我一个月之内可能有机会(给你寄更多的钱)”。但他仍需要了解当前船费的准确信息。他坚持要求道:“请
你告诉我从戈尔韦郡出发的船费是多少。”“如果可以的话,你告诉 22
我到利物浦的路费要多少,因为我是从你在利物浦启程估算的。”想要移民的人如果计划利用他们的“链式移民”纽带,必须有人指导该如何顺利进行。1849 年,约翰·里甘(John Regan)的兄弟给他寄了一张从科普家族轮船公司购买的前往费城的预付船票,并给出一些指导性建议。“如果你打算来,我不建议你带着家人”,他说,“但如果你和帕特里克(Patrick)一起来,你们有机会可以亲热,而且在上帝的护佑下也许很快就可以把其他人接过来”。同样,1850 年底,

贝西·马斯特森·麦克马纳斯（Bessie Masterson McManus）和丈夫在计划出发时，向她的表亲寻求建议。她们已经攒够一个成人的船费。贝西询问："我亲爱的表亲，你建议我们两人谁先过去？"两人都有各自擅长的技能和经验，但"如果你建议让我丈夫先过去的话，他可以照看你的女儿还有他自己的一个女儿，如果女儿的朋友愿意让她跟她爸爸一道去美国的话"。帮助可以通过不同的方式得到回应。[9]

尽管贝西计划由她或她的丈夫移民海外，然后让先一步移居海外的人单枪匹马地为另一个人积攒船费，最后再轮到两个孩子移民，但事实是筹措汇款通常需要很多家庭成员的共同努力。1848 年初夏，一位不具名的赞助者在一张预付船票的背面写下一段话，描述三兄弟如何努力工作以使其中一个人离开爱尔兰的情形。"关于我的兄弟"，他解释道，"我很遗憾他现在不能前来，我会再次致信给另一个兄弟威廉，商量尽快凑足路费"。对于他们三人来说，这是行之有效的办法。"我愿意支付他船费的一半，如果威廉愿意支付另一半的话。至于航行途中的给养，就让他（准备移民的兄弟）自己来准备。"如果不能即时给出船费和给养费用，可以承诺待移民到达目的地后提供帮助。1851 年 5 月，丹尼尔·朗特里（Daniel Rowntree）正等待他的姐妹伊莱扎（Eliza）的来信，因而耽搁了给在都柏林的另一位姐妹写信。"我期待从她那里获得钱以帮你负担费用"，丹尼尔解释道，"但她改变了主意，等你到达后她会为你提供帮助。到那时，她会提供你所需要的东西"。因为将现金用作汇款意味着留给那些仍在爱尔兰的人的钱变少了，一些资助者要花时间来解释短期代价换
23 来的长期收益。"我们打算让你的一个女儿来我们这里，并寄给你几美元"，一位在美国的匿名作者解释说，"但你的两个女儿如果过来，将给你们带来 10 倍的好处，因为她们离开这个国家后很快就能帮助

父母将其他家庭成员带出来”。[10]

那些生活在海外的人除提供现金和船票之外，有时还利用汇款系统减轻那些将要移民之人的恐惧，重新点燃他们与留在爱尔兰的亲人之间的爱和感情。例如，玛丽·凯利（Mary Kelly）的匿名赞助者在给她的预付船票的背面安慰她不要担心在爱尔兰的债务。“如果你欠斯莫尔先生（Mr. Small）或其他任何人钱款”，捐赠者写道，“告诉他们你即使倾家荡产也会还清债务”。其他人则努力让紧张的移民相信，他们一旦成行，幸福很快就会到来。1845 年 12 月，约翰·弗莱明（John Fleming）在写给都柏林的家人的信中承诺会好好照顾她们。“亲爱的母亲和姐妹，你们无需苦恼，我会让你们过上舒适的生活”，他写道，“母亲，你会得到你想要的茶、咖啡或是其他任何东西”。汇款并不仅仅是赤裸裸的经济交易，寄送旅费的过程也是传递爱的机会。1847 年初，一位匿名赞助者为两名成人寄送预付船票时，热情承诺很快会让其他人离开爱尔兰前往美国。“向你的叔叔托马斯·布朗（Thomas Brown）表达我的爱”，信上写道，“希望他在 11 月前后留意萨拉和两个男孩，届时我们会让他们也能成行”。同时，写信者满怀憧憬地要在新的地方重建之前的共同体。“请记住我们所有人，南希·狄龙（Nancy Dillon）、詹姆斯·狄龙（James Dillon）和他的妻子、家人，以及所有的远房亲戚和朋友”，信上继续写道，“我们还要向萨拉、约翰、罗伯特、詹姆斯和托马斯致以问候和敬意，希望在美国可以见到你们所有人”。[11]

尽管成千上万的家庭成功积攒资金，为一位或多位家庭成员移民伸以援手，但还是有很多人未能提供帮助。来自海外的信件有时表达了他们对在爱尔兰的亲人爱莫能助而感到遗憾与羞愧。帕特里克·格朗特（Patrick Grant）是一位木匠的助手，在纽约奥本（Auburn）工作，他在 1851 年 11 月写给母亲和兄妹的信中，描述了

24 在美国的悲惨境遇。格朗特说他每个月只有5美元的收入，只够自己食宿的花销。他写道："再加上衣服和其他物品的支出，你就会知道我目前的状况并不好。""我写下这封信的时候，因为没有东西可以寄给你们，甚是伤心。在摆脱当下的窘境前，我本不打算写信，但我所肩负的义务迫使我写下这封信。"另一位移民向母亲承诺自己已竭尽全力。"所以，亲爱的母亲，我没有多余的钱可以寄给您，一旦我有了便会寄出"，他写道，"为了能够让您过来，我不舍得花一分钱"。离开爱尔兰的一些人因为不能帮助其他人离开而感到羞愧，那些本来可以离开爱尔兰而选择放弃的人也懊悔不已。"我们经常谈到你成功离开不幸的爱尔兰"，朱迪思·费伦（Judith Phelan）告诉她在田纳西州孟菲斯的侄女，"我经常想，要是和你一起离开就好了"。伊莱扎·泰勒（Elisa Taylor）在请求兄弟帮她离开蒂珀雷里郡时也表达了同样的悔恨。"亲爱的兄弟，没有事情比我没有和你一起去（加拿大）更让我苦恼的"，她在1847年6月写道，"我希望你没有忘记你的承诺，愿意提供帮助让我去找你。你在一年中的任何时候都可以寄给我随便什么东西，在上帝的庇佑下，没有事情可以阻碍我去找你"。[12]

考虑到跨洋转移现金的高风险和将这些现金变成预付船票的难度，以教区牧师和地主为代表的当地权威人物常常在汇款系统中发挥支点作用。1851年9月，在澳大利亚墨尔本的詹姆斯·沃尔什（James Walsh）寄给他从前的地主蒙蒂格尔勋爵（Lord Monteagle）5英镑，这是地主之前借给沃尔什用以资助他离开爱尔兰的款项，另有14英镑是支付给他姐妹及其6个孩子的船费。沃尔什意识到这些钱不足以覆盖所有人的船费，希望蒙蒂格尔勋爵补足差额，"因为地主很清楚，对一个贫困的寡妇来说，没有比让她带着家人到一个遥远的地方更好的选择了"。当船票或现金丢失时，牧师可以帮忙把事情弄清楚。费利姆·鲁尼（Phelim Rooney）在解释他不知道把一笔汇款放到哪儿时说道："我去找教区牧师，向他出示这封信。""他派人去把巴特利·弗格森（Bartly Ferguson）叫来，巴特利向牧师保证他没有拿到船票，也没有收到现金，他对此一无所知。"有时 25
候，地主和他的代理人也会提供帮助。詹姆斯·珀塞尔希望他的姐妹布里奇特前往澳大利亚与他团聚，他将船费寄给其地主的业务经理，珀塞尔相信业务经理会"同意她的行程，并提供船票"。存放在爱尔兰国家图书馆的蒙蒂格尔家族档案中有大量约定支付的便笺，由佃农签署，承诺会归还借来帮助他们移居澳大利亚的费用。地主和牧师有时会相互配合。1853 年 5 月，玛格丽特·凯利（Margret Kelly）从教区牧师那里获悉她的姐妹寄给蒙蒂格尔夫人 15 英镑，"供其移居澳大利亚所用"。凯利即刻要求蒙蒂格尔夫人给她 5 英镑，用以购买航行的全套装备，剩余的 10 英镑还是希望由蒙蒂格尔夫人代为保管，"直到出发前夕"。值得信赖的地主可以确保汇款的安全。[13]

当其他途径均告失败后，数量较少的爱尔兰人会借助私人慈善组织全部或部分地支付他们移居海外的旅费。大饥荒时期，英国著名慈善家卡罗琳·奇泽姆是这类资助的支持者。奇泽姆是东印度公司一位船长的妻子，当她和家人在 1838 年移居澳大利亚时，被英国移民（特别是妇女和孩子）所遭受的苦难所触动。在推进殖民地的开拓和帮助上千位新来者（及其配偶）找到安全住所和工作后，她于 1846 年返回英国，寻求议会支持她关于援助包括犯人的妻子和孩子在内的贫穷移民的提议，希望帮助他们前往澳大利亚和新西兰。在随后的数年里，奇泽姆收到数以万计的希望提供帮助的请愿书。1847 年 1 月，她告诉殖民地大臣格雷伯爵（Earl Grey）："我每天收到数量众多的农村劳工及其家人申请免费前往澳大利亚的信函；他们中的大多数人来自爱尔兰。”因无法从政府获得财政拨款，奇泽姆在 1849 年成立家庭殖民互助基金会（Family Colonization Loan Society）。在慈善捐款的资助下，这一组织通过为仅有微薄积蓄的穷人提供低息贷款的方式，支付他们移民海外的旅费。在澳大利亚，代理人为这些移民提供工作，并收取他们偿还的借款。基金会在接下来的 5 年内，使 3000 人成功移民。然而奇泽姆的贡献不仅仅限于财务方
26 面。1847 年 7 月，奇泽姆在写给都柏林政府官员的信中，描述了她帮助一群妇女前往澳大利亚的“富足之家”。“从我写信到悉尼后，有 6 周时间”，她解释道，“以便让她们的丈夫做好前往霍巴特小镇（Hobart）迎接她们的准备”。奇泽姆的跨国网络与她提供的资金同样重要。[14]

由是观之，汇款系统依靠地方的、国家的和跨国的通信与交换网络。1853 年 2 月，帕特里克·达纳赫（Patrick Danaher）从澳大利亚寄给他以前在爱尔兰的地主的信中谈到这一点。“我很高兴地发现美国的移民和澳大利亚的移民一样，尽力带走他们的朋友，远离那个不能为他们提供活路的地方”，他写道，“在未来的几年，还会有这样大规模的移民，希望在我们钟爱的岛上生活的人们只知道贫困这个名字”。如此多爱尔兰人所仰仗的这一交换系统并不是一个统一的网络。那些想要前往澳大利亚的人需要等待更长的时间来积攒更多的钱，以支付更高的船费和相关开支。在冬季冒险穿越大西洋到达魁北克，肯定是花费较少的。与此同时，所有的汇款都取决于能否成功操纵国内和全球的商业、通信与帝国网络。成千上万张预付船票和现金支票在资本主义交换网络中流动，这一网络已经过数个世纪的发展。值得信赖的邮寄网络在 19 世纪中叶扩展到世界的大多数地方，为想要移民之人传递即时信息提供方便，同时可以使海外的人传递他们对如何最好地花费有限的资金的明确建议。汇款并不

仅仅是现金交换，因为这一系统还促进地球两端的人们建立跨国共同体纽带。有时候这些交流求诸过往，就像汉娜·林奇提醒她的兄弟，她们的父亲过去“暗地里借钱给邻居”。另一些时候他们展望未来，“希望在美国见到你们所有人”。最后，地主和牧师有时通过协调资金分配，解决纠纷，甚至垫付船费来促进汇款系统的运转，这一事实提醒我们，这些广泛的、跨国的网络经常紧密地与地方权力网络联系在一起。[15]

27 # “最好把我送到美国去”：地主资助下的移民

1847 年 11 月，作为英国移民的主要倡导者，阿奇博尔德·坎宁安（Archibald Cunninghame）致函爱尔兰最有影响力的一位地主，商谈爱尔兰的人口过剩和澳大利亚的劳工短缺这对孪生问题。“高明的安排在这里难道无所作为吗?”他向蒙蒂格尔勋爵询问道。毫无疑问，“如果不能为穷人家庭提供全部旅费，那么至少提供一半的旅费，这也比将他们关在济贫院里养活他们 3 年更有利可图”。在坎宁安看来，殖民地、潜在的移民和纳税人都将从这项计划中获益，“如果这个计划获得明智而审慎的管理”。大饥荒时期，很多大地主处在收入减少（未支付的租金）与成本增加（增长的济贫税）的两难中，为此他们往往部分或全部支付一些佃农和济贫院贫民的移民费用。尽管这些移民计划获得济贫法修正案的部分支持，但政府的自由放任政策使之不愿意过多干涉，特别是不愿意支付费用。因此，尽管难以搜集到可信的数据，大饥荒时期地主资助下离开爱尔兰的移民数量大概有 5 万—10 万人（或者说在 1845—1855 年移民总人数的 2% 到 4.5% 之间）。同一时期，济贫院安排 22478 人离开爱尔兰，绝大多数是在 1849 年之后，这将在后文予以详细讨论。地主资助下的移民计划中最有名的莫过于来自爱尔兰西部的赤贫之地，例如均生活在斯莱戈郡的罗伯特·戈尔-布思爵士（Sir Robert Gore-Booth）和帕默斯顿勋爵（Lord Palmerston），以及兰斯多恩勋爵

(Lord Lansdowne，凯里郡）与梅杰·马洪（Major Mahon，罗斯康芒郡）。但查尔斯·万德斯弗德（基尔肯尼郡）、菲茨威廉伯爵（Earl Fitzwilliam，威克洛郡）、巴斯侯爵（Marquis of Bath，莫纳亨郡）和其他一些人也有资助移民。在民众的记忆中，这些移民计划中的很多人是因为遭到驱逐而离开的，尽管这是真的，但其他许多人十分渴望离开，并会尽其所能为自己和家人寻找最划算的安排。[16]

正如坎宁安建议的那样，对很多地主和佃农来说，资助移民是
行得通的。辉格党政府的长期目标是将爱尔兰从生存型经济变为工 28
资收入型经济，加之估价在 4 英镑以下的农场的税费由地主负担，因此地主迫切希望将贫困的农民和穷人打发走，尽管要付出短期的代价。例如，1850 年 11 月，经营兰斯多恩勋爵地产的威廉·斯图尔特·特伦奇（William Steuart Trench）建议勋爵为当地济贫院或接受救济的所有人提供旅费。总费用在 1.3 万英镑至 1.4 万英镑之间，特伦奇论证说，“这一数目低于他们在济贫院一年的开销”。兰斯多恩勋爵欣然同意，截至 1855 年 2 月，他们总计花费近 1.4 万英镑，帮助超过 3900 人移居海外。如果说 1847 年济贫法修正案促使地主为移民买单，那么修正案也使很多佃农和穷人接受移民。殷实的佃农如果租种的土地估价在 4 英镑及以上，就有义务缴纳济贫税。将他们的财富变为现金，接受资助移民海外，对他们中的很多人来说是情理之中的选择。此外，那些土地估价低于 4 英镑（因此免于缴纳济贫税），但土地面积超过四分之一英亩的人［《乔治条款》(*Gregory Clause*）使他们没有资格获得院外救济］，将移民视为摆脱济贫院和饥饿的出路。有时，被驱逐的农民认为地主资助移民是对他们在土地承租期间改良土地的补偿。最后，那些日子过得上顿不接下顿或被送至济贫院的穷人，几乎没有其他选择。再说，在大饥荒早期，来自海外的汇款数量较少，联合济贫会不大可能提供移民援助，地

主的资金是为数不多的一种资助形式。总之，地主资助的移民计划经常与驱逐联系在一起，但这并不能否认在当时其对成千上万的爱尔兰人而言是行得通的事实。[17]

地主资助的移民计划实际上有两类。最引人注目也是最不常见的一类是大规模驱逐，并将共同体里的所有成员流放。考虑到政府不愿拨款资助移民，在这种情况下地主成了英国的君主，这不免有些讽刺意味。“王室地产”上有 5 个大规模驱逐的案例，1847—1852
29 年共有 1100 人移居海外，其中最有名的是 1847—1848 年巴利基尔克兰（Ballykilcline）的人口迁移。1834 年，随着此前的土地租约期满失效，地产上的约 100 个家庭开始拒付租金，并暴力袭击了前来征收租金的管家。这次著名的“叛乱”最终在 1847 年 5 月结束，当时一位受薪治安法官在骑兵、步兵和警察的护卫下现身，强制执行驱逐通告。面对佃农请求允许他们继续留下来的请愿书，王国政府的回应是为那些和平交出租种土地之人无偿提供移民旅费和给养。1847 年 9 月至 1848 年 4 月，360 多名佃农启程前往纽约。托马斯 · C. 诺克斯（Thomas C. Knox）负责协调巴利基尔克兰的佃农离开一事，免役租办事处（Quit Rent Office）的书记员在写给他的一封信中解释了佃农面临的严峻选择。只要佃农“自愿交出租种的土地，拆掉他们的房屋，使他们居无定所，从而免于济贫税评估”，约翰 · 伯克（John Burke）解释道，“就为他们提供移民纽约的开销”。然而，对于那些拒绝接受之人，“即刻签发强制令，剥夺他们租种的土地，拆除他们的房屋”。其他将佃农驱逐到海外的“王室地产”有戈尔韦郡的布格希尔（Boughill）和欧文洛特（Irvilloughter）、凯里郡的卡斯尔梅恩（Castlemaine）、国王郡的基尔康考斯（Kilconcouse）、科克郡的威廉镇（Kingwilliamstown）。正如一位官员所深信不疑的，除非地产上的剩余人口全部离开，“否则这些地方不会有永久性的改善”。[18]

第二类更为普遍，即地主为个人和家庭提供零散的资助，而且他们的离开与地主的计划相吻合。地主计划将他们的土地合并为数量较少、大块的、合理的、经济上可行的租地。地主提供的这些资助通常是在或隐或显地驱逐威胁下进行的，这在某种程度上反映出人们熟知的“佃户权”或“阿尔斯特惯例（Ulster Custom）”，由此承租人有权获得经济补偿，因为在承租期间他们对土地进行了改良，并承诺为新承租人提供“善意”和没有争议的占有权。也许是这一主张——离开的佃农有权获得一定经济补偿——部分地影响了地主资助移民的想法。正如我们所看到的那样，一些佃农无疑是这样想的。尽管如此，帮助自己佃农移民的地主通常从发起一个地方性人口普查开始，以调查清楚生活在他们地产上的人的数量和财富。调 30
查的目的是识别穷人和体弱者并使之移民，同时鼓励强壮者留下来。1847 年 4 月，斯特罗克斯敦（Strokestown）地产代理人罗斯·马洪（Ross Mahon）建议第一批要离开的应该是“那些可能成为济贫院或院外救济负担的最穷困潦倒的人”。他认为这可以“减轻勤劳的佃农的负担”。大约同时，帕默斯顿勋爵的地产代理人筛选出“占有 500 英亩爱尔兰土地的 150 个家庭、900 口人”，这是适合移民的群体。约瑟夫·金凯德（Joseph Kincaid）认为，唯一的问题是如何“从这 900 名候选人中选出 400 名，因为他们所有人都迫切想要离开”。[19]

据此可知，对一些地主及其代理人来说，驱逐与协助贫弱的佃农和劳工移民是一个同步的过程。大饥荒时期见证了全国被驱逐人口的急剧增长，因为地主借机消除了那些无力偿还债务的佃农。1846—1854 年，爱尔兰至少有 14 万户家庭（约 60 万人）被正式驱逐，其中一些地方遭受的打击比其他地方更大。例如，从 1847 年底到 1852 年 12 月，克莱尔郡（Clare）基尔拉什（Kilrush）有约 18000 人被永久驱逐而背井离乡。大多数被驱逐的家庭要自食其力，只有少数马上离开的人获得了移民资助。一个人数最多的，也是最臭名昭著的驱逐—移民计划，发生在1847年梅杰·马洪在斯特罗克斯敦的地产上。马洪与利物浦的一家轮船公司合谋，安排1490名被驱逐的佃农移民加拿大。马洪的管家约翰·罗宾逊（John Robinson）护送他们到达登船港口，以确保所有人登船离开。尽管马洪的这些移民有额外的食物供给，但很多人体弱多病，且并未做好远航的准备。在航行中，大批人死于斑疹伤寒。1847年5月离开斯特罗克斯敦时的1490人，近半数死于海上或格罗斯岛的隔离点。其他被驱逐的移民宣称他们上当受骗。1847年，一位名叫休·赖利（Hugh Reilly）的石匠从弗马纳郡（Fermanagh）向魁北克移民，他之所以作出这样
31 的选择，是因为他的地主罗伯特·柯林斯（Robert Collins）博士承诺，作为交出租种土地的补偿，将为他提供旅费、衣物和食物。但实际上，他和家人从德里郡出发时“没有获得床上用品和衣物”。在他呈交给魁北克治安法官的证词中，赖利发誓：“要不是虚假的承诺和中断救济的威胁，他不可能离开自己的住所。”[20]

很多人因无家可归而接受移民，但也有一些人拒绝接受免费移民，即使驱逐已迫在眉睫。1851年，威廉·斯图尔特·特伦奇负责管理巴斯侯爵在莫纳亨郡的地产，他告知佃农，要么缴租，要么面临被驱逐或供他们免费移民。很多佃农接受了他提供的旅费。“然而还有几位佃农引人注目”，特伦奇后来回忆道，“他们拒绝移民，也不缴租”。实际上，一位叫特雷纳（Traynor）的佃农告诉特伦奇：“他已经租种这块土地有6年之久，从来没有缴过地租，故而是值得为此战斗的。而且他‘有能力’永远不缴租，坚决不向法律屈服！”同样，在科克郡和戈尔韦郡，济贫人员在报告中写道，让他们感到不可思议的是佃农“坚韧地固守他们残败不堪的小房子，好像宁愿在废墟中死去，也不愿意放弃他们所谓的最后一丝生机”。尽管兰

斯多恩勋爵1851年为他在凯里郡济贫院的3000多位穷人支付了旅费，但“约五六十人”仍然选择留在那里。在《利默里克记者报》（*Limerick Reporter*）看来，1852年位于利默里克和凯里郡的加斯科因（Gascoigne）地产上的佃农被驱逐和移民，是令人懊恼的。“我们听说除了为他们提供前往魁北克的免费船票外，这些移民每人都会获得20先令”，报纸抱怨道，“75人总计约有75英镑，他们利用这些钱在一个陌生而遥远的地方开始独立谋生”。因此，在驱逐与资助之间常常只有一线之隔。[21]

同样正确的是，那些选择接受地主资助的移民并不一定是任人宰割的羔羊。实际上，基尔肯尼郡卡斯尔科默（Castlecomer）现存的万德斯弗德的地产档案表明，很多离开的佃农利用他们有限的社会和经济资本，想尽办法为自己和家人争取到最好的安排。1830年，
查尔斯·哈沃德·万德斯弗德继承了一块2万英亩的地产，他随即 32
掌管了这块地产的财务，其中包括减少租种小块土地的转租承租人，并从1840年起实行资助移民的政策。在接下来的16年中，他（和他的儿子约翰一道）花费15432英镑14先令5便士，资助5769人移民。考虑到是在饥荒时期，这些统计数字揭示出一些有趣的情形。例如，1840—1845年，万德斯弗德总共花费5301英镑6先令11便士，资助2692人移民海外。大饥荒发生后，1846—1855年，他又支付10131英镑7先令10便士，资助3077人移民海外。这些统计数字表明，大饥荒发生后，每年的移民数量呈递减趋势。例如，1840—1845年，万德斯弗德每年平均资助449人移民。大饥荒时期，移民平均数降至308人。然而，去除最高值（1847年有1957人离开）和最低值（1855年仅有29人离开），剩余的饥荒年份里平均每年仅有136人移民，明显低于大饥荒之前5年内的年均数449人。每年离开的人数都在下降，很显然这部分地归因于下列事实，即

1847 年有如此多的人已经离开，但也可能与成本有关。上述统计数据表明，万德斯弗德在饥荒年代里花费在每位移民身上的钱（超过 3 英镑）要比 1840—1845 年（低于 2 英镑）更多。[22]

尽管如此，早在 1847 年的夏天，万德斯弗德就自吹自擂道，这块土地在此之前“人满为患，人们住在很不舒服的小屋中”，现在“这里因为移民而改善，那些留在这里的人从中受益”。尽管很多人显然是迫于被驱逐的威胁而选择离开，但万德斯弗德将他为佃农提供的资助描述为是慷慨大方的，他解释说“支付了旅费，而且为每个人发放一定数额的钱用以购买航行所需的食物等”，同时允许他们“变卖房子里的物品”留作己用。万德斯弗德通过他的业务经理基尔代尔·多布斯（Kildare Dobbs），与美国和殖民地移民办事处（American and Colonial Emigration Office）的詹姆斯·米利（James Miley）及罗德里克·米利（Roderick Miley）取得联系，安排移民的行程。美国和殖民地移民办事处位于都柏林伊甸码头（Eden Quay）
33 22 号。米利兄弟从万德斯弗德这样的人那里招揽生意，为他们提供所需的海运通告、规则和消息。例如，1845 年 8 月，詹姆斯·米利发给多布斯一份即将启程前往加拿大的船只名单。“如果里面有合适的班次，请你告诉我”，他写道，因为这是“春季之前航向魁北克的最后机会”。同样，1850 年，罗德里克·米利通知万德斯弗德，“图尔”号（*T. Toole*）将在两周内起航。船票价格“很低”，米利写道，“我建议你有所行动……因为下个春季船费将上涨 20 先令”。很难想象万德斯弗德会为佃农购买前往澳大利亚的高价船票，但有些佃农确实可能通过米利兄弟的办事处而自愿移民。在写给多布斯的一封信中，詹姆斯·米利正在找人。“我希望你试着找几个人乘坐‘内布拉斯加’号（*Nebraska*），因为我们的进展特别缓慢”，米利在 1854 年 10 月这样请求道。“你那有没有可能找到一两个前往澳大利亚的人？”船票经纪人在推动移民获得资助中发挥作用。[23]

当万德斯弗德计划资助许多佃农移民的消息在1847年初不胫而走时，希望加入这一计划的佃农所写的成百上千封请愿书如潮水般涌向他的办事处。这些请愿书是手写在碎纸片上的，现藏于爱尔兰国家图书馆。这些恳求展现了打算移民的佃农寻求他们自己和家人最大筹码的方式。很多人在经济拮据的窘境中，想方设法地谋求利益。莫尼恩罗的詹姆斯·凯利（James Kelly of Moneenroe）如此描述自己的境况，“一个穷困潦倒之人”，家里有11口人，“没有钱来养活自己和家人”。在这种情形下，“我希望你可以允许我移民美国，因为我的房屋破败不堪以致不宜居住”。凯利述说自己的房子在他离开前已无法居住后，又提醒他的离开可以减轻万德斯弗德的济贫负担。托马斯·克洛斯（Thomas Cloase）同样是“一个穷人，有一大家子人处于极度贫困中”。他恳求万德斯弗德“发发善心，把我和家人（总共有10人）打发到美国，我的房子将要倾塌了”。万德斯弗德明确表态，那些面临驱逐之人都可以移民海外。他最近收到丹尼斯·鲍（Denis Bowe）退还租地的消息，丹尼斯·鲍希望万德斯弗德 34
资助他和家人移民美国。巴利科梅的毕蒂·邓莱里（Biddy Dunleary of Ballycomey）是个寡妇，她意识到地主想要收回租地，让她离开，以推进这个计划。她和5个孩子与其他人一同生活在一间小屋里，刚刚获悉“在小屋另一端的一家人即将移民美国”。邓莱里渴望离开，她坚持表示她和孩子想要“与那家人一起到那里（美国），以免成为使邻人烦恼或麻烦的源头”。在请愿书的背面，万德斯弗德草草写下他的答复：“资助她们。”即使是那些无所凭借之人也可以利用请愿来为自己谋取好处。[24]

许多佃农在获知万德斯弗德同意资助他们的移民申请后，随即向他的妻子万德斯弗德夫人请求资金支持，以购买航行所需的衣物和食物。通过报纸、公告以及来自朋友和海外家人的书信，他们显然意识到航行需要体面的穿着。“夫人”，1847年3月，约翰·柯里（John Curry）写道，“我和家人要去美国，我有3个女儿，她们和我一样，都衣不蔽体，我恳请夫人同意为她们订购一些衣服，因为她们前往异国他乡确实有这一需要”。卢恩的詹姆斯·福利（James Foley of Loon）在请求更多的资助时暗示，没有这些资助，他的移民计划就要半途而废。“啊！请不要让我在这块不幸的土地上受煎熬”，他写信给万德斯弗德夫人说，“恳请您屈尊帮我订购衣服，如果您不考虑我的请求的话，我就无法前往美国。我家有9口人，我实在没办法让他们都有衣服穿”。1847年4月，布瑞安·麦克唐纳（Bryan McDonald）准备移民，遂请求万德斯弗德夫人提供“一些白天和晚上的蔽体之物，因为他们现在赤身裸体，不方便外出”。一位叫布伦南的寡妇显然是从别处听说在海上航行时所分配的食物是不够的，因此在写给万德斯弗德的请愿书中，她先是感谢他同意让她和孩子前往美国，随后请求他准予“在通常的数额外增加2英镑，因为她和家人衣衫褴褛，在购买了必需品后，在海上只能依靠船上的限量
35 供给过活，她们不敢冒险这么做”。在类似的请愿书中，这些准备离开的人提醒他们的资助者，船费仅仅是移民费用的一部分。[25]

为让佃农自筹部分费用，遵循“佃户权”的惯例使承租人获得改良土地的补偿，万德斯弗德允许打算移民的佃农将他们的权益转卖给其他佃农。当土地的价值不足以支付移民的花费时，佃农就向万德斯弗德申请补足差额，因为他们知道离开有助于他实施合理经营地产的计划。丹尼尔·布瑞安（Daniel Bryan）对承租他的土地的卢克·内斯比特（Luke Nesbitt）满腹牢骚，因为他“无法帮助我，而其他人也都不想要（这块地）”。于是布瑞安将租地交还给万德斯弗德，仅要求“为他的房屋支付4英镑”。他说：“房屋是您

慷慨应允我建造的，当时耗费 6 英镑 15 先令，另为大麦支付 1 英镑，因为这花费了我的种子钱和劳动。”布瑞安承诺，一旦支付这些费用，“我就不会再来找你麻烦”。万德斯弗德对这样的安排并不热心。一位叫西摩（Seymour）的寡妇提醒万德斯弗德他已经批准她前往美国的申请，“您把我租种的 6 英亩土地交给达比·希基（Darby Hickey），我为这块地支付了 4 英镑 11 先令 5 便士，还为控制土壤酸度在上面撒了 80 桶石灰”。西摩希望万德斯弗德能够给她补偿，因为她有 8 个孩子需要抚养，且早已穷困潦倒，但他在答复中明确要求“接手这块土地的佃农必须接受你对土地的改良”。热切渴望移民而且所住房屋造价较高的佃农，因为对其房屋的需求很少，所以往往直接与地主交涉。例如，丹尼尔·弗林纳（Daniel Flinne）有“一座装修精良的房子位于卡斯尔科默的基尔肯尼街”，但找不到买得起的人。如果万德斯弗德大发慈悲，给他 30 英镑，并为他前往魁北克提供食物的话，就能获得这座房子。为使交易看起来有利可图，弗林纳指出，有“一个具备偿付能力的佃农，是卡斯尔科默的当地人，愿意为这个房子每年向你缴纳 10 英镑”。[26]

最后，在一个历史遗产具有重大意义的社会，一些离开的佃农
以他们的家族史作为社会资本，来争取移民海外的免费船票。特别
是那些自己（或家人）有在煤矿工作经历的人，显然会更有威望。詹 36
姆斯·赖利（James Riley）的家人早就获得了移民美国的船费，但他
希望“自己 35 年的赤贫生活”可以说服他的主人提供“一些海上用
品”。玛丽·华莱士（Mary Wallace）在请求前往美国与她在宾夕法
尼亚州波茨维尔（Pottsville）煤矿的丈夫和兄弟姐妹相聚时，提醒万
德斯弗德“我的父亲蒂姆（Tim）以前是一名矿工，经常在主人的煤
矿工作，直到去世”。同样，玛格丽特·库根（Margaret Coogan）希
望万德斯弗德“最好把我送到美国，因为先父是您家的矿工，而且

从来没有给您添过麻烦”。与此同时，其他佃农在寻求帮助时也会提及他们的祖辈。万德斯弗德家族发源于英格兰的约克郡，到 17 世纪 30 年代末在基尔肯尼郡卡斯尔科默定居，当时在爱尔兰王国政府担任多职的克里斯托弗·万德斯弗德（Christopher Wandesforde）不顾当地原始居民布伦南家族的反对，买入了这一地产。奥哈姆基的米歇尔·布伦南（Michael Brenan of Aughamucky）是被剥夺了地产所有权的布伦南家族的后人，他在请愿书中提及这段历史。布伦南恳求道，“我要告诉您，我的祖祖辈辈，从我的祖父到我的父亲再到我，都在这块土地上生活”，但“现在我的家族难以为继，我们总共 7 人，我希望和他们一道移民美国，如果您能大发慈悲给我置办船票的话”。数个世纪的土地保有权以一张到海外的免费船票而终结。[27]

这些请愿书表明地主的资助对许多在大饥荒时期谋求离开爱尔兰的人来说是一个不错的选择。当地的社会网络可以提供筹措启程所需资金的渠道。佃农知晓哪种移民方式适合他们的主人和他们自己，并对此予以充分利用。诚然佃农在谈判桌上的筹码很少，但他们擅长充分利用所拥有的一切。胁迫无疑在这些移民计划的前前后后潜在地发挥影响，因此历史学家小詹姆斯·唐纳利（James Donnelly, Jr.）对下面的观点持批评态度，这种观点认为，“赤贫的佃农无力支付地租，也不能供养家人，因此在移民问题上可以‘自由’选择”。万德斯弗德的佃农比利·坎特韦尔（Billy Cantwell）对此作
37 了清晰阐述，他断言“只有无法维生……才迫使我在老年时放弃那一小块土地，萌生移民的想法”。与此同时，一些人显然将北美看作是开启新生活的机会。因此，在被驱逐的佃农是否“自愿”移民这个老掉牙的问题上没有正确答案。对有些人糟糕的处境和一些地主对他们残酷剥削的关注，不应遮蔽许多人的创造力和勇气。[28]

参加地主资助的移民计划既有优点，也有缺点。由不同地主零

散发起的移民计划，差异度很大。魁北克的首席移民官在1846年底的年度报告中提及温德姆上校（Colonel Wyndham）和弗朗西斯·斯佩特（Francis Spaight）安排的移民群体“一般都有充足的食物”，并在他们到达时提供“登陆资金”，而其他地主（未具名）安排的移民群体“在这里登陆时贫困潦倒”，收到的“只有一张免费船票和少量给养”。地主资助的移民通常前往北美，在他们航程结束或钱财耗尽后没有家庭支持网络提供及时的帮助。他们总是在船票价格最低时远航，有时是在深秋甚或冬季跨海航行，而这是一年中海上情况最糟糕的时候。地主最想让穷人和老人离开，而他们往往缺少物力和体力以撑过整个航程。不过同时他们也有一些优势。对那些缺少财力的人而言，地主提供的现金是很难拒绝的。尽管他们未能从海内外的家庭网络中获得帮助，但往往是成群结队地（从单个家庭到几百人不等）登船出发，这相当于移植了一个保护与援助网络。很多请愿者提到他们想与在美国的家人团聚，而地方政府有时也求助于他们的海外联系。正如阿奇博尔德·坎宁安所做的那样，致信在澳大利亚的朋友，请求他们登上移民船“皮尔夫人”号（*Lady Peel*）迎接移民，并尽力为后者寻找工作。这批人受蒙蒂格尔勋爵的资助而来。总而言之，地主资助的移民代表了另一种移民模式，即共同体纽带可以使一些爱尔兰人获得移民海外的船费。这些人显然是农业 38
资本主义的受害者，但他们又是精明的谈判者，在艰难的环境中充分利用了所拥有的一切资源。[29]

“善意”：
政府资助的移民

1847 年初，当殖民地土地和移民委员会主席托马斯·弗雷德里克·艾略特（Thomas Frederick Elliot）被问及政府应在多大程度上干预前往加拿大的移民时，他给出的建议是自由放任。艾略特指出，有如此多的港口发送如此多的船只前往英属北美，因此移民可以很容易且比较划算地自行购买船票，“而且更加符合个人的情况，这是政府做不到的”。换言之，正如历史学家克里斯廷·基尼利所言，尽管政府“理论上同意……移民，但没有采取实际行动以提供支持”。当涉及澳大利亚时，情况就不一样了。澳大利亚殖民政府心甘情愿地为身体健壮的人移民提供财力支持，这使殖民地土地和移民委员会坚信他们提供的官方协助对移民进程是至关重要的。对前往澳大利亚的移民的政府资助在 1843—1847 年间短暂的停止后，殖民地土地和移民委员会继续推动健壮劳工及其家人的移民进程。1847 年和 1849 年爱尔兰济贫法的改革也促使济贫监护人承担或部分承担他们关押的赤贫的犯人移民加拿大和澳大利亚的费用。这些机制在很多重要方面与本章其他地方论及的由家庭和地主提供财力资助的形式有所重合，也与犯人流放制度有所重合。换言之，国内的和帝国的迫切需求在移民过程中都发挥了作用。如此一来，政府资助的移民成为大饥荒时期跨国共同体网络重建的另一条脉络。[30]

1847 年 3 月，在爱尔兰出生的殖民地改革家约翰·罗伯特·戈德利（John Robert Godley）向英国首相约翰·罗素提交一个计划，“从爱尔兰到加拿大更大规模地系统殖民，希望国家对此予以支持”。包括多位爱尔兰贵族和议员在内的显贵在提案上联合署名，提议在3年内运送150万人到英属北美。每位移民的旅费按3英镑计算，这 39
一计划需要政府提供1英镑，剩余的额度则交由移民自筹，不论其是通过现金储蓄、汇款拥有，还是依靠来自地主的资助。政府在旅费上的花销以150万英镑封顶，此外还需要750万英镑资助教堂、学校和店铺的建造，以帮助移民定居加拿大。英国财政部总共需要出资900万英镑，由爱尔兰人的财产税和所得税支付。尽管有人从制度上怀疑如此大规模的移民计划是否可行，但这还是有先例可循的。1823—1825年，彼得·鲁滨逊（Peter Robinson）安排2600名爱尔兰移民前往加拿大安大略省，耗资53000英镑。在鲁滨逊的影响下，政府接下来收到超过50000份来自爱尔兰人的申请，人们希望政府能够资助他们移民。尽管鲁滨逊的计划在那时被视作成功的典范，但所需的资金让政府中的很多人打消了步其后尘的念头。当戈德利在1847年3月提出他的计划时，他承认这一过程耗资巨大，但认为这个计划不仅有助于帮助爱尔兰的穷人，而且会“极大地增进帝国的福祉”。[31]

报纸对这一殖民计划的反应也五花八门。位于都柏林、持民族主义立场的《民族报》，援引17世纪奥利弗·克伦威尔和他的议会曾对爱尔兰信奉天主教的地主豪取强夺，立即对此表示反对。“1647年，下地狱还是去康诺特省（Connaught），这是反爱尔兰的嚎叫”，报纸劝诫道，“1847年，康诺特省换成了加拿大”。德里郡天主教会主教爱德华·马金（Edward Maginn）也反对这一计划，部分原因是“认出了委员会中主要人物的姓名，他们是怂恿克伦威尔将7万爱尔兰人发配到西印度群岛，让他们像狗一样死去而无人关心的那些人的后人”。在政治谱系的另一端，伦敦保守党的《泰晤士报》嘲讽这个计划是“将受教育程度最低、最没有活力、最无助的千余名凯尔特人”运到荒无人烟的加拿大。“当爱尔兰的朋友建议医治其弊病的良方是在竞争对手的边界上、在无人居住的核心地带建立一个贫困、半野蛮的殖民地，这是多么可怖！”相反，比起看到穷人长期在
40 济贫院生活，爱尔兰的地主更喜欢国家资助移民的主意。位于卡文郡（Cavan）的《盎格鲁-凯尔特人报》(*Anglo-Celt*) 是统一派地主创办的一份报纸，对穷人持同情态度。该报指出，“济贫法所能做的莫过于让穷人勉强活着，但残忍地对待他们”。“戈德利先生的计划提出让穷人摇身一变成为殖民者。济贫法是为动物提供所需——戈德利先生是为人提供所需。”这一计划受到加拿大、澳大利亚、新西兰利益攸关者的支持，《南澳大利亚纪事报》(*South Australian Register*) 使人们相信，如果这一计划获得施行，“将会发现它在各个方面、对所有人都很有利，以至于过不了多久每个殖民地都会分享它的优点”。最后，尽管英国政府设立了一个委员会对这个计划的可行性进行调查，但罗素和辉格党最终放弃了戈德利的殖民计划。[32]

尽管英国政府不大乐意资助大规模移民，但当其他人愿意支付费用时，它准备提供相应的官方帮助。实际上，前往澳大利亚的移民如果没有殖民地土地和移民委员会的帮助，不会进展如此顺利。到 19 世纪 20 年代末，殖民地对劳工的需求显然超过有罪劳工的供应，这一点显而易见。如果殖民地想要继续扩张的话，大规模移民是不可避免的，然而行程的高昂费用和澳大利亚背负的“小偷殖民地”的名声连在一起，这就意味着必须诱导移民前往。因此，1830—1860 年，约 56% 的新移民接受了这样或那样的资助。殖民地政府根据他们的需求筛选劳动力，他们更喜欢已婚农业劳工（没有孩子或者孩子很少）和单身女性家仆，更愿意为这些人支付船费。但移民

还需自行负担部分费用，包括船票订金、“床铺费”（1—2 英镑）、旅行装备（约 2 英镑），以及前往大多数澳大利亚移民船只起航的英格兰普利茅斯港口的费用。希望获得旅行资助的移民还要与殖民地土地和移民委员会的官员进一步协商。最开始，由英国和爱尔兰打算移民之人、他们的赞助人或一位挑选出来的代理人将申请书寄往伦敦。申请被批准之人须寄送他们的船票订金，连同洗礼、婚姻和健康证明，以及无罪证明一道。等到申请书最后获批同意时，候选人 41
将收到一纸登船令，通常是要求他们几天之内到达普利茅斯。地主和家人有时会帮忙协商。1855 年 1 月，在墨尔本工作的帕特·卡尔亨（Patt Culhane）请求他从前的主人利用“您对移民委员会委员的影响，让他们设法为我的堂兄弟提供船票”，并随函附上了他们的床铺订金。[33]

梅奥郡（Mayo）克罗斯莫利纳的詹姆斯·克莱门茨（James Clements of Crossmolina）独自与殖民地土地和移民委员会的官员交涉。1846 年 10 月 20 日，殖民地土地和移民委员会秘书斯蒂芬·沃尔科特（Stephen Walcott）收到克莱门茨关于请求获援移民澳大利亚的申请书，他在回函中附上殖民地土地和移民委员会的规章制度，要求克莱门茨寄回家人受洗记录的复件，“因为没有这些材料，你的情况将不予考虑”。两周半之后，一个问题产生了。委员会发现克莱门茨和他妻子的年龄与他所说的不一致。由此，他们需要寄送受洗证明的原始文件，否则就只能撤回申请。克莱门茨肯定是按规定补寄了材料，因为 11 月 14 日沃尔科特通知他，他的家人已被接受，他现在只需要寄送 6 英镑“以支付床铺费等费用”。然而，当克莱门茨不能寄送足额订金时，沃尔科特再次写信要求他归还尚未清偿的 3 英镑，并提醒克莱门茨不要忘记他所作出的承诺。如果克莱门茨和他的妻子没有带 3 个孩子一起到达普利茅斯，或者他们的年龄和职

业与申请书中的表述不匹配，那么就不能登船。一周后，经过漫长
等待的登船令下达。克莱门茨一家人预定在 12 月 16 日乘坐“菲比”
号（*Phoebe*）离开。克莱门茨可能对登船令有误解，或者是在前往
普利茅斯的路上耽搁了。不论是哪一种情况，一周后，沃尔科特在
斯莱戈港口（距克罗斯莫利纳约 45 英里）写信给克莱门茨，他在信
中说，尽管他对克莱门茨的困难深感遗憾，但“你明确无误地说你
准备前往普利茅斯……并没有提及其他港口”。这家人不得不留在原
地，而身在斯莱戈负责移民事务的政府官员来信询问相关情况。现
存档案并没有提及克莱门茨和他家人最后的结果，但重要的是，尽
42 管这一过程会有很多困难，但在 1845—1855 年间，仍有数以万计的
爱尔兰人在殖民地土地和移民委员会的帮助下成功移民澳大利亚。[34]

在 19 世纪 30 年代和 40 年代初的补贴制下，远航费用的重负和政府对大规模移民的偏见，致使年轻家庭常常被迫将他们年幼的孩子留在爱尔兰，而自身在政府的资助下移民澳大利亚。1847 年，当政府重申支持移民时，也同意那些被留在爱尔兰的孩子（在已婚夫妇的监督下）移民，这在某种程度上要感谢来自卡罗琳·奇泽姆的施压。尽管如此，现存档案表明，大饥荒时期爱尔兰的混乱和危险造成的难以克服的困难，有时会接连发生。1847 年夏天，政府决定为“爱德华·帕里爵士”号（*Sir Edward Parry*）发放特许状，用以运载政府资助的移民，其中包括许多孩子，他们的父母在 1843 年前移民而把他们留在爱尔兰。1847 年 8 月，斯蒂芬·沃尔科特致信新南威尔士殖民总督，提及有 226 名孩子的父母申请让他们登船。其中 111 名孩子应该没有问题，但有 40 名孩子无法确定他们生活的地点，另有 48 名孩子因为过于贫穷而无力购买装备和前往普利茅斯。为匹配殖民地政府的“善意”，殖民地土地和移民委员会同意为所有到达都柏林的孩子提供旅费。最后有 27 名孩子因各种缘故“不能或

拒绝享受这一利好政策”。沃尔科特在信中对这些原因进行概括说明，“以满足这些孩子的亲属”想知道为什么他们的孩子未能登船。沃尔科特通报有 6 名孩子死亡，3 名孩子因身体不好或年龄太小而无法乘船航行，还有 3 名孩子已移民北美。剩余的孩子要么拒绝前往（或者监护人不让他们离开），要么留在爱尔兰做学徒。一些父母成功通过殖民地土地和移民委员会将他们的孩子送到澳大利亚，这表明移民可以利用帝国网络重新使分散在两个半球的家人团聚。[35]

对于那些无法获得殖民地土地和移民委员会所规定的辅助性费用之人，当地的联合济贫会提供的资助成为移民北美和澳大利亚的另一条途径。1838 年的议会法案使济贫法体系在爱尔兰确立，但未提及资助移民，联合济贫会也没有先例可循。这种迟疑在大饥荒头 43
几年还延续着，即使是 1847 年修正案颁布之后，联合济贫会资助移民的情况也不多见。1847 年修正案旨在促使小农放弃他们的小块土地，离开爱尔兰。很多联合济贫会因资金匮乏而无法资助移民，即使是在资助关押之人离开要比将他们关押在济贫院更节约成本的情况下。然而，1849 年，事情发生了变化。此时，另一个修正案允许济贫监护人从国库券贷款专员（Exchequer Bill Loan Commissioners）那里借款用以资助移民。1849 年 8 月至 1855 年 3 月，总计 17288 人受益于 1849 年修正案，从而获得移民资助。尽管联合济贫会资助了移民费用的大头，但来自家人和亲戚的汇款也同样发挥了重要作用。例如，1851 年夏，罗斯·奥布赖恩（Ross O’Brien）和毕蒂·奥布赖恩（Biddy O’Brien）的寡母为他们前往马里兰州巴尔的摩市支付船费，而戈特的济贫监护人同意为他们每人购买“一套衣服”和为他们 4 岁的妹妹凯特（Kate）支付旅费。同一年晚些时候，芒特贝柳（Mountbellew）联合济贫会同意支出 6 英镑，用以资助玛丽·康伦（Mary Conlon）和她的两个孩子移民美国。康伦的姐妹“几年前就已移民，她寄给玛丽·康伦一张预付船票，另有1英镑供其前往登船港口”，但没有足够的钱负担孩子的费用，由联合济贫会予以补足。地主（往往担任济贫官员）也可以直接提供帮助。1853年8月，坎贝尔勋爵（Lord Campbell）愿意资助“戈尔韦济贫院的6位或8位年轻女性或小伙子移民”，如果济贫监护人同意支付“部分费用”的话。因此，来自家人、地主和联合济贫会的资助有时会重叠。[36]

鉴于移民过程中固有的危险，近距离观察一个联合济贫会与一位船运经纪人之间的协议，可以看到移民以这种协议航行的优点。1854年7月，来自克莱尔郡恩尼斯（Ennis）的帕特里克·吉布森（Patrick Gibson）负责运送50位穷人（40位成人和10位孩子）从戈尔韦济贫院到魁北克。成人（14岁以上）的费用是每人4英镑，而孩子的费用是每人2英镑。吉布森同意为保护联合济贫会的投资
44 和移民的安全而设计的一长串条件清单。他将亲自陪同他们到达利默里克，确保移民已经全部支付从济贫院到魁北克的行程费用。他还承诺为每一位移民提供“床铺，包括一个草枕以及床单、毛毯和被子”，还有“航行所需的炊具”。为确保移民的健康不因成本降低而受影响，吉布森承诺“船上配有一位有资质的医疗人员”。延误是很多移民经历的组成部分，但吉布森承诺移民出发日期最迟是8月10日，此后每延误1天就支付1英镑罚金，并缴纳“400英镑保证金”以履行协议的条款。8月25日，济贫院院长证实，“他目睹穷人乘坐‘杰西’号（*Jessie*）离开，吉布森先生对待他们非常友善”。两个月后，戈尔韦济贫监护人收到一封来自魁北克移民局官员的书信，信上说“杰西”号的旅客已经“安全抵达，健康状况良好，除一些例外情况，乘客都很好”。他们的安全与健康在一定程度上归功于济贫院监护人提供的保障。[37]

尽管大多数济贫法资助下的移民规模比较小，而且不定期，但

格雷伯爵计划（或“女孤儿”计划）是独一无二的，因为它在1848—1850年间资助4114名年轻女性搭载20艘船从爱尔兰移民澳大利亚，这些移民来自爱尔兰118个联合济贫会。为满足澳大利亚对单身女性日益增长的需求，这一计划主要由殖民地政府资助，殖民地土地和移民委员会提供了官方协助，每个济贫院也提供了旅行装备和前往普利茅斯的费用。候选人的年龄在14—18岁，是迫切想要移民、不酗酒、身体健康的人。那些有家政技能或经验的人更受欢迎。为确保劳动力的质量，殖民地土地和移民委员会派遣了一位被称为亨利上尉的海军军官到参加该计划的爱尔兰各济贫院筛选最好的候选人。关于这一计划的消息一传到爱尔兰的联合济贫会，女性便立即自愿报名参加。就此而言，《利默里克记者报》认可这个计划，认为能“对那些抓住机会入选的人带来很多好处”。1848年9月，亨利上尉到达戈尔韦济贫院，遴选出25名女性前往澳大利亚。一个月后，联合济贫会为她们的服装支付52英镑10先令9便士，并为 45
“前往普利茅斯的开销”支付50英镑。与其他受济贫院资助的移民一样，这些“女孤儿”（或“孤儿女孩”）也从这一体制中获得一定程度的保护。1849年10月，来自戈尔韦联合济贫会的另一拨女性前往英格兰，登上“托马斯·阿巴斯诺特”号（*Thomas Arbuthnot*）。当普利茅斯的政府官员发现“移民穿的衣服不多”时，为她们提供了所需衣物，并要求戈尔韦联合济贫会为此付费。[38]

这些案例表明，尽管济贫院的穷人是大饥荒时期爱尔兰社会最底层的人，但那些足够幸运而在许多方面获得政府资助的少数移民，从长远来看是幸运的。在一个行将崩溃的经济中，会说英语的劳工与殖民地对劳工的渴望之间只差一张船票。他们会发现，他们所面临的是19世纪全球资本主义发展中一个令人迷惑的难题。他们的离开是自身渴望移民与殖民地政府、帝国官员和当地的济贫监护人想把他们打发走的念头相互影响的结果。先前离开的移民在其中也发挥了重要作用。玛丽·康伦的姐妹一定知道寄给玛丽的钱不足以让她的孩子一同前往美国。然而，她也定会知晓——通过个人的经验、口耳相传或报纸——她寄的钱可能足以鼓动芒特贝柳联合济贫会补足差额。殖民地土地和移民委员会的管辖范围是国际化的，这意味着那些前往澳大利亚的移民比那些被当地联合济贫会安排到魁北克的移民获得了更强大的后勤保障。一般而言，政府资助的移民会比普通旅客在航行过程中获得更好的保护。当詹姆斯·克莱门茨到达错误的港口时，当地的移民官员对他的情况展开调查。当帕特里克·吉布森同意搭载 50 名穷人前往加拿大时，济贫监护人要确保他的乘客在路上不再额外支付费用。当来自戈尔韦济贫院的女性出现在普利茅斯但身上衣服不够多时，政府官员为她们购买衣服。当孩子未能登上前往澳大利亚的船只时，殖民地土地和移民委员会的一位官员对此作出解释。因此，大饥荒时期成千上万的爱尔兰人利用政府资助前往海外与他们的家人团聚。

“寻求流放”： 46
作为移民船的犯人船

1847年7月18日，女犯搭乘“威弗莱”号（*Waverley*）从爱尔兰前往范迪门之地，外科医生高兴地发现“犯人和其他所有人在登船时身体健康”。尽管可以合理地推断出医生间接提及的“其他所有人”是在船上工作的船长和船员，但实际情况要更加复杂。“威弗莱”号搭载的人员中，除官员、船员和134名女犯外，还有不少于33名孩子（犯人的孩子）和40名“自由移民”。都柏林政府的一位官员解释道，后一群体由两类人构成，一类是“在殖民地的犯人的家属”，他们的船费部分来自政府的资助；另一类是赤贫的居民，他们的旅费由卡罗琳·奇泽姆的家庭殖民互助基金会承担。实际上，借助奇泽姆的计划而自由移民的人数可能更多，但当“威弗莱”号准备起航时，很多人“尚未到达，因此无法登船”。尽管如此，船上人口的统计数字仍能引起人们的兴趣。在外科医生罗列的207名乘客中，足足有73人不是罪犯。这意味着有超过三分之一（35.3%）乘坐“威弗莱”号的人将之作为一种离开爱尔兰的更廉价的方式。在接下来的篇幅中，我们将探讨大饥荒时期数量众多的爱尔兰人以何种方式将运送犯人的船只视为移民船只。如此可以表明跨国惩罚航线如何变成某些人廉价甚至免费的旅行方式，这些人参与到利用英国流放制度来为自己谋利益的冒险事业中。[39]

“威弗莱”号上非罪犯乘客的比率，以今天的标准来看确实是相对较高的，但在大饥荒时期，离开爱尔兰的运送犯人的船只上发生这种情况并非反常。这里必须说明的是，对纪律涣散的恐惧和政府默许孩子可以跟随他们的父亲前往澳大利亚，意味着运送男性犯人的船只不会像运送女性犯人的船只那样搭载一定比率的自由乘客。
47 船上外科医生的记载清楚地表明运送女性犯人的船只上并非仅有囚犯与船员。1845—1853 年，有 14 艘运送女性犯人从爱尔兰到澳大利亚的船只，外科医生对其中 9 艘船上的乘客作了精确统计。这些数字表明，366 个孩子（不包括在海上出生且存活下来的孩子）和 98 位自由移民，与 1629 名女犯一道搭载这些船只，他们在乘客总数（2093 人）中的占比是 22.2%。对单艘船只进行分析，我们可以了解更多细节。1846 年 9 月，“阿拉伯”号（*Arabian*）运载 150 名女犯和她们的 37 名孩子前往范迪门之地。在这 187 名乘客中，至少有 37 人（19.8%）不是罪犯。“约翰·加尔文”号（*John Calvin*）1848 年 1 月从金斯顿（Kingstown）起航，运送 171 名女犯和 33 名犯人的孩子，还有 9 名自由移民。这 42 人构成船上非船员的人数，占 19.7%。1851 年 1 月，“黑修士”号（*Blackfriar*）从爱尔兰前往范迪门之地，20.2% 的乘客（59 名孩子和 7 名自由移民）不是罪犯。最后一艘运送女犯离开爱尔兰前往范迪门之地的船只是“中洛锡安”号（*Midlothian*）。该船在 1852 年底从金斯顿起程，船上 19 名孩子、12 名自由移民和 2 名“中转乘客”占乘客总数的 16.3%。很多家庭清楚无误地将这一为规训与惩罚而设计的网络用作移民路线。[40]

政府的各类雇员也会利用运送犯人的机会让他们自己和家人离开爱尔兰。退休后领取养老金的军人在前往澳大利亚时也会这么做。受人尊敬的、接受过教育的女性也会以“女看守”（matrons）的名义免费搭乘运送女犯的船只。政府雇用这些女性来维护纪律，避免犯人之间或犯人与船员之间发生不道德的行为。她们并非做义工的有钱人，而是将会在到达澳大利亚时获得30英镑的酬劳，但很多人会在出发之前就需要这笔钱。1848年，都柏林政府同意提前支付20英镑给女看守奥康奈尔夫人（Mrs. O'Connell），让她“置办航行所用的服装”，而“约翰·加尔文”号女看守斯普劳尔夫人（Mrs. Sproule）提前获得10英镑用以“购买航行必需品”。这些冒险的女性将此视为永久性移民，事实上她们经常带着家人一起出发。斯普劳尔夫人被允许携带她5岁的孩子。在“约翰·威廉·戴尔”号 48
（*John William Dare*）上，“里德夫人（Mrs. Reid）的家人被允许陪伴她一起乘船离开”。当夏洛克夫人（Mrs. Sherlock）作为“中洛锡安”号的女看守从金斯顿出发时，她带着两个女儿一起远航。1849年，兰伯特夫人（Mrs. Lambert）带着她的姐妹一同乘坐“澳大拉西亚”号（*Australasia*）。运送女犯的船只有时也会承载政府的兼职雇员。1848年初，丹尼尔·凯利（Daniel Kelly）“曾经协助发现7人与利默里克郡的非法组织有联系”，他与妻子及5个孩子因此获得登上“约翰·加尔文”号的免费船票。第二年，哈特先生（Mr. W. Hart）和他的妻子及6个孩子获得同样的待遇，“因为他在上次骚乱暴发时为政府服务”，这次骚乱应该是1848年的青年爱尔兰党起义（Young Ireland Rebellion）。1852年11月，“中洛锡安”号的非犯人乘客包括安妮·吉布林（Anne Giblin）和玛丽·吉布林（Mary Giblin），乘客登记簿上显示她们的身份是“官方线人”（Crown Witnesses）。总之，退休之人、女看守和告密人利用运送女犯船只使自己和家人离开爱尔兰。[41]

运送男性犯人的船只承载自由乘客的比率要小得多，但那些肩负执行船上纪律之人可以将此作为移民的一个手段。例如，看护犯人的警卫经常带着他们的家人，想必是打算在澳大利亚永久定居。1845年夏，当“萨缪尔·博丁顿”号（*Samuel Boddington*）离开爱尔兰时，乘客包括由 12 名妻子和 12 名孩子构成的“警卫的家人”。一年后，5 名妻子和 6 名孩子随着“奥克兰勋爵”号（*Lord Auckland*）的警卫一起乘船离开爱尔兰。其他外科医生的日记记载“托利”号（*Tory*）、“佩斯汤基·伯曼基”号（*Pestonjee Bomanjee*）、“布莱尼姆 II”号（*Blenheim II*）、“罗德尼”号（*Rodney*）等船只均承载警卫的妻子和孩子前往范迪门之地。除警卫的家人外，运送男犯的船只还搭载天主教牧师。在大饥荒时代，政府委任牧师在从爱尔兰到澳大利亚的长途旅行中为犯人提供宗教和教育知识，目的是希望通过旅程中数月的教导，为犯人在澳大利亚和新西兰工作做好准备，同时“给他们的头脑灌输正确的道德和宗教责任意识”。除为罗伯特·唐宁牧师（Fr. Robert Downing）提供免费乘坐运送男犯的“佩斯汤基·伯曼基”号前往澳大利亚外，爱尔兰总督办公室还要求为其提供 110 天的薪俸，标准是每年 100 英镑（唐宁所得约为 30 英镑），外
49 加“总计 50 英镑的酬金”。唐宁不同于同行的犯人，他可以享有回程航行。“如果那位绅士愿意在殖民地逗留一段时间”，都柏林政府的一位官员解释道，“他在任何时候想回欧洲，都可以获得免费的船票”。可见，流放制度对一些人而言是一张没有期限的返程船票。[42]

很多被贴上“自由移民”标签的乘客，实际上是犯人的妻子和孩子。整个 19 世纪，帝国政府使成百上千个这样的家庭（大饥荒时期绝大多数是爱尔兰人）得以团聚，因为这样做不仅可以解决殖民地性别不平衡的问题，而且有助于使男犯规规矩矩。根据佩里·麦金太尔（Perry McIntyre）的统计，1788—1852 年，运送到南威尔士的 565 名爱尔兰犯人（548 名男性、17 名女性）成功与家人团聚。鉴于殖民地为政府资助的移民提供费用，帝国政府资助诸如此类的犯人家庭团聚。这一过程仰赖各类文书的国际传输，常常耗时数月甚至数年。只有“品性良好且拥有养活他们家人钱财之人，方可享受免费运送他们

妻子和孩子的特权”，申请与家人团聚。申请流程从犯人的雇主开始，如果雇主乐意的话，他会将申请递交给犯人的监督人，由犯人的监督人转交给殖民地官员。然后再经 1.3 万英里的海路寄往伦敦，由殖民部办事处审核后递交内政部（Home Office），最后由内政部作出决定。如果申请成功，犯人的家人会被告知，其前往澳大利亚的安排也会一并做好。如此多的申请得以成功，彰显出帝国权力从边缘到核心的各类人群的勇气、积极性与合作。最初来自澳大利亚的举荐也仰仗当地农民、工匠和商人的说辞，每个犯人都在为他们工作。[43]

关于这种家庭团聚机制遗留下来的档案，现存放在爱尔兰国家档案馆中的自由移民档案里。这些文献中的一个案例呈现了这种跨国运
作的方式。阿奇博尔德·麦金太尔（Archibald McIntyre）是一位生活 50
在范迪门之地的殷实农民，他在 1847 年 3 月致信罗斯康芒郡基尔布赖德（Kilbride）一位叫埃德蒙·卡尔（Edmond Carr）的有钱人。麦金太尔是代表他雇用的犯人帕特·马利（Pat Mally）写这封信的，马利已经为麦金太尔工作了一段时间，希望把他的妻子和两个儿子带到澳大利亚和新西兰。麦金太尔全身心地支持马利的这个想法，他解释说，马利希望“劳驾您（卡尔）告诉他的家人，他正在努力通过您的帮助带他们离开这个国家，同时冒昧地提醒您，您曾答应过他在他离开罗斯康芒郡后将他的家人送到他身边”。麦金太尔也相信犯人的家人不会成为范迪门之地的负担。马利一直“表现良好”，麦金太尔解释道，“而且攒了一些钱，如果他的妻子勤快的话，可以在我家洗衣服来养活自己”。麦金太尔最后加了一句话，“马利向他的妻子和孩子表达爱意，并向所有希望他们过得好的人表示谢意”。即使是官僚主义式的请愿书，也成为数千英里以外的亲人之间交换柔情的机会。卡尔积极回应，在写给都柏林政府的信中，附上来自澳大利亚的麦金太尔所写的信，同时还有他写的短笺以确认马利的妻子是“一位举

止得体、工作努力、勤劳肯干的妇女”，将会很快适应殖民地的生活。马利夫人“非常迫切地”想要与帕特团聚，“但苦于没有钱”，因此，“如果政府允许她和孩子免费搭乘一艘运送女犯的船只前往范迪门之地的话，她们将满怀感激”。尽管不知道马利的请求是否获得批准，但他的材料表明，在不同的权力关系中和相隔千里的 4 个人是如何基于他们的充分理由来帮助犯人的家庭团聚的。[44]

尽管大多数请愿书是妇女寻求与她们被流放的丈夫团聚，但也有留在爱尔兰的男性说服政府提供资助，帮助他们在澳大利亚重组家庭。1850 年 4 月，利默里克的布瑞安·康伦（Bryan Conlon）向都柏林政府请求提供船费支持。他的妻子布里奇特去年因为盗窃罪而被流放，并在都柏林的格兰奇戈尔曼仓库（Grangegorman Depot）等待流放时诞下一个男孩。因为表现良好，政府允许布里奇特带着婴
51 儿和她的另外两个孩子一起前往范迪门之地。布瑞安“不知疲倦地工作”，终于攒够 5 英镑以支付旅费，不顾一切地想要与妻子和孩子汇合。“申请人在爱尔兰没有任何亲人，身体健康……已经做好准备并愿意前来工作”，他写道，“他可能对国家或他妻子被流放的殖民地有用”。政府批准了他的申请，允许康伦以照顾“康沃尔公爵”号（*Duke of Cornwall*）上家畜的方式挣取他的船费。“康沃尔公爵”号是一艘运送女犯的船只，在 1850 年夏天启程离开爱尔兰。而莫纳亨郡克朗提布瑞特的康·麦克马洪（Con McMahon of Clontibret）就没有那么幸运了。他在 1848 年 7 月遭遇“难以形容的灾祸”，他的儿子詹姆斯因为作伪证被流放至悉尼。麦克马洪收到儿子的来信，詹姆斯在信中“谈及他喜欢殖民地”，并鼓励父亲向都柏林政府“申请资金，以让他的兄弟姐妹都移民到殖民地”，因为他的钱不足以资助他们。但政府否决了他的请求，因为澳大利亚政府未能将力挺詹姆斯“品行端正、声誉良好”的证明寄来。可见，成功与否取决于与

跨国官僚机构沟通的能力。[45]

过于关注犯人的家人往往会忽略另一个重要事实：犯人有时也将流放视为免费移民的一种方式。大饥荒确实使很多人将监狱和济贫院作为使他们摆脱饥饿的短期或长期的救济方式，但同样正确的是，对那些不顾一切想要离开这个岛（并保证得到工作）的人而言，运送犯人的船只为他们提供了一条出路。爱尔兰国家档案馆馆藏的犯人档案对此予以清楚地呈现。这些通常以犯人的口吻来写的请愿书，显示出人们创造性地利用这一制度来达到自己的目的。1848 年 9 月，科克郡的玛丽·凯莱赫（Mary Kelleher）和乔安娜·凯莱赫（Johanna Kelleher）姊妹提交了一份请愿书，说她们偷盗了一些衬衫，“请愿者犯下如此罪行的目的是想与她们的母亲一同被流放，她们的母亲在同一时间被法庭宣判有罪，处以 7 年流放”。但她们的计划失败了，因为她们只是在爱尔兰监狱被收押 12 个月。她们的请愿书还包括来自监狱官员，甚至审判她们的法官等多人的书信，要求将她们同其母一起发配到澳大利亚。最后，请愿书获批，她们被带 52
到“玛利亚”号（*Maria*），但不是以犯人的身份，而是以“自由移民”的身份。与之相反，玛丽·简·坎贝尔（Mary Jane Campbell）向都柏林政府解释说，“迫于饥饿，她为了坐牢而犯下盗窃罪”，但却发现自己被判流放 10 年。她的请愿书囊括一位长老会牧师和德里郡检察官的支持信，请求要么给她减刑，要么让她 4 岁的孩子陪着她，当时她的孩子寄宿在纽顿—利马瓦迪（Newtown-Limavady）济贫院。最后，她的两个目的都达到了。坎贝尔和她的孩子在 1851 年作为“自由移民”乘坐“黑修士”号一同离开了爱尔兰。[46]

男性也可以将流放视为移民资助的一种方式。“强壮、能干的人”，《蒂珀雷里自由报》（*Tipperary Free Press*）在 1849 年报道，乞求法官“看在上帝的份上将他们流放”，而且“很多时候”是奏效的。1851 年 6 月初，戈尔韦联合济贫会的一次周会上报告“8 个男孩带着联合济贫会的衣服想要逃离济贫院时被发现”。经审问，“他们交代，目的是要进监狱或被流放”，但考虑到他们“太年轻”，只给予他们鞭笞的惩罚。报纸的报道表明，尽管爱尔兰的很多法官希望以流放取代监禁，但即使是在犯人的请求下，其他法官也拒绝支持这个做法。“我的义务是惩罚违法者”，查尔斯·伯顿（Charles Burton）在 1850 年正告一位请求流放的入室行窃者，“而不是按照他们所认为合适的方式来惩罚他们”。面对这样的阻力时，那些想要流放的人经常变成公开的威胁。丹尼尔·卡拉汉（Daniel Callaghan）在约瑟夫·德文歇尔·杰克逊（Joseph Devensher Jackson）面前就是这样做的，卡拉汉被控偷了一头牛：

法庭：如果我不对你严惩，你以后会约束自己吗？

犯人：先生，我不会。我会做些可以让我离开这个国家的事情。

法庭：让他流放 10 年。

其他人对此感激不尽。当基尔肯尼的詹姆斯·伯恩（James
53 Byrne）因偷盗一块银手表被判流放 7 年时，他对法官表示感谢。历史学家理查德·戴维斯（Richard Davis）认为，这些案例“表明大饥荒时期的判决是荒唐的，巨大的灾祸将内疚、惩罚和改过自新的原则消除殆尽”。很多人把惩罚变成了免费的船票。[47]

这些案例表明，犯人和船员并非大饥荒时期流放犯人船只上的单一群体。从犯人的家属到女看守、牧师、警卫、退休后领取养老金的人，甚至是警方密探，都在利用这些船只，特别是那些运载女犯的船只，来使他们自己和家人在灾难时期离开这个岛国。这些发现可为流放制度研究的新趋势作出贡献，拓宽学者对这一制度的概念界定。流放制度并不仅仅是警察与小偷的专利。作为一个船只和行程可被信赖的制度安排，可以为各种各样想要前往澳大利亚的人提供机会。尽管流放制度的名声是一种“重刑……需要漂洋过海”，但穷人有诸多理由将之作为一种选择。如果没有其他顾虑，流放犯人的船只是他们可以负担得起的。正如我们所看到的，在任何流放女犯的船只上都有约 20% 的非犯人乘客（更不用说犯人自己），他们仅需付出很少成本或者根本没有成本。尽管很多犯人极为悲伤，并为在范迪门之地的未来前景感到畏惧，但其他人也的的确确把这视作摆脱贫困的机会。因为流放犯人的船只有政府的官方特许状、精打细算的补给品和一位经受训练的医生，所以要比那些定时来往于大西洋上的很多小型、私人的船只更安全。虽然搭载流放犯人的船只前往澳大利亚耗时更长，但在很多方面也更安全。[48]

要想免费搭船前往澳大利亚，爱尔兰的穷人就得成功利用英帝国的经济政策和文化政策。例如，他们请求获得移民资助的请愿书，取决于澳大利亚农民的美言，后者中的很多人渴望雇用值得信赖、工作勤劳的人。政府资助流放犯人的家人移民为澳大利亚农民获取这样的劳力提供了机会，甚至在他们离开家乡之前就可落实。与此同时，这一制度为在爱尔兰缴纳赋税的地主提供了安排穷人妻子和孤儿的出路。如果这些人留在爱尔兰，将可能会在几年后成为接受政府救济的人。因此，像阿奇博尔德·麦金太尔和埃德蒙·卡尔这 54
样的人，利用他们的社会地位帮助流放犯人在范迪门之地实现家庭团聚的请愿，也就不足为怪。打算成为自由移民的人也求诸维多利亚时代的道德规范，认为核心家庭是健康社会的基本构件。1852 年，玛丽·海耶斯（Mary Hayes）在申请前往澳大利亚与她被流放的丈夫团聚的请愿书中，希望总督从“作为已婚男性和丈夫”的情感角度考虑，同意给她免费船票。在法庭上，其他人求诸法官的仁慈，请求将他们流放海外。考虑到如此多的人在这些年里心生绝望，大饥荒时期大量爱尔兰人利用流放犯人的船只作为他们移民的船只，这是可以理解的。创造力、运气和勇气的结合，使很多人成功地将他们流放的路线调整为移民的网络。[49]

大饥荒时期的移民，不管他们的目的地是哪儿，往往都会利用当地和跨国的家庭、商业与帝国网络来聚集离开爱尔兰所需的财力。因此，为启程而准备的过程有助于在爱尔兰人大流散中强化国际联系。历史文学中常常将这些交换线路视为彼此分离的，但它们实际上是相互缠绕在一起的。最持久的资金来源是生活在海外的朋友和亲属的现金汇款。这些人利用他们积攒下来的钱，为留在爱尔兰的那些人购买船票。因此，汇款成为共同体观念在前现代的一种表现形式，这种观念在 19 世纪中叶的爱尔兰乡村中仍然根深蒂固，并在前往北美和澳大利亚的航行中继续存在，而北美和澳大利亚的市场经济是以竞争性的个人主义和利润为中心的。很多人也被爱和依恋的深厚情感所感动。“我盼了很久，希望把你搂在怀里”，托马斯·加里（Thomas Garry）在 1848 年 3 月给他的妻子汇款用以移民时这样写信告诉她，“这世上没有人能让我挂怀，除了你和我的孩子，你们是我一生的挚爱”。佃农和劳工在动用商业和帝国的全球网络时缺乏经验（以及汇款数量不足），但地方政府和帝国政府在适当时机给予了一定额度的
55 资助。很多移民成功引起相当数量有权人士的注意，包括地主、济贫监护人、官员和法官。这些移民可以将这些有权人士和他们的资金与供应和交换的国际体系连接起来，而这一体系忙于将人们迁往世界各地。换言之，聚集启程离开所需的财力有助于发展和扩展爱尔兰共同体的跨国影响。一旦获得购买船票、置办航行所需衣服和给养品的资金，乘客就需要到达船只起航的港口，并登上船。我们现在来看看他们用以完成下一个航行步骤所使用的策略。[50]

第二章

登　船

56 1853年3月，当来自戈尔韦郡阿哈斯克拉镇（Ahascragh）的詹姆斯·米切尔准备移民到纽约时，他表现得十分焦虑不安。“所有人早在自己的脑海中想象过这次旅途，一直期待着出发这一天的到来”，他在后来写道，“有些人是为了早点满足自己的好奇心，去看看他们将要经过或前往的国家、城镇和乡村；另一些人（可能会）对漫长而又枯燥的旅途感到焦虑”。米切尔将自己归为后者。“我已经读过或者听说过许多其他地方的人和事，但却从未去过离家超过30英里的地方，我对能看到这些‘场景’感到非常紧张”，他写道，“但是，我更害怕横跨大西洋的这场旅途，希望可以尽早结束”。移民已经备齐离开所需的东西，下一步就是登上送他们去往国外的船只。他们需要确保自己已经为这次旅途做好充分准备，这缓解了他们想要立刻出发的渴望。旅途因移民最终目的地的不同而长短不一，短则5周，长达4个月。他们的船只何时出发，从哪个港口出发？他们如何到达出发的港口？他们在路上会遇到怎样的威胁？是否有必要带上额外的食物和衣服？前往澳大利亚的人与前往英国或北美的人，他们的需求和期待有所不同，但也有一些是所有移民共有的东西。公开出版的指南、政府通告和船运广告都提供了许多建议，但正如本章所表明的那样，爱尔兰移民也从最初的资助者那里获得至关重要的建议。此外，当出现意料之外的困难时，这些移民也可以熟练地运用自己的方法来应对，比如建立一个新的人际关系网络或者利用法律制度，使自己和家人得以安
57 全登上驶往国外的船只。因此，登船的过程强化并拓宽了爱尔兰人大流散的跨国网络。[1]

“精打细算”：准备离家

1849 年，一位不具名的赞助人购买了一张从利物浦到费城的两人预付船票，他们乘坐的船只隶属于科普家族的“萨拉纳克”号(*Saranak*)。赞助人在船票背面写下一些建议。这份笔迹潦草的建议是关于移民如何为海上生活做准备的，大概率是基于资助人的自身经历。尽管《乘客法案》坚称每一位移民都有日常食物补助，但购买这张船票的人却清楚地明白，即将上船的乘客需要从自己家里带好海上所需食物以满足航行中的饮食需求。“你需要带一些茶叶和糖、燕麦和面粉，带些培根，如果可以的话再带一些土豆”，这位赞助人特别嘱咐道。除此之外，你需要把钱省下来。“不要再带任何东西”，他又补充道，“除了增加你的花费，不会对你有任何帮助”。这张便笺透露出 19 世纪中期航船上移民饮食的细节，同时也提醒我们，移民在准备离开家乡踏上前往国外的旅途时需要建议和帮助。正如我们将要看到的那样，这些准备出发的移民与他们获取移民所需财力时一样，都是利用相同的地方性与跨国性共同体和交换网络。国内外的亲友在这些移民走出国门的过程中发挥了至关重要的作用，包括从告诉他们运输系统如何运作到建议他们应该穿什么样的衣服。[2]

爱尔兰大饥荒时期的移民大多数都是偏远地区的农民和劳工，他们对于国际海运的严格体系和时间安排毫无经验。因此，为了顺利完成这趟旅途，他们需要关于这些机构真实运作机制的相应指导。

保存在宾夕法尼亚历史学会的科普家族档案中的船票，证明了生活在美国的人为他们挚爱的亲友购买预付船票后，通常会在船票背面写下如何应对航行过程中复杂状况的建议。例如，不能在船只出发
58 当天到达码头，这至关重要。“一旦你收到这封信”，1846 年，一位不具名的资助人对玛利亚·普赖尔（Maria Prior）解释道，“你必须马上写信给利物浦教会街的布朗·希普利公司，告诉他们你将在当月 12 日到达那里”。时年 20 岁的玛利亚，孤身乘坐“萨拉纳克”号邮轮移民。“你必须在当月 8 日或者之前就发出通知”，他建议道，“在这 8 个月里无论是哪个月都没有区别，因为根据邮轮的航线安排，每月 12 日都会有船只从利物浦出发”。21 岁的比迪·布雷迪（Biddy Brady）也独自一人乘坐这条船。她的资助人已经计算出她到达利物浦需要花费的时间（可能也是基于自身经历），告诉她要“在 4 月 1 日，最迟 3 日从家里出发，因为船只会在 4 月 12 日准时起航”。在没有电子记录和电子凭证的时代，实体票十分珍贵。“好好保管这封信，前往利物浦时将它带在身上，拿给代理人看”，玛丽·古德曼（Mary Goodman）的姐妹告诉她，“千万不要把信弄丢了，否则你就无法乘坐这艘船，船票钱也会白白浪费掉”。[3]

轮船经纪人从轮船公司获得售卖船票的许可，一般通过在报纸刊登广告来公布最新的船票信息。以 1846 年 3 月 7 日刊登在都柏林《民族报》上的一则广告为例，利物浦的詹姆斯·贝克特（James Beckett）承诺任何自付邮费写信向他咨询的人，都会“收到一本《移民指南》，这本书将告诉他们所有必需的相关信息，包括从离家到抵达美国一路上该如何做……从而以最经济的方式获得最大程度的成功”。与之类似，都柏林伊甸码头的詹姆斯·米利在广告中宣称，那些想要在他的帮助下移民的人“只要写信索取，即可获得船票价格、航行天数等所有信息”。都柏林塔尔博特街（Talbot Street）的

托马斯·德拉尼（Thomas Delany）售卖前往澳大利亚、加拿大和美国的船票，他也给出相似的承诺。鉴于许多移民因等待船只起航而增加花销，这些经纪人也为移民提供预订舱位的服务。移民“不用离开家乡就可以获得船上的舱位，只需将他们的名字和每人1英镑的订金寄出……就可以获得属于自己的铺位”，詹姆斯·米利承诺道，“这样他们只需在船只起航的前一天到达都柏林，便可直接登船，因此省却一大笔花销，也避免了延误”。通过詹姆斯·贝克特 59
购买船票的人，可以提前知悉船只的相关信息，“因此他们只需在船只起航的前一天到达利物浦即可；如此一来，他们不仅获得更便宜的船票，能够在他们到达之前分配到最好的舱位，而且还可以免于轮船班次延误等造成的花费”。如前文所述，在殖民地土地和移民委员会或联合济贫会的帮助下，前往澳大利亚的移民会得到斯蒂芬·沃尔科特的指导，而受到地主资助的移民通常从像威廉·斯图尔特·特伦奇这样的地产经理人那儿得到所需信息。[4]

朋友与亲人之间的信息传递对于获得资助的移民而言是至关重要的，而在下定决心要离开并且已经准备妥当后，这种信息传递就显得更加重要。海外的资助人通常会劝说家庭成员不要浪费时间。“考虑再三或者迟迟不下决定是没有用的”，1851年5月，丹尼尔·朗特里告诉他的姐妹，“越快动身越好”。考虑到移民起航后在海上建立联系的困难，许多家庭成员坚持让移民动身时就通知他们。“在起航前写信告诉我”，1852年，休·布雷迪（Hugh Brady）的资助人坚持这样要求，提醒这位年轻人“带着这封信前往利物浦，作为在那里的通行证”。玛格丽特·麦卡锡（Margaret McCarthy）要求她在科克郡威廉镇的父亲在获得船只航行的准确信息后与她联系。“当你到达利物浦后也要写信给我，让我知道你什么时候起航以及你乘坐船只的名字”，她在1850年9月写道，“在收到你的答复之前，我会一直焦虑不安”。1846 年的夏天，萨拉·弗莱明（Sarah Fleming）和她的妈妈在为离开都柏林做准备，她的兄弟约翰提醒她要告诉他最终目的地。“你一到利物浦就写信告诉我起航日期，以及你们最后是到这里（费城）还是到纽约，以便我去码头接你们”，他写道，“在见到你们之前，我感觉一个月有一年那么长”。有时候，报纸会刊登一些船只的信息。例如，1846 年 8 月，《波士顿导航报》（*Boston Pilot*）让读者知道利默里克的“简·布莱克”号（*Jane Black*）最近将运送 200 名乘客前往魁北克。[5]

如果说人际关系在准备出发的过程中十分关键，那么它在航行途中也同样重要。许多人甚至在离家出发前就被鼓励去建立人际关
60 系。基尔肯尼郡的乔安娜·伯吉斯（Johanna Burgess）收到这样的建议：一位名叫艾伦·斯坦克（Ellen Stack）的邻居“和你同乘一艘船，你要找到她并告诉她，她的姐妹玛丽希望你尽可能照顾她”，然后和她互帮互助。与之类似，有人告诉另一名乘客，“迈克尔·达菲（Michael Duffey）给他兄弟买了和你同一天的船票……我希望你们来时乘坐同一艘船，这样你们彼此能有个照应”。与他人结伴航行所获得的经济上的好处不难想到。有人告诉一位叫玛丽的旅客，有“一位人很好的女孩”和她住在同一个地方，也要乘坐科普家族的邮船。“我不知道她的教名，但如果她没来找你，我希望你有时间的话去找她，与她一起坐船来，因为她有床铺、厨具以及别的东西，可以帮你节省几个先令。听说她是一位非常虔诚的教徒，而且我对她在这儿的两个兄弟都很了解。”1848 年，3 位不具名的乘客靠着同一张船票一起踏上旅途，有人建议他们在到达利物浦之前分头行动。其中一人要独自到港口“并确保你们舱位的安全”，如此可以在港口仅支付一人而非三人的费用。“因为你们没什么钱”，建议者说，“你们必须精打细算”。1850 年，乔治·内特尔（George Nettle）在他的《移

民北美实用指南》(*Practical Guide for Emigrants to North America*)中对此深表赞同，“一家人一起移民，或者在朋友或邻居的陪伴下移民……不只是出于经济现状的考量，也因为这样可以在旅途中互相帮助，睦邻习俗和邻里间的善意可以为旅途增添舒适感”。[6]

对于预算紧张的乘客来说，一路上有值得信任的人陪在身边也可以让人心安。先前成功移民的人，在邮寄汇款和预付船票的同时，也会将写着哪些人值得信任的便笺一并寄出。当地政府在一定程度上是值得依靠的，因为它可以为移民提供各种直接指导和帮助。1853年，托马斯·科菲（Thomas Coffey）的资助人在他的船票背面写下一条简单的建议：“当你到达利物浦码头时，将这封信拿给你在船坞见到的第一名警察看，他会告诉你该怎么做。”但很多人更依赖个人或当地的人际关系网络，并以此为基础寻求有助于自己的人际关系。这些建议通常来自早先移民者的自身经历。所有乘坐科普家族 61
的轮船从爱尔兰前往费城的人，必须首先乘坐汽船横渡爱尔兰海到达利物浦。汽船的班次没有规律，但有人告知一位乘客：“打电话给都柏林的詹姆斯·肯尼迪（James Kennedy）先生，他会在从都柏林出发去利物浦的邮船上等你，就像他之前帮你姐妹做的那样。替我向他表达敬意。”到达利物浦这件事本身就很困难，但玛莎·麦圭尔（Martha McGuire）被鼓励“去找詹姆斯·杜根（James Dugan），他是牧师凯恩（Kane）先生的朋友，会帮你安排好一切”。另一位乘客也得到类似帮助。“小心保管这张船票”，资助人写道，“联系利物浦的托马斯·特里西（Thomas Treacy），他会告诉你怎么做”。考虑到此类移民旅行对共有纽带造成的暴力冲击，一张友好的面孔就是对他们最热烈的欢迎。[7]

随着大饥荒时期爱尔兰移民人数的急剧增长，船长为寻求降低成本而犯下的欺诈行为也越来越多。英国和美国的《乘客法案》在

1847—1855 年间分别进行了第 6 次和第 4 次修订，规定了统舱在一些方面的最低标准，尤其是在食物、淡水和生活空间方面。但规定实施起来还是非常困难，特别是从较小港口出发的船只，比如斯莱戈和德里港口。准备踏上旅途的乘客需要知道自己有哪些权利。有人告诉安·弗拉纳根（Ann Flanagan）：“他们会给你一张船票，船票上写着你将从船长那里获得的物品以及你需要的所有信息。”然而，移民的亲友就每位移民要带多少食物并未达成一致意见。一些人认为船上的食物充足。1851 年，凯瑟琳·卡拉文（Catherine Callaghan）乘坐“萨拉纳克”号，她可能目不识丁（或者不懂英语），因为她的预付船票背面的建议是写给别人看的。凯瑟琳要带上“尽可能多的土豆和盐，但不必带太多粮食，因为船长每周会提供面粉、大米和一些肉”。与之相反，迈克尔·哈洛伦（Michael Halloran）和他的女儿却被告知，每周的粮食供应“不够你们两个人吃的”。一些人给出了要带物品的详细清单。“带些煮熟的肉”，有人建议道，再加上 6 周所需的“面粉、茶叶、大量糖、培根、黄油、一些鱼干、芜菁甘蓝、大米、咖啡、燕麦、洋葱、罐装牛肉”以及“家里用的锅、水
62 壶、咖啡壶、茶壶、勺子……小平底锅、鸡蛋、燕麦面包、盐、肥皂”和“出发当天吃的新鲜面包”。其他人则主要建议带些较贵重的东西，比如“两品脱的威士忌”。有人敦促约翰·德莱尼（John Delaney）的父母让他“带些茶和糖，糖加在燕麦粥和其他食物里食用，消耗较多”。在海上度过漫长而又寒冷的一天后，吃点甜的东西会对未来抱有期待，这是值得花费的。[8]

政府的规章制度和移民指南有时也会帮助移民决定如何在海上配置食物。那些在殖民地土地和移民委员会的帮助下移民澳大利亚的人，他们的基本需求大多有人提供。“委员们在他们的仓库和船上免费为移民提供给养、医疗服务和厨具”，一张由政府发行的传单上

写道，“还有新床垫、枕头、毯子和床单、用来装亚麻等物品的帆布包、刀叉、勺子、金属盘子以及喝水的杯子，这些都会在到达殖民地后分发给在旅途中表现良好的人”。对于那些自付路费的移民，约翰·奥汉隆（John O’Hanlon）在1851年写的《爱尔兰移民美国指南》(*Irish Emigrants’ Guide for the United States*）中警告说，尽管法律规定的食物数量“是经过计算的，以满足漫长旅途中的需求，让旅客免于挨饿，但对旅客来说仍然算不上是充足的供应”。他建议移民自带“土豆、燕麦、小麦、面粉（细面或精面）、培根、鸡蛋、黄油等易于储存的物品”。但普通移民不能随身携带太多行李。拖着大箱子“穿过拥挤的街道和熙熙攘攘的人群”格外困难，且更容易丢东西或者遇到窃贼。移民在船舱里只能将“一个或两个实用的箱子和几个旅行袋放在身边，旅行袋中装有随时使用的海上物品、厨具、餐具等”。其余的行李放在船舱底部，不能经常取用。[9]

那些作为罪犯被流放，或者在当地联合济贫会的资助下移民的人，经常在补充体能的生理需要和政府压低成本的两难中挣扎。1848年1月，当“约翰·加尔文”号运送一批女囚离开都柏林前往范迪门之地时，当地政府正在与食物价格作斗争。尽管郡督塔利（Tully）同时也是都柏林海军部的代理人，已经收到为该船提供10吨土豆的命令，但他发现，“由于最近粮食收成不好，除非花费极高的费用， 63
否则根本无法提供这么多的土豆”。于是，塔利用“相应数量的含淀粉食物”代替土豆。1852年底，芒特贝柳济贫院资助30名年轻女性从普利茅斯到澳大利亚的旅费，但却在无意中提前将她们送离。殖民地土地和移民委员会随后警告联合济贫会的监护人，称他们在普利茅斯的官员正在“单独核算维持这些年轻女性生存的费用”，因为殖民地土地和移民委员会“在登船令所显示的登船日期之前不会承担移民的食宿费用”。芒特贝柳的济贫监护人有责任将该费用偿还给殖民地土地和移民委员会。移民有时需要自己承担额外费用。1850年9月，都柏林政府为约翰·麦基翁（John McKeown）减刑，但前提条件是他要移居美国。一旦船只准备起航，麦基翁就会被一名官员押送到登船港口，“这名官员的费用由囚犯承担”。由于移民普遍存在物资匮乏和营养不良的情况，因此食物成为在出发前就要解决的一个重要问题。[10]

衣物是所有移民必须解决的另一个问题。许多人在这件事上别无选择，因为匮乏的物资限制了他们添置新衣服。这些不幸的人穿着不适宜任何节气的衣服就出海了。犯人在这方面的情况要好一些，因为他们都穿着虽然粗糙但十分结实的全套新囚服，且衣服的质量已经在出发前经过随船外科医生的检查。然而，尽管那些自负费用的移民买得起新衣服，但他们也不能在新衣服上花费太多。约翰·奥汉隆在《爱尔兰移民美国指南》中指出，“（移民）所带的衣服大多数根本不适合他们要去的国家的气候”。早去的移民通常建议后来者只带实用物品。帕特里克·多兰（Patrick Doran）的妻子告诉他不要“在到达利物浦之前自寻麻烦地购买任何东西，除非带些保暖的铺盖，只有这才是最必需的”。玛丽·麦科利（Mary McCollery）被建议“多带些被褥，让自己在旅途中暖和些”，同时其他人也被提
64 醒“在航行中要保持温暖和舒适”。1846年，詹姆斯·珀塞尔寄钱到爱尔兰的家里，以满足准备到澳大利亚投奔他的孩子以及他的姐妹所需。他要求每个人都准备两套衣服，“一套衣服是在每次到陆地时穿，另一套在船上穿，鞋子不要带鞋钉，到气候炎热的地方准备好轻薄的衣服”。最后，和犯人一样，大多数在当地联合济贫会的资助下移民的人也会有适合当地气候穿的新衣服。1852年9月，《利默里克记者报》报道称，一群前往澳大利亚的穷困女性在离开济贫院时“穿得非常暖和且体面”。其他爱尔兰和英国的报纸对从爱尔兰济

贫院离开的穷人移民也做了类似报道。[11]

这些案例表明，准备离开家乡的移民依赖国内外传递的源源不断的信息。当地和跨国的交换网络曾经给移民提供必要的资金支持，现如今又给他们提供一系列实用信息，从旅程的时间安排到食物和衣服的配备都包含其中。尽管船票上印有一些基本信息，但除非持票人已经知道起航日期和自己作为一名乘客该做些什么，否则预付船票上写的建议就不会毫无用处。寄出船票的资助人为了亲友能顺利完成航行，有时候会反复强调自己提供的信息。在殖民地土地和移民委员会资助下移民的人们可以参考寄给申请者的信件和印着规章制度的传单。而那些从詹姆斯·米利等船票经纪人那里购买船票的人，可以通过他们的办事处获得更详细的指导和建议。那些目不识丁（或者不懂英语）的人可以让识字的亲友读给他们听。约

图 6 一位牧师为准备离家远行的移民祈祷上帝保佑

来源:《伦敦新闻画报》1851 年 5 月 10 日。感谢英国报纸档案馆和大英图书馆委员会惠允使用。© Illustrated London News Group

翰·奥汉隆、乔治·内特尔等人撰写的移民指南，也可以帮助那些出得起一两先令买一本书，或者可以从邻居或当地阅览室借阅图书的移民。一旦所有东西都收拾妥当并准备出发，移民就要做最后的道别。“分别的时间到了”，戈尔韦郡的詹姆斯·米切尔在日记中写道，“我用尽内心所有的严苛和决绝来面对这个离别的场面，但年迈的父母那分别的眼神完全摧垮了我，我所有的决心，一下子就像朝
65 阳下的露珠那样全部蒸发殆尽”。雇用的双轮马车终于到站了，“透过挥舞的帽子和手帕，我向这座小镇投去依依不舍的最后一瞥，在这里我度过了人生中最幸福的一段时光。然后，我便匆忙走向巴利纳斯洛（Ballinasloe）火车站”。[12]

“这条路或另一条路”：
前往港口

尽管爱尔兰在大饥荒时期非常贫穷，但这些年里移民从家乡到港口的交通运输体系还是得以扩展。尤其是爱尔兰的铁路有长足发展。最大的铁路网是南部和西部大铁路，最终于 1849 年贯通科克郡和都柏林；两年后，戈尔韦郡到都柏林的线路开通。1853 年，波恩大桥建成，贝尔法斯特和都柏林之间也随之贯通。随着铁路线路的扩张，其逐渐取代运河，成为自 18 世纪末以来爱尔兰岛上远距离旅行的最佳交通方式。1804 年，爱尔兰大运河竣工，从都柏林向西南 66
一直延伸到利默里克。1817 年，爱尔兰皇家运河开凿，从都柏林向西北经马林加（Mullingar）到朗福德郡（Longford）。对于那些买不起火车票的人来说，运河依旧是他们能负担得起的出行方式，穷人则通常会沿着运河两岸徒步横穿爱尔兰。驿站马车或者邮局马车等较古老的长途旅行方式也还在使用，但相对较慢且贵。尽管如此，由意大利移民卡罗·比安科尼（Carlo Bianconi）设计并运营的“比安科尼车”运输网络逐渐建立起来，并大受欢迎。到 19 世纪 50 年代初，据《戈尔韦辩护者报》（*Galway Vindicator*）报道，这种廉价、组织得当、用马牵引的运输工具，“使爱尔兰境内的交通运输与早些年相比更加便宜和便利”。总之，移民有多种交通方式可以到达登船地点。“通过这条路或另一条路”，《克朗梅尔编年史》（*Clonmel Chronicle*）在 1849 年春写道，“大多数人移民去美国，一小部分人前往澳大利亚或其他地方”。在他们前往港口的路上，移民仍然要依靠各种人际关系。[13]

马拉的双轮马车是将村庄和小城镇同更大的城市中心连接起来的一种交通方式，通常是移民在第一段旅程中的选择。最常见的一种形式是“敞篷”车，乘客背对背坐成两长排，行李堆在两排人中间。“路边的景色迎面而来，无论遇到什么样的恶劣天气都是这样上路”，威廉·威廉姆斯（William Williams）描述道。乘客能得到的保护就是将一块防水的围裙裹在大腿上。在19世纪的第2个25年里，比安科尼将其运输范围扩展到爱尔兰全境。1848年，他在科克的一次集会上称，他的车行共有“100辆车，包括运送邮件的马车和各种大小不一的车辆，这些车每次可以乘坐4—20名乘客不等，1小时走8—9英里，每名乘客每英里平均收费1.25便士，所有的车每天共走3800英里，每经过140个站点就要换一次马，马匹每年要消耗3000—4000吨干草和30000—40000桶燕麦”。这些车既便利又实惠，很受移民欢迎。1849年1月，《盎格鲁-凯尔特人报》写道：“你只要在我们国家的主干道上走1英里，就能遇到两三个坐车的人，他们都渴望逃离自己出生的这片土地。”4年后，《利默里克
67 记者报》称，前往都柏林的比安科尼车里“挤满了移民”。这些企业家紧接着做起将那些住在边远地区的人运送到主干道上的生意。在卡文郡，车行经营者彼得·麦卡恩（Peter McCann）会在克罗斯多尼村（Crossdoney）等着比安科尼车来，这样可以让住在基拉尚德拉（Killeshandra）及其附近的人“以非常低的价格乘坐比安科尼车，然后转乘马林加铁路前往都柏林或从都柏林来”。那些买不起客车票的人，有时会和运货马车的车夫商量，按照运输货物的费用搭乘马车。1852年1月的一个傍晚，“有7辆坐满移民的运货马车”途经克朗梅尔前往沃特福德（Waterford）的港口。[14]

尽管马车很流行，但有钱的移民者还是觉得在长途旅行方面火车的速度和便利性更胜一筹，值得花更多的钱。如前文所述，大饥荒时期爱尔兰的铁路网急剧扩展。1845 年，爱尔兰只有 3 条较短的铁路线在运营，这 3 条线路加在一起总长度不到 70 英里。到 1850 年，有 400 英里长的铁路线处于运营中，而且从主要的终点站贝尔法斯特和都柏林向四周延伸，这两地于 1853 年最终被一条线路连接起来。1855 年，遍布全岛的铁路网轮廓已经成型。为帮助旅客规划路线，铁路公司将他们的票价和列车时刻表广而告之，有时候报社编辑也会公开相关信息。每个季度都会有成千上万的人离开家乡去往国外，铁路运输也迅速变得繁忙起来。“每天通过南部和西部大铁路涌向都柏林的移民数量惊人”，蒂珀雷里的一位编辑在 1849 年 4 月评论道，“在所有的铁路线上，几乎每个站点都有一群人在等待‘廉价’列车，而亲友则在旁边目送他们离开”。19 世纪 50 年代早期，移民数量的剧增让铁路不得不快速扩展以满足其需求。1853 年 5 月，一辆从都柏林发往利默里克的火车每经过一站，车上乘客的数量就会增加许多。“乘客人数实在太多，以至于本应在上午 11 点 30 分到达终点站的火车晚点了整整 1 个小时。”移民登上火车时，他们的亲人会聚集在一起为他送别。1853 年 8 月，戈尔韦郡的一名目击者看见“火车站台上挤满了移民的亲友，在移民中间充满了对到达美国后和这群挚友重聚的强烈渴望，他们觉得这样的分离只是暂时的”。[15]

对于那些无力购买火车票的人来说，运河仍然是一个可负担得 68
起的选择。18 世纪末 19 世纪初，沿着爱尔兰两大运河行驶的马拉驳船（horse-drawn barges）成为更受欢迎的长途旅行方式。1780 年，沿爱尔兰大运河往返都柏林和萨林斯（Sallins）的第一批载客船投入运营。到 19 世纪 20 年代，从都柏林到香农河（River Shannon）的客船航程为70英里，用时18个小时，一个舱位约需花费1英镑，然而来自双轮马车和其他运输方式的竞争使得其价格逐步下降。19世纪30年代，运河经营者通过使用“快船”(fly boats)减少航行时间。快船由两匹或三匹快马牵引，通过减少拖拉的阻力来提高速度。那些付不起较高费用的乘客，可以选择乘坐较慢的旧式“夜船”(night boats)。尽管大饥荒时期运河的客源平稳地流向铁路，但仍有大量移民通过运河前往登船地点。1851年7月，阿尔斯特运河蒸汽轮船运输公司（Ulster Canal Steam Navigation Carrying Company）的广告称，他们可以将住在爱尔兰岛北边的商人和乘客运往利物浦。经由较小的运河到达唐郡（Down）之后，乘客和货物都可以转乘该公司的头等轮船，“这些轮船每周4次定期往返纽里（Newry）和利物浦”。爱尔兰运河上过多的乘客有时会超出这一运输系统的负载能力。1847年3月，都柏林的多份报纸报道称，爱尔兰大运河的客船经常延误。“坐船的人太多”，其中一份报纸称，“运河线路上的不同站点都需有警察在现场维持秩序，以防止人们大量涌上客船；每天都有许多人坐不上船，只能等待下一班”。[16]

步行是最后的选择。然而，因太过贫穷而买不起客车票、船票以及火车票的人，往往也负担不起步行所需要的鞋子、衣服和食物，更不用说负担可以帮助他们在船上生存数周或数月的暖和被褥以及海上用品。因此，那些步行前往登船地点的人通常在体力上至少是不错的。爱德华·韦克菲尔德（Edward Wakefield）在提交给1848年特别委员会的证词中称，他曾遇见一大家子人住在一个用一块“破
69 旧毯子”和一些“从篱笆上折下的树枝”搭建的临时住所里。地主只给他们一小笔钱，就让他们放弃在西米斯郡（Westmeath）租种的土地。“靠着这一点儿钱”，韦克菲尔德告诉特别委员会，“他们一路乞讨到都柏林，购买了7个人到利物浦的船票，然后继续一路乞讨

到我看见他们的地方，从那里到利物浦有36英里的距离”。主要运河的纤道（沿岸马拉驳船所走的路）构成遍布全国的道路网络，非常平坦且维护良好（尽管是用于马匹行走），为那些想要坐上从都柏林出发的船只的移民提供了现成的道路。当然，想要步行去坐船的移民首选爱尔兰公路，但在爱尔兰的许多地方公路状况并不好，导致走公路会有非常多的困难。“每天——甚至每小时——都能看到这个曾经人口稠密的国家，她的居民熙熙攘攘地走在通往英国的公路干线上”，《梅奥电讯报》（*Mayo Telegraph*）在1851年春天报道，“一些人要搭乘到美国的轮船，更多的人是到英国寻找工作和寻求帮助，而这些在他们出生的这片土地上是找不到的”。当这些贫穷的移民途经一些城镇时，迎接他们的往往是对他们的恐惧和怀疑。1847年8月，《戈尔韦辩护者报》称赞新颁布的《流民法》从根本上“保护公众，使他们不必承担帮助在此地没有任何土地和财产的流民的重负”。同一年，市镇专员督促警察“严格遵照《流民法》的规定，拘捕并起诉在城镇游荡的流民”。[17]

那些不得不步行前往登船港口的移民，往往跟着一群青壮年一起上路。这些青壮年是季节性迁移的工人，他们在长达一个多世纪的时间里一直都是夏天前往英格兰和苏格兰帮人收割庄稼。露丝-安·哈里斯（Ruth-Ann Harris）认为，他们在19世纪已经成为“一种灵活的劳动力供给，使得英国的工业能够根据货物和服务需求的变化迅速而高效地作出调整”。这些长年外出务工的爱尔兰人的亲身经历和间接得来的经验，连同年轻人在新建的公立学校里学到的地理知识一道，帮助一些移民在接下来的旅途中做好准备。与此同时，与这些在19世纪四五十年代逃离大饥荒的移民相比，迁移工人的经
历有显著不同。在体力上，他们通常都是年轻、健康、没有家庭负 70
累的青壮年。与之相反，这群在大饥荒时期沿着公路前往都柏林、

科克和贝尔法斯特的移民中，通常既有年轻人也有老年人，还有一些患病和身体虚弱的人。这两个群体的心理也有不同。迁移工人将自己视作有一身力气要挣钱养家的人，期盼着口袋里能揣着大笔钱回家；而在大饥荒时期移民的人大多数知道自己这一走就永远不会再回来。在罗伯特·斯卡利看来，移民对一个不确定的未来并不抱有太大希望，尤其是他们看到“掉队的人和四处流浪的人食不果腹，死去的人被随意掩埋，还有很多人曝尸荒野”，沿着爱尔兰公路两侧的“长草甸”绵延不断，似乎没有尽头。[18]

根据移民在前往登船地点的过程中面临的挑战，现存证据显示，无论是否自愿，大多数被流放到澳大利亚的犯人的旅途体验要比许多移民更加安全舒适。例如，不同于那些边走边乞讨的移民家庭，犯人在流放中的各个环节早已协调好，一路上有安全的住所和预先安排好的食物。1848 年初，一批从克莱尔郡恩尼斯出发的犯人，由一支武装部队护送他们到达利默里克郡的监狱，再从那里转运到尼纳（Nenagh）的监狱，然后在警察的看管下到达都柏林。在每一个环节，犯人都能获得干燥的床铺和食物。即便不得不步行，犯人也很少走很长距离的路。相反，他们搭乘各种各样的交通工具。1848 年 9 月，《利默里克记者报》称，30 多名犯人从克朗梅尔和利默里克出发，乘火车到达都柏林火车站，在那里等待登船。次年，都柏林《自由人晚报》(*Evening Freeman*) 报道称，大约有 70 名女囚从格兰奇戈曼火车站出发，前往“玛丽亚”号。“犯人搭乘有篷车从监狱赶往哈尔平水潭（Halpin's Pool），‘比特岛’号（*Isle of Bute*）汽船在那里等着接应他们”，报纸写道，当汽船到达运输船所在地，“已经上船的犯人（超过 100 名）会到甲板上热烈欢迎这群新来者”。除可以乘坐有篷车、火车和汽船这些便利外，犯人的医疗和穿衣需求也会得到满足。在一批男囚犯准备离开戈尔韦郡时，都柏林政府要求

护送他们的警察为每一名犯人申请一张医疗证明，“如此一来，除符 71
合立即登船条件的犯人以外，其余所有犯人也都可以顺利登船”。犯人穿着得体，以“避免发生传染病”。[19]

尽管联合济贫会直到1849年之后才大批量资助穷人移民，而这一时期饥荒引发的死亡率已开始下降，但那些在济贫法监护人的帮助下移民的人也比许多其他类型的移民享有更加舒适和安全的旅途。济贫院的官员通常亲自将移民送到船上，确保提供给他们的粮食和物品没有遭到克扣。例如，1854年6月，有140名贫穷女性从利默里克前往魁北克，她们所有的需求都得以满足。当地一家报纸称，这群女性“全身打扮得朴素而又舒适，戴着女士帽子，披着披肩，穿着棉裙”，这些衣服都是为这次旅途新做的。一群权威人士送她们上船，包括当地的移民官员、济贫院院长、女舍监、牧师（在她们离开前的那天早晨为她们主持弥撒），还有几位利默里克联合济贫会的监护人。所有人都“出席并见证了为保证乘客舒适所做的一切安排，这甚至体现在细节之中”。《利默里克记者报》称，她们乘坐的“西伦”号（*Theron*）“比我们所见到的普通移民船要高级”，船上配有医疗人员，还有高于平均水平的通风设备、床铺和食物。一旦在魁北克登陆，“这些女性就能获得英国移民代理人的保护，并且代理人将为她们提供或已经为她们安排好工作”。即使是在偏远地区上船的移民也能享受有人护送的便利。1854年6月，一群贫穷女性从戈特济贫院出发，由联合济贫会的书记员詹姆斯·斯莱特（James Slator）一路护送她们到达利物浦，并确保她们都顺利登上前往魁北克的“玛丽·卡森”号（*Mary Carson*）。船票经纪人帕特里克·吉布森“令所有人满意地履行了自己的合同，以最友好的方式对待移民，并提供了所需的一应物品”，斯莱特这样评价道。[20]

当这些通过各种方式移民的人到了该跟亲友道别的时候，一些

72 观察者将他们离别时的哭泣解读为爱尔兰人灵魂深处情感的反映。这些解读常常反映出城市知识分子对边远地区贫民未经言明的傲慢。1853 年 6 月，《戈尔韦辩护者报》报道称，"火车终点站上昨日这种令人悲伤痛苦的场景，现在已经因为这种悲伤出现得太过频繁而几乎不会再引起人们的任何关注"。"没有什么比这些穷人身上所展现出来的强烈悲痛更令人感动。爱尔兰农民深刻而热烈的情感，正是以这种方式不时展现出来。" 1853 年初，同样来自该报社的一名记者目睹大概 20 名克拉达（Claddagh）渔民爬上开往美国的火车。"他们的道别透着一股独有的热情，使爱尔兰人的分别场面如此与众不同"，这位记者写道，"而且以爱尔兰的原住民尤甚"。1852 年 10 月，一名来自《赫尔广告人报》(*Hull Advertiser*）的英国记者认为，他所听到的声音使人想起爱尔兰农民的种族起源。他在等火车时，"听到几十名爱尔兰农民放声痛哭"，和朋友道别。"我们从利默里克枢纽站听到的悲伤痛哭中，从未充分意识到爱尔兰人的东方特质"，这名记者总结道，"这种特质完全是亚洲式的"。地产代理人威廉·斯图尔特·特伦奇曾经组织上百名受资助的贫穷佃户从兰斯多恩勋爵的领地上移民，他对这些移民的评价要更平淡真实。"我相信这样一个如此陌生、难以控制而又野蛮的群体，确实从未离开过爱尔兰这片土地"，特伦奇后来在日记里写道，"然而，虽然他们表面上看起来如此贫穷，但却拥有令人捧腹的心境；没有哭泣也没有悲伤，他们在离别时表现得和往常一样"。[21]

1846 年初，《沃特福德编年史》(*Waterford Chronicle*）批评身强力壮的年轻人前往港口坐船离开的行径。"这真是一件令人感到悲哀的事情：亲眼见证一群又一群身体健康、吃苦耐劳的年轻男女在周四夜里来到码头，带着他们为数不多的行李登上第二天上午到达英国的汽船，再从那里坐船去美国。"书中以悲伤的口吻描述道："这

样的情况要持续多久？家庭情感的中断，我们国家的子民被流放他
国的情况什么时候才能不再出现?”事实上，移民潮在接下来的几
年里仍在不断扩大。1853 年 7 月，在澳大利亚的爱尔兰人创办的报
刊也承认这一趋势的存在。“成批的移民每天乘坐火车到港口，往往 73
人数过百”，悉尼《自由人之报》引用不知名的戈尔韦郡当地报纸的
报道称：“在这些航道和公路上还没有挤满赶路的移民时，每个周日
的傍晚，人们会根据爱尔兰的习俗做些自娱自乐的事情，比如‘在
十字路口跳舞’。但现在除了偶尔遇见一两个奇怪的掉队者外，人们
都在忙着赶路。”都柏林的《自由人之报》对一封凯里郡的来信评论
道，最近有“成群结队的人”穿过凯尔西温（Cahirciveen）前往美
国，看起来就像是在赶赴“第二个集市”。1845—1855 年间奔赴登
船地点的移民热潮，给爱尔兰尚处于发展中的交通运输网络带来极
大压力。直到今天才算遍布全国的铁路网，在当时艰难地按照发车
时刻表进行运营，以满足乘客想要前往沿海地区的需求。同时，卡
罗·比安科尼的马车路线互相关联，在移民乘车需求暴增之际也发
展成熟。对于那些负担不起火车或马车车票的人而言，走运河、搭
乘运货马车或者步行都是切实可行的选择。继 4 年前对从港口离开
的人数表示震惊之后，《沃特福德编年史》又将这种移民成群的热闹
场面比作“奥康奈尔（O’Connell）在太平时期召开的怪兽会议”。[22]

“舱位人满为患”：应对延期出发

在移民过程中，延期出发会造成严重损失，有时甚至会有危险。无论是因为天气、生病或失误，还是因遇到骗子而造成出发延误，每延期一天就意味着要多支付一天的食宿费用。对于那些预算勉强够路上开支的人来说，是顺利上路还是被耽搁在原地直接决定了他们是否会挨饿。那些能够利用人际关系的人，最有可能成功。1852年7月，当地济贫院才开放2个月，芒特贝柳联合济贫会的监护人就资助30名体格健全的女性收容者移民到澳大利亚。殖民地土地和移民委员会为她们购买船票，监护人也同意为她们“提供必需的服装和（在她们到达后）为每人分发1英镑，并负责将她们送到英国的登船港口”。联合济贫会在每位乘客身上总计花费3英镑5先令。1852年11月，她们在离开济贫院后遇到麻烦。芒特贝柳联合济贫会的监护人向伦敦的上级官员解释道：“在她们到达都柏林后，由于天气原因而耽搁3天。”除需要支付这些人在都柏林等待渡过爱尔兰海所产生的额外费用，济贫委员会最后还不得不购买更贵的穿越海峡的船票，并支付她们在普利茅斯等待上船时额外的两天食宿费。总之，芒特贝柳的监护人在每一位行程延期的移民身上多花费了1英镑7先令4便士。这次经历表明，无论是正式还是非正式的人际关系，都是避免延期出发所带来的危险和不愉快的最好方法。[23]

尽管通常是天气原因，但也有许多移民发现他们滞留在原地只是因为一个简单的事实：在他们准备好出发时，船上已没有舱位。在因大饥荒移民的早期，当船票经纪人无法满足新一轮船票需求时，这一问题显得尤为突出。“我们很抱歉地发现大量想从此港口经利物浦移民到美国的人不得不返回家乡”，《沃特福德编年史》在1847年春天记录道，“因为他们根本买不到在广告上看到的可以起航的移民船的舱位”。第二年，《戈尔韦辩护者报》也做出相似的评论：“这个港口现有5艘船准备开往美国，但即使是现在这个季节，还是远远满足不了移民的需求。”1848年11月，该报写道：“舱位已经非常拥挤，但在数量上还是不容乐观。”有时候，船长甚至会让已经登船的乘客下船。1847年4月21日，“米尔顿夫人”号（*Lady Milton*）在已经从利物浦出发的情况下又返港维修，耗时整整一个星期。当它在5月5日再次起航时，有143名乘客滞留在港口。“因为这一行为”，一名政府官员批评道，“家人们被迫分离，被留下来的乘客除了要承受路费损失外，还失去他们的衣服、床铺和食物”。大约在同一时间，从多尼哥（Donegal）开往纽约的“阿梅莉亚·玛丽”号（*Amelia Mary*）搭载111名乘客。当船长意识到他会因为搭载移民数量过多而受到美国《乘客法案》的惩罚时，他“突然重新靠岸，放下17名乘客后再次起航”。尽管使乘客滞留是违法行为，但政府也很难给他们定罪，因为将嫌疑人和原告同时聚在法庭通常是不可能的事。难怪都柏林《民族报》提醒移民“将自己的船票放在贴身物 75
品中保管好，不要一开船就把船票扔了”，在他们遭遇不公正对待时，船票就是他们可以寻求帮助的唯一凭证。[24]

除舱位短缺和船长的残酷行径有时会造成旅途的延期外，移民在经过爱尔兰海港时还常常会遇到很多骗子。都柏林《自由人之报》的一名记者声称，那些船票和食物代理人“可能除一些特殊情况外，经常欺骗单纯的移民”。特别值得一提的是，那些船票经纪人会在地方报纸刊登广告，说明哪艘船会在哪一天起航。事实上，这些信息全都是假的。这名记者悲叹道："这些贫穷的移民怀揣着几先令，却被告知船只还要再过几周才出发，他们备受打击，显得灰心丧气和惊慌失措。没有目睹过这种场景的人对此无法想象。"为改善这种情况，1851 年在慈善团体圣云先会（Society of St. Vincent de Paul）的帮助下成立了移民保护协会（Emigrant's Protection Society），"目的是保护移民免受骗子和不公正现象的侵害"。都柏林《自由人之报》乐见该协会的成立，评论道："这些想要到遥远的西方大陆寻一个家的流浪者来到我们的城市，他们既没有朋友也无人指导，成了出没于每一座大城市的贪得无厌之辈最合适的猎物。"当乘客发现自己被船票经纪人欺骗时，他们有时会将违法者告上法庭。1851 年 8 月，一位名叫默里（Murray）的移民支付给都柏林一位名叫尼古拉斯·赫伯特·德拉米尔（Nicholas Herbert Delamere）的船票经纪人 12 英镑，给他自己、妻子和 7 个孩子购买到美国的船票。到达利物浦后，默里意识到德拉米尔骗了自己。这位代理人当时恰好也在利物浦，于是默里起诉了他。被告认为法庭对在都柏林完成的交易没有审判权，但地方法官却不这么认为，判定默里获赔 12 英镑的退款，外加 1 英镑 17 先令 6 便士的拘留金（detention money），且"鉴于该移民因行程延期而遭受损失，再获赔 20 英镑"。[25]

因为被骗而耽误行程的情况不限于都柏林港口。全国各地的新闻报道证实这一威胁在其他地方也同样存在。1847 年 4 月，德罗赫达（Drogheda）一群想要前往马里兰的乘客在登船后才知道，这艘船
76 实际是到弗吉尼亚。当移民向港口的审计官抱怨这件事时，他承诺这条船的承包人因误导乘客须向每人支付 80 英镑作为从亚历山德里亚（Alexandria）到巴尔的摩的费用。小偷也是移民行程中面临的一大难题。1854 年初，当警察追踪从利默里克离开的移民数量时，旅

客就“不用再忍受这些小麻烦”，一家当地报纸如是说，“那些徘徊在码头上的‘粗暴小子’常常恐吓这些贫穷的移民，甚至袭击他们，让他们给钱或者威士忌”。和在都柏林一样，移民有时发现港口所在城镇的法庭可以保护他们自己和家人。1851 年 5 月，《科克观察者报》(*Cork Examiner*) 讲述了一位名叫约翰·H. 哈里斯（John H. Harris）的船票经纪人的故事。哈里斯刚刚获得许可证，就在当地鱼街（Fish Street）上开了一家办事处。“他没有雇职员”，报纸报道称，“但他雇有一位名叫卡伦（Cullen）的人充当‘掮客’(man-catcher)，负责招揽有意购买船票之人到他这里买票”。随后，卡伦带着从许多想要移民的人那里收来的钱逃走了，治安法官发现，“哈里斯也早已不见踪影，还把那家办事处交由卡伦负责，但他有责任赔偿他的员工签订的合同”。因此，治安法官责令哈里斯将收来的钱如数归还给每位移民，外加赔偿金和“自所承诺的开船时间以来移民每天的生活开支”。[26]

移民自身的法律问题有时也会妨碍他们的出发计划。1847 年 3 月，当“阿尔比恩”号（*Albion*）准备离开戈尔韦前往纽约之际，船上发生了一起聚众斗殴事件。当一名法警和护卫他的警察试图逮捕一名涉嫌偷窃一英担（hundred weight）肉的移民时，遭到船上乘客的抵制。“群情激愤”，《戈尔韦辩护者报》报道称，“移民和警察发生了肢体冲突”。最后，只得派出军队增援才“将移民震慑住”，而那名嫌疑人在抱怨同行乘客不再抵抗之后也被抓捕。这家报纸的编辑认为，这名移民的被捕“即使不能说残酷，也是执法过于严厉的结果”，因为考虑到他没有办法支付饭钱，他的被捕意味着他不仅“错过了这趟行程”，还会在被释放后成为“社区里的一名乞丐”。联合 77
济贫会也不希望让健康的收容者全部移民，只留下年龄过小或过大，以及生病的人在济贫院里，让人给他们提供吃穿。1854 年 5 月，戈尔韦济贫院的济贫官员发现“一位上了年纪的女性带着3个孩子坐在码头的运货马车上，想要住进济贫院”。当被问及隐情时，这个女人承认“孩子的父母和他们最大的孩子要移民去美国，就把这3个孩子留给她照顾”。济贫官员立刻登上“沃特福德”号（*Waterford*），在船将要出发之际逮捕孩子的父亲。[27]

正如我们所见，被流放到澳大利亚的犯人会按照规划好的运输网络前往登船地点，但在1846年帝国政府暂时推迟运送爱尔兰男性囚犯之后，许多人的行程被延期，直到1848年才得以恢复。而且在此后的一段时间内，国家各大监狱都因积压过多延期流放的犯人而不堪重负。1848年秋季，在一封随一批300名男性囚犯一同送往范迪门之地的书信里，都柏林政府告知殖民地政府现在的情况有多糟。尽管大英帝国的所有监狱都存在过度拥挤的情形，但“爱尔兰的监狱尤为严重”，本来为容纳350名犯人设计的监狱现在被迫要关押800—1000名犯人。这种过度拥挤的结果是“妨碍任何适当的惩罚管制制度的实施”，官方承认，“监狱官员所能做的最大努力就是确保犯人的拘押安全”。即使1847年在科克港的斯派克岛（Spike Island）上建立了一所新监狱，这一问题依然存在。两年后的1849年5月，监狱官抱怨这所监狱越来越难管理，要求派军队驻扎，看守监狱里的1200名犯人。这所监狱在建筑布局上的设计缺陷，“让400名犯人可以在夜间按照预定计划，在狱吏采取措施阻止他们之前，聚集到一起”。还有形形色色的坏人在监狱附近徘徊。“这座岛上现在到处都是工人、生面孔、毒品贩子和娼妓，各色人等都有。犯人白天在监狱外面做工时，这些人毫不费力地就能和他们搭上话”，监狱的看
78 守抱怨说，“就在上周日上午，有人告诉我说有几个醉汉和生面孔上岛了”。斯派克岛上混乱的管理表明，即使是被锁起来关进监狱里的人，也不可避免地会有行程延期的可能。[28]

如前文所述，在联合济贫会的资助下，贫困的移民可以在行程延期的数天乃至数周里得以维持生活，但威妮弗雷德·肯尼迪（Winifred Kennedy）的例子表明这样的帮助甚至可以延至数月。正如在第一章所看到的那样，1854 年 6 月，戈特联合济贫会和海运代理人帕特里克·吉布森签订一份合同，由他组织一批济贫院的收容者移民到魁北克。这群人最初在吉布森寻找一艘足够容纳所有人离开爱尔兰的船时，面临行程延期的风险，但最后吉布森及时改变路线经由利物浦送他们离开，顺利解决这个问题。为保护移民，济贫委员会派联合济贫会的院长兼书记员詹姆斯·斯莱特和移民一起踏上行程，“负责处理与移民有关的一切金钱往来”。斯莱特在两周后报告称，除威妮弗雷德·肯尼迪以外的所有移民都已顺利登船。“威妮弗雷德在去阿森赖（Athenry）的路上遇到意外，尽管她坚持到达利物浦，但在那里检查出她的左腿骨折。”由此，她不得不住进利物浦的北方医院，不能继续和其他人一道前往魁北克。斯莱特向上级官员保证：“她在这家医院的治疗费用不需要戈特联合济贫会承担。”在异国他乡身受重伤又身无分文，如果不是她所属的济贫院在 3 个月后收到一封信，威妮弗雷德·肯尼迪可能早已被遗忘。写信人叫约翰·马洪（John Mahon），大概是代表威妮弗雷德·肯尼迪所在的利物浦医院而写的这封信。信里要求济贫院支付肯尼迪 5 周的治疗费用，并且称她“已痊愈并于近日出院”。1854 年 10 月中旬，济贫委员会同意为肯尼迪额外拨款 4 英镑，其中 2 英镑 10 先令用于支付她的住院费用，剩下的 1 英镑 10 先令由书记员用以“在戈特购买一张船票并寄到利物浦”。在事故发生 4 个月后，威妮弗雷德·肯尼迪前往魁北克的旅程得以继续。[29]

那些未在政府机构的帮助下上路的移民就没有这么幸运了，不过一些人也得以利用权力关系来为自己谋取利益。来自奥哈姆基的布里奇特·赖利（Bridget Reilly）就属于这一类人，她在地主查尔斯·万德斯弗德的资助下成功移民。1847年春天，赖利和她的丈夫以及两个孩子离开万德斯弗德的领地普赖尔，前往魁北克。她们先
79 是到达基尔代尔郡（Kildare）阿赛镇（Athy），想要从这里乘坐移民船沿爱尔兰大运河到都柏林。但船都坐满了，他们不得不等到第二天早晨乘坐火车。为到达阿赛镇，他们已经花了一部分“入境税”（为旅行准备的现金）。赖利夫妇意识到现在已经没有足够的钱前往都柏林，因此她的丈夫带着一个孩子坐上火车，并答应到达都柏林后会将剩下的钱寄给布里奇特。“尊敬的大人，之后他并没有这么做，因此我陷入悲惨境地”，布里奇特回到奥哈姆基后，致信万德斯弗德称，“我被自己的第二任丈夫抛弃，他既不是孩子的生父，也丝毫不关心孩子，他甚至是一个懒惰又不中用的人，就是他让我失去了我的孩子，也失去了家庭，成为一个只能靠着公共慈善机构活下去的人”。在她的移民计划宣告失败时，她在这个世上已一无所有。“除您之外，我在这人世间没有任何人可以指望”，赖利请求她的地主再次给她资助，“您的一句话就能让我和我的孩子团聚”，她乞求道，“几先令就能让我和剩下的孩子一起去都柏林，甚至还够支付我去美国的路费”。芒特贝柳的贫穷女孩则不必写什么信或是去乞求他人，就可以每人获得1英镑7先令4便士来支付行程延期所产生的费用。布里奇特·赖利的地主在她的请愿书背面签署意见，命令他的代理人“给她5先令”。尽管许多在地主资助下移民的人一旦离开地主的庄园就得全靠自己，但赖利和万德斯弗德之间的关系还是帮她解决了行程延期的困难。[30]

有的移民因为路上没钱或者生病而延误行程，又无法从联合济贫会或者地主那里获得额外资助，有时可以得到当地慈善机构的救助。1847年3月17日，“史瓦塔拉”号（*Swatara*）移民船已于几

天前离开利物浦开往费城，但由于天气恶劣，该船失去前桅和斜桅，停靠在贝尔法斯特。船上有大约 300 名乘客，他们“主要来自罗斯康芒”，而且差不多有一半的人或多或少生活困窘，“靠着政府每天补贴的一磅面包度日，再没有其他多余的食物维持生活”。虽然只是抛锚至此，“史瓦塔拉”号上的乘客还是受到卫生当局的检查。他们发现统舱内拥挤异常，通风极差，光线过暗，“以至于这些上船检查的人不得不打一盏灯笼才能看清乘客真实的生活状况”。更棘手的事 80
情是感染猩红热病例的存在。在担心疫情暴发的公共舆论压力之下，当地的联合济贫会和综合医院同意出钱收治猩红热病人。在对船只进行维修和烟熏消毒期间，那些健康的移民被安置在韦林街（Waring Street）。但这些人在漫长的延误期间缺少生活来源，食物供应完全来自贝尔法斯特的救济基金委员会（Relief Fund Committee）的拨款，以及当地移民官员斯塔克（Stark）募集的捐款。4 月 17 日，“史瓦塔拉”号重新起航之时，除两人死亡外，仍有约 45 名乘客因为病得太重而无法成行。其中有一半的人“按照他们的意愿被送到有能力照顾他们三四周的朋友身边”。而剩下的人在痊愈后，可以通过出售他们在“史瓦塔拉”号的舱位所获得的资金前往美国。尽管贝尔法斯特政府这么做可能既是出于基督教徒的慈悲之心，也是出于对猩红热的恐惧，但事实证明公共慈善机构有时也可以帮助那些行程延期的移民。[31]

这些事例说明，在移民准备出发期间起到关键作用的人际关系也可以为移民免去因延期出发而造成的许多麻烦。尽管无法统计，但毫无疑问有大量想要移民却行程延期的人，最终甚至未出国门就死于饥饿或疾病。他们只能孤身死在爱尔兰和英国的港口，发生的故事鲜少记录在案。我们甚至无法计算出大饥荒时期死亡的 100 万人里有多少人是行程延期的移民。然而，现存的记录确实表明那些善于利用自己人际关系的移民，最能成功化解因行程延期而造成的贫困和危险。在19世纪中期的爱尔兰社会中，贫穷的女性属于社会地位最低的等级之一，但她们凭借与济贫监护人之间的家长式关系，使自己避免因延期出发所带来的危害，而这对其他移民来说往往是致命的。这种情况在威妮弗雷德·肯尼迪这类女性移民身上体现得
81 尤为明显。尽管她在利物浦街头丧失行动能力，身无分文，却还是在离开戈特济贫院数月后得到济贫院的救助，济贫院为她支付全部的医疗费用，并在她出院后为她提供继续前往魁北克的费用。与之相似，当布里奇特·赖利的丈夫带着她们的钱逃走后，赖利的地主同情她，并给予她继续推进行程的费用。当然，从地主的角度来看，给赖利几先令比替她支付在当地济贫院的抚养费要便宜得多。但从布里奇特的角度来看，整件事的关键在于她意识到人际关系在面临灾祸时可能会带给她巨大帮助。可以说，这些人不单单是漂浮于移民浪潮上的弃儿，他们中的许多人都是充满智慧、能言善辩的精明干练之人，在有需要的时候会尽己所能把事情做到最好。

“陌生又混乱的一群人”：
途经利物浦

尽管有少数移民会直接从爱尔兰登船远航，但大多数移民还是会途经利物浦再乘船离开。部分原因是利物浦在18世纪的奴隶贸易中扮演着关键角色，这座位于英格兰北部的港口城市已经成为欧洲最繁忙的移民中心。尽管没有对大饥荒时期取道利物浦的爱尔兰人数量的可靠统计，但弗兰克·尼尔（Frank Neal）的研究表明，在超过200万的爱尔兰移民中，大多数人会途经利物浦。“在周五当天，码头上的情形更像是前去参加1843年的一场怪兽会议”，1847年3月都柏林《自由人晚报》对前往利物浦的移民评论道，“平板马车、运货马车、汽车、双轮马车……车上堆满了盒子、床铺、箱子、家居用品，连同被堆成金字塔般的孩子——不舍昼夜地前往蒸汽船站点”。7年之后，移民的数量仍然非常可观。“每天都有大批人挤在码头，盼着可以坐船出发，场面相当壮观”，利物浦海员友谊会（Friend Society）的牧师詹姆斯·巴克（James Buck）写道，“二轮或四轮马车源源不断地运来大批箱子，以及男人、女人和孩子——爱尔兰人、苏格兰人、英格兰人、德国人——所有人都混杂在一起，构成陌生又混乱的一群人”。并非所有利物浦人都对这种状况感到无比兴奋，特别是在1847年暴发的猩红热威胁到这座城市之时。是年5月，《利物浦水星报》（*Liverpool Mercury*）评论道，爱尔兰人的大量涌入给这座城市带来“巨大负担和严重的人身危险”。他们认为，许多爱尔兰移民并不会替这座城市考虑太多。“如果我告诉你我所经历和克服的所有诡计、欺骗、阴谋和诈骗，你可能都不会相信。”1848 年从都柏林前往纽约的托马斯·赖利（Thomas Reilly）回忆道：“如果说人有七感，那么为了对抗利物浦和纽约的骗子，你得需要更加发达的感官，你得有五百感。”在遭到各方的谴责和攻击之时，爱尔兰移民采取不同的策略以保护自己。[32]

在移民途经利物浦面对的所有挑战中，最危险的莫过于穿越爱尔兰海的这段旅途。尽管蒸汽轮船直到 19 世纪 60 年代才开始横渡大西洋有规律地运送移民，但它们从 19 世纪 20 年代早期开始就被广泛运用于穿越海峡的航行之中。所有船只必须穿越的爱尔兰海，是出了名的波涛汹涌，有些路线会比其他路线更加复杂。“如果你去看航道图，会发现从科克到利物浦的路线将经历几次风向的改变”，1853 年一名乘客指出，“这一段航程事实上是一连串的航程”。因为穿越爱尔兰海是大多数移民的第一次坐船体验，所以不管怎样，他们一定会因为晕船而感到不适。但大多数移民购买的低价船票意味着他们只能待在甲板上，暴露在各种天气之中，增加了恶劣天气和巨浪给旅途造成麻烦的可能。1848 年，地主蒙蒂格尔勋爵抱怨“给甲板上的乘客提供的住宿条件，与给猪和绵羊提供的没有两样”。而且，面对移民巨大的需求和执法上的松懈，他补充说，从科克到利物浦的蒸汽轮船“过度拥挤到可怕的地步”。从都柏林出发的船票也常常供不应求。1853 年 1 月，“邓多克”号（*Dundalk*）的船长因为多搭载 120 名乘客，超出规定的 350 名乘客数而被罚款。在法庭上，他辩解称“天太黑了，他无法阻止人们上船，因为当时正值英国庄稼收获的季节，亟须大量劳动力”。那些在甲板下寻求庇护的乘客则是冒着另外一种风险。1848 年 12 月，许多从斯莱戈到利物浦的移民被活活闷死在“伦敦德里”号（*Londonderry*）的船舱里，因为天气恶劣之时船员往往会封住底舱口（因此把移民锁在了甲板下面）。[33]

移民在穿越爱尔兰海的旅途中如果侥幸存活，接下来的一个挑战就是在利物浦等待上船期间不要上当受骗。有一类骗子被称为 83
“走私者”(runners)、“掮客”、“水手贩子”(crimps）或者“码头骗子”(land sharks)，他们引诱移民跟他们到其雇主的营业场所——有时候直接抢过移民的行李就跑——在那里受害人会被过度收费，而掮客则能得到一笔回扣。1850 年 5 月，《利物浦水星报》的一名记者谴责“这种欺骗和抢劫成了一个有组织的集团，每天都有移民上当受骗”。“他们用虚假的服务从这些外地人身上敲诈大量金钱”，这位记者抱怨道，“比如说他们假称自己可以弄到船票，给移民找到舒适的住处，或者给移民介绍某一类经销商，从经销商那里移民可以购买补给品储藏起来”。1852 年初，一位名叫卡伦的走私者卖给一位无辜的移民一盒他称之为“海水皂”的东西。他宣称可以用它“在淡水或者海水里洗东西”。然而，这名移民将肥皂拿回住处后，“发现纸里除了包着一块盐以外，其他什么都没有”。卡伦被告上法庭，法官下定决心“要对这些针对贫穷移民的恶行和欺骗施以最严厉的惩罚”。在掮客的行为游走于合法和非法生意之间时，还有其他类型的骗子简简单单就能骗得移民乖乖把钱交出来。1852 年 9 月，移民詹姆斯·卡罗尔（James Carrol）在将行李搬到“简·亨德森”号（*Jane Henderson*）上时，遇到托马斯·克兰西（Thomas Clansey)，后者自称是这艘船上的厨师，“如果卡罗尔愿意在旅程中帮自己生火做饭”，他可以支付工钱。卡罗尔欣然同意，接着两人一起去附近的一家酒馆，在那里克兰西主动提出可以帮卡罗尔把先令兑换成美元，但这个骗子拿了钱后就再也没有回来。卡罗尔于是向当地政府求助，克兰西随后被捕入狱。[34]

船票经纪人手中确实握有到美国的船票，因此特别容易欺骗那些想要移民的人。许多骗子利用自己是爱尔兰人这一事实，博取同胞的信任。1848 年，一名住在利物浦的爱尔兰人写信给都柏林《民族报》，提醒人们注意这类针对移民的“强取豪夺和公开抢劫的集团”。“我将之称为集团”，他解释说，“因为无论是在这里还是在爱尔兰，骗子的行动都有组织、有秩序，从贫穷的移民那里抢走他的辛苦钱，让他身
84 无分文”。掮客往往在移民离家之前就和他们建立联系，在利物浦等着移民前来，并把他们带到一所办事处，“将他们介绍给其中一名书记员，称他们是自己在朗福德镇上的‘老邻居’，以前一起上过学等等，然后希望书记员能看在他的面子上给他们安排一条好船，并且收费便宜一点”。然而实际上他们收费更高。记者惊讶地发现，很多移民都是这么被“假装成自己朋友的同胞”欺骗。其他类型的骗局则更加自然且不着痕迹。1846 年春天，在科克有许多人付订金从 J. W. 肖（J. W. Shaw）那里购买前往纽约的“梅菲尔德”号（*Mayfield*）的船票。然而，在利物浦有一位名叫基南（Keenan）的人自称是肖，半路拦截移民并收取剩余的船票费用。当移民想登上“梅菲尔德”号时，却因为没有付给真正的肖剩下的船票钱而遭到拒绝。爱尔兰报纸对那些独自一人上路的单身女性所遇到的威胁尤为关注。一家报纸讲述了一位船票经纪人引诱“一名来自蒂珀雷里的年轻女孩”住进自己家，第二天却抛弃她的故事。这名女孩记不住代理人的住处，还把自己所有的东西都弄丢了，不久就“沦为常常在利物浦街头出没的恶棍们的猎物”。在一些罕见的例子中，也有移民欺骗船票经纪人的情况。1848 年 3 月，艾伦·狄龙（Ellen Dillon）谎称已经付给塔普斯科特办事处 4 英镑，用于购买一张前往美国的“珍妮·林德”号（*Jenny Lind*）的船票。[35]

被驱逐出境是大饥荒时期途经利物浦的爱尔兰移民需要面对的又一大威胁。作为离爱尔兰最近、最便宜的目的地，利物浦在马铃薯枯

萎病暴发后不久就开始接收大量爱尔兰贫民。1847 年初，许多利物浦市的权威人士开始呼吁“将贫穷的爱尔兰移民送回他们自己的国家”。1847 年 6 月，英国政府作出回应，通过《穷人迁移法》(*Poor Removal Act*)，将爱尔兰贫民驱逐出境的法律进程加快，并授权联合济贫会的官员驱逐贫民。截至 1853 年，已经有超过 62000 人被遣返回爱尔兰。毫无疑问，其中有一些被遣返回家的人都是做好准备，或者至少是满怀希望要到达北美。《利物浦阿尔比恩报》(*Liverpool Albion*)“很高兴”听到这一消息，“成百上千的爱尔兰贫民正被遣返回自己的国家，仅仅在本周之内，就将有数千人被送回他们的故土”。报纸幸灾乐祸 85
地称，当一群爱尔兰贫民拒绝离开英格兰时，一名领薪的治安法官告诉他们，“长期以来他们给利物浦勤劳的商铺店主造成沉重负担，如今他们必须当晚就返回爱尔兰，去找他们在爱尔兰的地主寻求帮助”。不久之后，都柏林《民族报》报道这群“悲惨的”被驱逐出境者的归途。“有一货船的贫民已经从英格兰到达科克，这是在新法案实施后第一批被送回国的人。”1847 年 7 月，《民族报》宣布：“船长称大多数人是从利物浦的发热医院出来的，而且利物浦政府还在等剩余的病人完全康复后用同样的办法把他们送回来。”该报谴责这种把人驱逐出境的行为。“想想我们这些在利物浦的人”，该报讥讽地写道，“我们以这个民族的贫穷为代价养肥了自己，在他们逐渐变得贫穷的同时，我们却变得越来越富有——想想我们，羞于与他们为伍，也不会多看他们一眼”。[36]

尽管途经利物浦的移民需要面对各种各样的威胁，但他们也有一系列行之有效的措施来减少这些危险。这些措施通常是作为建议从一位移民传给另一位移民，或是通过移民指南传播开来。建议一般集中在如何选择一条好船上。约翰·奥汉隆在《爱尔兰移民美国指南》中，鼓励移民选择利物浦而非爱尔兰的港口，作为他们前往美国的登船地点。在爱尔兰进出的船只“设施条件差，不能保证乘客的健康，也不能确保良好的住宿环境”，奥汉隆解释道，“这些船一般都是横帆双桅船，甲板的空间很小，通风差，而且船体过小，与搭载的乘客数量不成正比”。尽管移民应该提前获得有关船票价格的信息，但他“不能想当然地认为在这些文件里标注的行程价格就是最低的；因此，移民不能太过匆忙地接受这些价格”，奥汉隆宣称，“他应该推迟付钱，等到达要登船的港口后再决定该付多少钱”。个人的人际关系也可以帮忙省一笔钱。“我答应你，我会在力所能及的范围内尽一切努力，以便宜而又舒适的方式送你嫂子离开”，代理人 C. 格雷厄姆（C. Graham）在 1848 年 9 月对朋友约翰·麦吉尼
86 蒂（John McGinity）说道，但他同时提醒约翰的嫂子“在到达利物浦之前不要在邓多克做任何安排，因为在利物浦能得到最低的价格”。另外一种选择是租下船的一部分或者整条船。在《移民澳大利亚指南》（*Emigrant's Guide to Australia*）中，埃内亚斯·麦肯齐（Eneas MacKenzie）称，“如果一个镇或地区想移民的人可以聚在一起，并签名同意租一条船，那么他们就能在与船主的讨价还价中处于有利地位”。[37]

爱尔兰移民在遭遇诈骗、抢劫甚至虐待时，他们有能力通过法律寻求正义。奥汉隆在他的指南里提醒读者，英国议会和美国国会都有相应的法律可以保护他们。“这些法律条款下都有严酷的刑罚规定”，奥汉隆宣称，“移民如果向政府机构举报这些违法行为，只要证据充分，就能得到法律规定的赔偿，让被告受到处罚”。许多人听取这项建议，这可以从大饥荒时期《利物浦水星报》的版面全是爱尔兰移民将骗子告上法庭这类新闻中获得例证。1847 年 5 月，丹尼尔·哈利根（Daniel Harrigan）和他的妻子以及另外两名女性，从一位名叫帕特里克·戈恩利（Patrick Gornley）的船票经纪人那里购买

了前往加拿大的船票。然而当拿到船票仔细看过以后，哈利根发现戈恩利给他的船票是到纽芬兰的圣约翰斯（St. John's）的，而事实上他们要买的是到新布伦瑞克的圣约翰（Saint John）的船票。哈里斯对此表示不满，“戈恩利却嘲笑他，告诉他说再也找不到比纽芬兰更好的地方”，并且拒绝退钱给他。双方最后闹到法庭上，利物浦的移民官霍得（Hodder）亲自为哈利根辩护。治安法官谴责戈恩利试图将哈利根及其同行的乘客送到一个他们人生地不熟的地方的行为，在那里“他们既没有朋友也没有亲人，因此只能接受救济，甚至可能陷入死亡的境地”。治安法官责令戈恩利支付罚款，并吊销他的执照，希望该案可以“给广大移民提个醒，无论什么时候遇到试图行骗的人，都可以找霍得或治安法官给他们做主，这样就能立即获得相应的赔偿”。[38]

人际关系在聚集移民所需资金和准备离家的过程中具有关键作用，而在利物浦应对所面临的威胁时也同样有效。1851 年，华盛顿 87
特区的丹尼尔·朗特里寄钱给自己的姐妹艾伦及其孩子，帮她们从都柏林移民。他鼓励艾伦在第一段旅途中找个人和自己做伴。“如果劳伦斯兄弟可以送你们到利物浦就好了”，丹尼尔在信中写道，“我担心新法案实施后路上的情况对你来说会很难处理，但只要你坐上船，一切就会变得容易”。当利物浦滑铁卢大道（Waterloo Road）的船票经纪人格雷厄姆和阿尔马纽顿汉密尔顿（Newtownhamilton）的亚麻布供应商约翰·麦吉尼蒂一起商议给麦吉尼蒂的嫂子购买前往美国的船票时，格雷厄姆给他的帮助不仅仅只是那一张船票。“写信给我……告诉我她离开家和到达利物浦的日期”，格雷厄姆解释道，“这样我就能派人去接应她，避免她被那些不正经的人骚扰”。“约翰·迪瓦恩（John Devine）是我的小叔子”，格雷厄姆让麦吉尼蒂放心，“他或者他儿子就在那艘蒸汽轮船上等她”。移民也被鼓励要团结在一起。一封自称是“写给移民的忠告”的信，最初发表在纽约的《人物》周刊上，于1849年在爱尔兰重印。写信之人认为大量想要移民的邻居可以将各自的资金集中起来，“派一个有能力且值得信任的代理人前往科克或者利物浦租下一整条船”。和亲友以及邻居一起上路总会更便宜和方便些，而且也可以保护移民“免受坏人的侵扰，这些坏人往往滥用海上航行带来的机会净做坏事”。[39]

19世纪50年代早期，随着爱尔兰移民人数到达顶峰，天主教神职人员意识到在利物浦需要有一个住宿的地方，给移民提供保护，使他们远离“那些残忍的骗子和令人沮丧的事情”。1851年5月，一所“移民之家”(Emigrant’s Home）在离码头很近的火神街（Vulcan Street）开门营业。这家店由弗雷德·马歇尔（Fred Marshall）掌管和运营，并得到慈善团体圣云先会在爱尔兰移民保护协会的帮助。尽管该组织的自然监护人（教堂的神职人员）愿意将所有爱尔兰天主教移民“置于他们无微不至的关怀下”，但移民之家也向信奉新教的移民承诺，“对他们的特别关怀丝毫不会干涉他们的宗教信仰”。移
88 民之家的公寓每晚只收6便士，最多可同时容纳800名房客，所有房间都设计成已婚人群、单身女性和单身男性“完全分开”居住的样式。每个房间都配备洗漱间、烘干室、行李储存间和一处餐厅，“餐厅里摆放着白色的桌子……房间里还有美国地图和指南”。为区分移民和走私者，公寓的守门人只让由穿着“蓝色夹克且衣领是红色”的水手带过来的移民进入公寓。在公寓里，移民可以获得食物和床铺，还会有人帮他们购买船票。然而，在开门营业的几周里，这处新住所吸引了“一大群难对付的”掮客的注意。一天晚上，这群骗子将运送移民到火神街住处的马车围起来，想把他们带到自己的出租屋去。一场骚乱就此发生，数人被捕。《利物浦水星报》强烈支持为移民提供保护性住所的想法。这家报纸评论说，码头地产

(Dock Estate）依靠客船纳税，一年下来就能获得 4 万英镑，并且这种情况可以一直持续下去，除非“因为这里码头已有的恶名，使移民害怕在此遇到麻烦而选择其他码头作为登船地点”。[40]

火神街的移民之家一再重申，他们的作用是帮助大饥荒时期的移民在利物浦危险的环境下顺利完成这段旅途。畅销报纸的专栏显示，许多移民在遭遇不公正对待时成功诉诸法律从而获得赔偿。其他人则依靠家庭、共同体甚至是生意关系形成的人际关系网络，使自己和所爱的人免受遍布利物浦码头的“骗子、水手贩子和其他坏人”的欺骗。移民的天主教信仰代表另一种人际关系，他们也可以凭此来寻求帮助。不过，无论移民是不是虔诚的天主教徒，天主教的神职人员都会在其需要的时候提供救援。“我们相信遍布全国的每一位教区牧师都会把慈善团体圣云先会下的移民保护协会告诉他的信众”，《利默里克记者报》在 1851 年评论说，“并推荐那些想要移民的人前去寻求该组织的帮助”。从牧师的角度来看，像火神街的移民之家这样的机构，为在一个动荡的共同体里运用该教的道德和宗教力量提供了一个出口。然而，对普通移民而言，宗教关系只是作为旅途中的一种支持网络。确实，人际关系的重要性在许多掮客利 89
用自身爱尔兰的背景，将自己描述成一个“假朋友”的做法中就能体现出来。不过在火神街的移民之家开张几天之后，《戈尔韦辩护者报》建议想要移民的人在爱尔兰的港口登船，避免“被大批出没于英格兰每一个海港的骗子敲诈”。连接都柏林和戈尔韦的南部和西部大铁路一经建成，移民就发现戈尔韦才是出发前往美国的最佳港口。“不管怎样，要让移民像避开麻风病院那样避开英格兰”，该报认为，“因为乘坐英格兰的任何一艘邮轮，对男人而言都意味着死亡，对女人而言都意味着羞辱”。[41]

“把东西收拾好”：
在船上安顿下来

每位移民在出海前要做的最后一步就是在船上安顿下来。“在已经买好船票也备好所有海上用品的情况下，如果可以的话，移民应该提前一两天登船”，《威利和帕特南移民指南》(*Wiley & Putnam's Emigrant's Guide*）解释说，“接着他应该铺好自己的床，放好行李箱，并确保晕船时要用到的东西都放在手边，总而言之，要让他把所有的东西都尽可能收拾妥当”。19 世纪的帆船——无论是移民坐的还是犯人坐的——从许多方面来看，都是当代阶层关系的一个缩影。船长、高级船员以及住头等舱的旅客睡在船身后部他们各自的房间（通常被称为特等客舱）里，还有一名侍应生或者乘务员为他们服务，他们平时吃饭也都有专属餐桌。普通船员吃住都在船身前部的水手舱，而大部分乘客住在统舱。因为船从北美开往欧洲时，双层甲板间的空间是用来装货的，所以统舱的配置和陈设通常都是些粗制的木制品。“船上供乘客睡觉的地方（叫做舱位），是一种用未涂漆的木板（廉价的松木板）制成的搁板”，威利和帕特南提醒道，“在搁板的外侧会再安装一块木板防止乘客从上面滚下来”。为强化维多利亚时代对性别和性行为的约束，统舱通常要用临时的舱壁隔开，让已婚夫妇、单身男性和单身女性各自分开居住，“起到维护道德的作用”(见导论中的图 2)。乘客和他人之间的人际关系影响着他们如何在新环境中安顿下来。[42]

对许多移民来说，登船并不意味着就此摆脱偷窃和暴力问题。毕竟，水手经常是这类恶行的实施者。1852 年 5 月，一艘名为“拉帕汉诺克”号（*Rappahannock*）的美国邮船搭载 500 多名乘客，正准备出发前往纽约，而这些乘客“主要是些社会等级较低的爱尔兰人”。在船要出发的当天，船长正忙着把移民召集到主甲板上，而船员则趁机撬开乘客的行李箱，把所有他们看得上眼的东西都偷走。“他们还偷走大量威士忌，这本是属于乘客的东西”，一家报纸报道，“他们喝了太多威士忌，不仅酩酊大醉，还耍酒疯”。就在船长到岸上向警方报告这件事时，这些船员拿着刀子攻击乘客，威胁要杀他们。某一瞬间，一位名叫伯恩斯（Burns）的水手拿刀砍向一名乘客，这名乘客“被如此粗暴地对待，一下子跳到伯恩斯身上，狠狠地撞伤他”。显而易见，一些在陆地上行窃的盗贼专盯着移民的行李下手。1851 年 7 月，一位“浓眉大眼，名叫乔治・克尔（George Kerr）的人”被控告趁着“利维坦”号（*Leviathan*）停靠在码头，抢走一位移民放在船上的箱子。克尔被一名路过的警察抓个现行，在法庭上他被描述为“一个知名的大盗，一个专门抢劫移民船的盗贼”。第二年，两位分别叫哈里森（Harrison）和库特布雷特（Coutbrett）的“浓眉大眼的爱尔兰青年”被控告用暴力手段行窃。在碰巧遇到一个正坐在自己箱子上的移民后，他们将他从箱子上拽下来，打开箱子并抢走了两件衣服。警察在搜查这艘船时，“发现这两名犯人就藏在船上，一个人身上穿着抢来的外套，另一个人则穿着抢来的裤子”。[43]

根据需要面对的威胁和大部分旅途的时间长度，移民通常要认真看好自己的行李。“尽可能早地让人给你分配好舱位，舱位分配好以后，确认一下你把所有箱子和随身物品都牢牢系在一起，确保在船体发生摇晃时行李不会散落，否则你的行李就可能破损或丢失”，1848 年一位不具名的资助人在一张预付船票的背面写道，“记住在利

物浦和上船后的航行中要把所有物品都锁起来”。7 年后，另一位资
91 助人可能是考虑到报纸上报道的偷窃问题，甚至给出了更为详细的建议。“要小心些，把所有东西都锁起来”，他建议道，“当你的行李还在船上的时候不要离开船”。每个移民都要把所带行李分成两类，一类是日常用不到的大件行李，可以把它们锁在双层甲板间的货舱内；另一类是日常要用的物品，装在较小的箱子或袋子里，放在方便取用的地方，通常放在自己的铺位旁。1846 年，布里奇特·布伦南在准备移民澳大利亚时，她的兄弟詹姆斯告诉她要带“两个大箱子和两个小箱子，小箱子用来装最必需的物品，因为你不能经常去拿你的大箱子”。移民指南也这么认为。非必要的物品应该装进“干净且干燥的大箱子或盒子里”，威利和帕特南建议道，“把箱子关紧，然后在箱子上标记两到三处所有者的名字，箱子应该尽可能放在船上干燥且方便拿取的地方”。同时，“衣服和其他在海上航行期间经常用到的小件物品，可以放在一般木箱子都带有的放贵重物品的小抽屉里并锁好”。这种类型的箱子很适合统舱的乘客，因为它“便宜，容量大，很容易固定在甲板上”并且“非常适合当一张桌子或
92 者一把长靠背椅来用”。1851 年，玛丽·沙利文（Mary Sullivan）在为她的旅途做准备时，她的资助人建议“用几个结实的旧箱子就可以”，但 J. C. 伯恩（J. C. Byrn）的移民指南建议移民使用的所有箱子都必须“完好无损，结实且防水”。[44]

除了要保护好自己的行李以外，选择一个好舱位是一位移民在出发前夕需要完成的最重要的任务。如前文所述，舱位就是些粗糙的木架子，沿着双层甲板两边纵向排列，一块木板悬放在另一块之上，共有两层。《乘客法案》规定每位移民都要有一个自己的舱位，但这并不意味着所有旅客都能获得一个床位。事实上，大多数舱位都被设计成同时容纳至少 4 人或者更多人的形式。乘客也可以自备

图 7 移民在利物浦滑铁卢码头登船
来源:《伦敦新闻画报》1850 年 7 月 6 日。感谢英国报纸档案馆和大英图书馆委员会惠允使用。© Illustrated London News Group

床铺。“一张麦秆床就很不错，很适合在统舱内使用”，威利和帕特南称，“这比睡在毛毯垫上要好得多（不要低估船体剧烈晃动的情况），而且一旦到达目的地需要进行隔离检疫时就可以直接扔掉，不用担心会有什么损失”。在海上航行，舒适和健康往往十分难得。“一张新铺好的床，没有哪里比在狭窄的统舱内更能感到它的珍贵了”，他们建议说，“而且只要情况允许，应该经常更换床单”。舱位在船上的方位也不能小觑。在给前往北美的移民的建议中，乔治·内特尔明确提出要“选择一个光照和通风良好的舱位，最好靠近船的中间位置，这里最不易感到船只的颠簸”。麦肯齐的《移民澳大利亚指南》也同意移民要找一个“尽可能靠近船中央”的舱位。能方便地从舱位到船上其他地方也很重要。“确保选一个位于下面的舱位”，一位匿名资助人在一张预付船票的背面写道，“并且舱位越靠近舱口越好”。面对突发状况，个人的人际关系可以起到重要作用。1851 年，安·麦克马伦（Ann McMullen）被建议去找卢克·麦克亨利（Luke McHenley），让他拜托哈登（Harden）和康帕尼（Company），“如果在 5 月 8 日之前赶不到利物浦的话，给你预留一个舱位”。[45]

整理和安顿好行李与舱位以后，移民同被流放的犯人一样，以伙食团（messes）为组织单位。伙食团成为在海上管理烹饪和食材的基本单位。在大饥荒时期航向澳大利亚的移民船上，所有乘客都有
93 义务加入伙食团。1853 年 12 月到达墨尔本后，一位“感情深厚的侄子”给姑母寄了一封信，他在信中描述自己在“比拉”号（*Beulah*）邮轮上同其他 150 名移民一起生活的情形。“我们每 8 个人组成一个伙食团，每组有一个人担任组长，负责在分发粮食时接收粮食，承担烹饪、制作布丁、磨咖啡等事情”，他解释说。流放到澳大利亚的犯人也采取相似的管理方式，表现好的犯人就被任命为组长。在前往北美的船上，伙食团不是一个必需的存在，但奥汉隆认为往北美方向去的移民应采取这种方式。他认为，“独自一人移民的人，如果能够与两三个人结成一组，在储备物品、烹饪和开销上互相合作，可以让他们在旅途中把事情做得更好”，“如果他们在家的时候就是邻居或者熟人，在这样的情况下他们之间会建立起更多的信任，在船上生病时也能有人照顾”。威利和帕特南相信，把乘客分成小组，可以确保“更有秩序”“更好地烹饪”以及“享用比自己一人时更多种类的食物”，同时还能变得比“自己一个人生活的时候更加合群”。对于那些不想做饭还比较有钱的人来说，有时候也可以花钱让别人来做。“在较大的船上，如果有需要，通常会再找一个厨师来做这些事情”，威利和帕特南指出，“花一点小钱，比如 1—2 美元（英镑是 4—8 先令），就能让他在整个旅程都为自己服务”。[46]

因为船在海上就是一个自给自足、与世隔绝的共同体，对船上每位成员的医学检查，从长远来看攸关所有人的生命健康。《乘客法

案》要求执业医生对所有乘客进行检查，确保他们没有患传染性疾病。一般会在健康之人的船票上盖章或者签字；而患病之人会被立刻要求下船（连同他们的家属一起），并为他们办理全额退票。美国《乘客法案》也以要求船长交纳保释金或抵偿金的方式，禁止他们让患病或者上了年纪的人登船。1848 年 3 月，来自巴利基尔克兰王室地产的 100 多名移民在利物浦登船前往纽约之际，他们不得不抛下弗朗西斯·斯图尔特（Francis Stewart），“因为他一眼看上去就上了年纪，‘钱宁’号（*Channing*）船长不允许他登船”。尽管有法律规 94
定，但在 19 世纪 40 年代后期，还是有许多因素导致不少旅程中出现过高的死亡率，我们会在第四章中对此进行讨论。特别是许多长期营养不良、疾病缠身的移民，他们想要离开爱尔兰的强烈愿望与移民官员未能严格执行有关规定（许多船长不愿意执行），为许多人的死亡埋下隐患。虽然到 19 世纪 50 年代离开爱尔兰的移民数量还在不断增加，但由于 1847—1855 年间美国和英国《乘客法案》的几次修订，移民的健康和安全同时得以改善。不过，法律还是存有漏洞，执法过程中也存在不公现象。例如，1848 年之后，所有搭载满 100 名或者超过 100 名统舱乘客的船只，都需要在船上配备一名医生或者确保每一位乘客都能享有 14（而不是 12）平方英尺的空间。但乘客通常无法阻止不道德的船长不配备医生就起航，或者载上一名医生但过了海关就让他下船，再或者在计算船舱空间时使用错误的公式。[47]

移民指南有时会给出一些建议，告诉移民如何为海上航行的艰苦条件做好身体上的准备。埃内亚斯·麦肯齐在写给移民澳大利亚的人的书中指出，有一些事情移民自己就可以做到。例如，每人“应该带一两片甘汞片和一些温和的、有通便作用的药物”来预防晕船。在出发前的准备工作中，移民的饮食也是相当重要的。指南里写道："饮食应该非常清淡，让胃保持正常状态。我们劝告读者，在临行前为了'美好的昔日'而饮下的'那杯友情的酒'，除了留下一段美好的回忆外，其余什么用处都没有。""一周内不吃油腻食物，不喝刺激性饮料，上船后就会知道大有好处；这种自我克制可以避免上船后数小时乃至数天的痛苦折磨。"威利和帕特南也敦促他们的读者囤一点药在身边。每个移民都要在他们木箱子的抽屉里放上毛巾、肥皂、一把梳子、一面小镜子、剃须刀和"一两盒泻药，因为饮食上的变化可能会让泻药变得必要"。在临近出发时，若有孩子生病，其他乘客有时可以帮忙照顾。1847 年 8 月，在"乔治·西摩"号（*George Seymour*）准备离开格雷夫森德（Gravesend）前往奥克兰之际，船上的外科医生哈里·戈德尼（Harry Goldney）正在给多诺万（Donovan）
95 家生病的婴儿治病。"孩子的母亲在登船时就因体弱而遭受不少折磨"，戈德尼在日记里写道，"孩子脸色苍白，极其消瘦；但一上船就得到许多移民的关心，他们主动提出要帮忙照看孩子"。[48]

在 100 多天的航行中，作为维多利亚时代秩序和纪律的象征，囚犯船以及船上的犯人在出发前都要接受极其严格的医学检查。先前我们已经知道，前往登船地点的犯人在离开当地监狱时就要进行一次检查，在登船前还要再做一次。女性犯人的孩子也要定期注射天花疫苗。尽管有这么多规定，但患病的犯人还是常常能以各种各样的理由搪塞过去。1848 年，运送男性犯人的船"班加罗尔"号（*Bangalore*）从金斯顿开往霍巴特。据船上外科医生哈维·莫里斯（Harvey Morris）所言，有两个原因让他未能严格遵照法律条文行事：一是因为登船之前的医学检查无异于一场酷刑，"检查在室外非常寒冷的天气下进行，根本不可能让犯人把衣服脱光，因此本来过不了检查的人也都通过了"；二是"爱尔兰监狱拥挤不堪的状况，以及从最可恶的罪犯中挑选出一部分人送走的必要性，使得他必须放弃一些在其他情况下都会遵守的形式”。有些犯人也会掩盖自己患病的事实。1852 年 4 月，查尔斯 · 伯恩（Charles Byrne）在金斯顿登船时就已经腹泻有好几个月，但他“尽可能地遮掩自己腹泻的症状，只是为能和他的兄弟乘同一艘船出发”。1851 年，约翰 · 穆迪（John Moody）作为医官被派往运送女犯人的“黑修士”号，他抱怨说有一名年轻女孩在他以眼疾为由拒绝后还是登上船，因为她的母亲和姐妹也在这艘船上。[49]

最后，当移民船和囚犯船都做好准备起航时，通常会有一名牧师来为他们主持一场宗教仪式，祈祷上帝保佑乘客一路平安。尽管政府视之为海上航行所需纪律和服从的具体化表现，但从犯人的角度看，这些仪式也是一次社交机会，使他们可以从日常劳动中休息 96
一会儿，或仅仅是参与一次祈祷。1849 年 12 月，女性囚犯船“格雷伯爵”号准备从金斯顿出发前往霍巴特，格兰奇戈尔曼站的天主教牧师伯纳德 · 柯比（Bernard Kirby）登船主持一场仪式。一位虔诚的目击者看见犯人因信仰而团结在一起。“这些不知羞耻的贱民，被法律判处流放的罪犯，被世界抛弃的人”，他写道，“对那些跪在人群中哭泣的人来说，仍然有慰藉和希望存在，而他们也真切地感受到”。1853 年 4 月，对“迈尔斯 · 巴顿”号（*Miles Barton*）移民船上即将前往澳大利亚的人来说，这场出发前的宗教仪式为他们提供了最后一次同即将返回家中的所爱之人对话的机会。在仪式结束后，牧师詹姆斯 · 巴克主动提出可以为有需要的移民的家人主持这样的仪式。不久他就收到 45 个地址，“这些地址所代表的家庭来自四面八方，多得几乎囊括了罗盘上所有的罗经点”，巴克兴奋不已，这使他想起“从当时那条移民船甲板上散发出来的”广阔浩荡的情感共鸣。同时，巴克换位思考，也觉得这些移民的亲友正在注视着移民，心脏也在为他们而跳动；而这些移民暂时组成一个鱼龙混杂的共同体，成为生活在这座漂浮城市的木制板墙之内的居民。[50]

换言之，在船上安顿下来和为出发做准备是整个旅途中最重要的部分。1853 年 3 月，在詹姆斯·米切尔离开利物浦的前夜，他得到一个舱位。他把行李搬上船后，在这艘将要带他前往纽约的船上睡了一觉。“那晚我睡得像在家里一样好”，米切尔后来回忆道。第二天早上，他醒后“看到他所见过的最嘈杂混乱的场面”。各种各样的小划艇和蒸汽船忙着把乘客和行李从岸边运到他所在的船上，船不一会儿就变得非常拥挤，“我怎么也想不明白这么多人如何在船上住下”。尽管米切尔感到困惑，但人际关系才是在船上安顿下来的关键。起初，移民通常依靠一开始帮他们离开家乡的那个人际关系网，特别是那些能针对船上生活给出关键建议的亲友，因为很少有人对这样的生活有过体验。不过在登船后，移民想要安顿下来，就需要
97 建立新的人际关系网络。基于维多利亚时代的性观念，双层甲板间的物理空间布局将乘客彼此分隔开来，但更令人印象深刻的还是在统舱乘客和船长、高级船员以及特等客舱乘客之间的等级差别。这也让双层甲板间的统舱乘客更加团结一致。无论是保护彼此不被水手欺负，照顾生病的邻舱乘客，还是以伙食团的形式组织起来，住在双层甲板间的统舱乘客都意识到团结的可贵。“没有什么能比乘客的团结一致和志同道合更能让旅程变得顺利和愉悦”，伯恩在他的移民指南里坚称，“以自己的力量通过各种方式推进这种团结是所有人的责任，尤其对每家的户主而言，更是如此”。当一艘移民船做好出发前的准备时，这座新的、“漂浮的城市”轮廓也已形成。[51]

* * *

爱尔兰大饥荒时期，移民在前往登船港口的路途中要面临诸多挑战。对于不熟悉现代交通运输体系的农民和劳工来说，预测自己必须经过哪些地方、路上要花多长时间是非常困难的。旧时的信任

纽带和认知，在面对规划周密的铁路网络、蒸汽轮船和邮船时变得毫无用处。当意外发生或者金钱耗光后，就会有人被丢在半路。他们也会遇到一大堆小偷、骗子和霸凌者，在像利物浦这样的港口等着把他们变成自己的猎物。但移民也有自己的武器。最重要的一个武器就是他们的决心和毅力。读完这些移民的故事，人们很难不对他们的坚毅感到钦佩，正是凭借这份坚毅，许多移民靠着为数不多的钱财和资源完成了这趟惊心动魄的旅程。当身上的现金被骗走时，移民成功利用法律获得赔偿，并凭借这笔赔偿继续他们的旅途和生活。归根结底，对移民来说，他们可以利用的最重要的资源就是他们的人际关系。从家庭成员在出发前夜给出的建议，到地主为一名被丈夫抛弃的妻子提供几先令的帮助，移民依靠个人或旧或新的人际关系来化解所遇到的困难和危险。通过这种方式，登船的整个过程在广义上的爱尔兰人大流散中促进爱尔兰移民同心同德精神的发展。在船起锚离开栈桥时，许多移民不禁思念起被自己留在身后的 98
人和物。1849 年，塞缪尔·哈维（Samuel Harvey）要离开贝尔法斯特前往纽约，他借了一个望远镜，以最后看一眼自己的故土。“啊，你这小小一块土地，承载着这么多人的牵挂和美好回忆”，他写道，“望着你渐渐消失在远处的轮廓，没有人会知道悲伤的游子是怀着怎样的沉痛心情在同你做最后的告别！”正如哈维这般，移民将昔日的共同体留在身后的爱尔兰，又在海上建立起新的共同体。[52]

第三章

生 活

1850年秋，亚历山大·麦卡锡（Alexander McCarthy）准备从科克郡移民，此时他的女儿玛格丽特从纽约寄来一封信。她在信中可能根据过往经验向父亲提出一些建议，告诉父亲在搭载这艘前往美国的轮船时如何处理与船员及其他乘客的关系。玛格丽特说道："带上些好面粉，和船长的厨师建立友好关系，他会为你烹饪得更用心，你不用花太多钱就可以享用美味佳肴。你再带点威士忌与厨师和你认为对自己有帮助的水手分享……每次分给他们一杯，就是顺手的事儿。"海上生活颇为艰难，尤其是刚开始的时候，玛格丽特相信，只要父亲肯花心思，就一定能够适应海上生活。玛格丽特嘱咐道："头两三天的情况最糟糕，所以要鼓起勇气，下定决心，大胆行动。"最重要的是要体谅别人的感受，理解船上其他移民的偏见。她还提到，"控制好自己的脾气，不要对任何人发火，好机会都是留给船上脾气最好的人"。麦卡锡的信考虑到许多历史学家总是忘记的一件事（常被历史学家所忽视）：人际关系是海上航行的重要内容。人们不再独自在船腹中苦苦挣扎，而是培养海上人际关系以减少危险性和不确定性。严格说来，移民搭乘的船是独一无二的环境，同心同德和约束的日常机制在这里得以复制和违抗，因而它们在爱尔兰移民生活的跨国链条中充当着流动的纽带。[1]

“神奇的世界”：
海上生活的美丽与危险

不论船只大小，抑或驶向何方，每艘移民船都共享一个变量：辽阔的海洋。海上环境的陌生感加剧了许多移民的孤独感，因而他 100
们乐于发展新的人际关系。爱尔兰大饥荒时期的移民没有海上旅行的经历，也许是出于害怕，航行途中的景色时常让他们目瞪口呆。离开爱尔兰的第二天，塞缪尔·哈维在日记中写道：“我孤独地坐在前甲板环顾四周，凝视着大西洋的暗流涌动，此时此刻我感到很奇妙，因为只有在我天马行空的梦境中才会出现这样的画面，沿途所见景色都如此新奇，我简直不敢相信是真的。这浩瀚辽阔的水域，真是一个神奇的世界啊！”自然美景让人震撼，例如在海水中闪闪发光的藻类。哈维写道：“夜晚海洋的粼粼波光非常漂亮，船头冲进波涛，浪花又打在船身两侧，激起嘶嘶作响的雪白泡沫，在夜晚看起来就像大片发光的液体火焰。”海面上没有山脉、树木、河流这类熟悉的景物，海洋和天空成为移民的新景观。1852 年，约翰·克拉克（John Clark）在前往澳大利亚的航行途中，用熟悉的样子描绘他在某天看到的日出。他写道：“在东部，一些小的乌云和山川河流等景观排列成一座种植园的形状；这本来就已经足够美丽，但当太阳升起时，日光倾洒，给一排排树木染上最绚烂的色彩，把一条条河流变成一片火海，将一座座山脉全部变为火山，呈现出在热带才能看到的景象。”在一艘前往范迪门之地的流放犯人的船上，爱尔兰 1848

年革命的流亡者约翰·米切尔（John Mitchell）独自待在阴暗的船舱里。虽然是被流放，但他却从海上的美景中获得一些乐趣。“夕阳西下，洒落余晖”，他在 1848 年 6 月写道，“一个盛大的皇家典礼，而我在其中总是忙前忙后”。[2]

海洋独有的野生生物也给移民带来欢乐和营养补给。S. J. 康诺利（S. J. Connolly）写道，“在大饥荒之前的几十年里，超自然信仰构成许多爱尔兰天主教徒精神世界里极为真实的一部分”，这道出了很多人认为他们在公海遇到的鱼和鸟具有神奇力量的原因。1853 年春天，“米德尔塞克斯”号（*Middlesex*）从利物浦航向纽约，许多海豚经过船侧，船上的移民看到后极为兴奋。一位爱尔兰移民抱怨道：“有人发誓这是鲨鱼，并肯定船上会有人死亡！因为看到鲨鱼跟在船
101 后，这是凶兆。”另一名乘客则断言：“那些都是幼鲸，如果‘老鲸’碰巧在附近，我们将会遭遇巨大危险。”水手也会经常参与这些与航海有关的迷信。1849 年，“里恩策”号（*Rienze*）从贝尔法斯特驶往纽约，船员教乘客辨识各种追随航船觅食的鸟类，其中包括绰号为“凯莉妈妈的小鸡”的海燕，有人说它代表着逝去水手的灵魂。一位移民说：“海燕预示着暴风雨的传言简直是胡说八道，然而水手还是害怕乘客会伤害它们。”野生海洋生物是现成的营养来源，能使航行的饮食不再单调。1849 年，查尔斯·斯特拉特（Charles Strutt）在“托马斯·阿巴斯诺特”号担任外科医生，船上载有 194 名爱尔兰“女孤儿”前往澳大利亚。斯特拉特在日记中写道：“我抓到一条约 6 英尺长的鲨鱼，晚餐时享用一部分。白色的鱼肉十分美味，尽管汤汁有些浓稠，但可能是因为加了黄油以及烹饪方式的缘故。”几周后他们又捕捉到一些鸟。“几只疲惫不堪的海鸟落在索具上”，他写道，“马上有人把它们抓住并塞进布袋里”。[3]

虽然许多爱尔兰移民在旅途中感到身体不适，但确实有些人

发现航行经历对他们身体有益。那些住在舒适的头等舱或二等舱中的人更有机会获得这种体验。1853年10月，威廉·麦克尔德里（William McElderry）寄给他远在安特里姆郡（Antrim）巴利马尼（Ballymoney）的兄弟一封信，提到尽管前往魁北克的航程“极其漫长而艰难”，“但我没有晕船，离开家后也没有感到身体不适”。即使航行预算有限的人，有时也会有相似的体验。乔安娜·凯利（Johanna Kelly）的旅费是由她的地主资助的，在抵达加拿大后不久，她提交了一份她和同行乘客身体状况的报告。她告诉远在蒂珀雷里郡的父亲，“我们的航行历时6周，我和约翰的身体状况都很好，但乔安娜和玛格丽特在旅途中生病了”。前往澳大利亚的航程是横渡大西洋的3倍，但船上的监管更严格，配备的医护人员也更专业，这意味着船上乘客的身体状况会比较好。1853年，当“赫拉克勒斯”号（*Hercules*）从 102
科克驶向阿德莱德（Adelaide）时，该船的外科医生爱德华·诺洛思（Edward Nolloth）兴奋地报告：“船上所有人的健康状况持续改善，当我们到达好望角时，这方面尤其令人满意。”诺洛思指出，出现这种结果的原因在于他在船上十分注意日常卫生，还夸耀除少数人外，移民抵达澳大利亚后“身体状况都非常好”。另一些人则觉得海上生活十分惬意。1845年秋，乔纳森·史密斯（Jonathon Smith）告诉远在安特里姆郡的父母，“自从离开家乡后，我没奢求过哪怕一分钟的健康”，“自与你们分别后，我很久没有这么开心过了”。[4]

因为大多数爱尔兰犯人出身穷困潦倒之家，他们中的许多人对船上的卫生监管和营养供给十分满意。爱尔兰女囚易患坏血病，外科医生惠特莫尔·克拉克（Whitmore Clarke）对此深感困扰。1852年，他认为这种易患“坏血病的倾向”是女囚被长期关押在狱中（据她们描述），而狱中饮食极少提供土豆和蔬菜所导致。船上外科医生的日志记录了女囚获益于海上生活的具体案例。1850年，玛丽·奥康纳

（Mary O'Connor）乘坐“康沃尔公爵”号前往范迪门之地时，因月经过多而接受治疗。然而在抵达目的地时，船医说奥康纳现在感觉“身体比刚上船时更强壮，健康状况得到极大改善”。第二年，22 岁的霍诺拉·科克伦（Honora Corcoran）在约翰·穆迪的监管下登上“黑修士”号。科克伦在离开爱尔兰时还是一名“身材高大但面色虚弱的女孩，经常癫痫发作，深受头疼困扰”，但穆迪说在海上期间“她既没有头痛，也没有癫痫发作，变得壮实、圆润且健康”。男囚的健康状况也相对较好。表现良好而获得额外特权的犯人待遇尤其好，但其他人的待遇也不错。1849 年 11 月，犯人乔纳森·奎因（Jonathon Quin）在抵达悉尼后不久，写信给他在纽里的父母，提到自己乘坐“哈弗林”号（*Havering*）度过了一段“非常愉快的旅程”。他说：“我在离家后从未感到身体不适。”这在一定程度上要归功于他担任船警
103 （constable）这一职务。奎因告诉父母：“自己和其他 9 名犯人被选中在船上维持秩序，所以日子过得很不错。我们和士兵一样自由，食物充足，一周喝两次酒。我可以打包票，即使我自己支付船费，也不可能比现在更舒适。”[5]

显然一些移民在航行中发现诸多海景奇观，甚至身体状况也得以改善。但也有很多乘客在海上生活带来的种种挑战中苦苦挣扎。最常听到的抱怨当然是晕船，这可能会持续数小时甚至数周。晕船与其他所有晕动症一样，不是因为身体的运动，而是由于感官对运动状态的感知所引起的。当内耳察觉到身体处于运动状态，而眼睛（例如在无窗统舱内）感觉不到运动时，大脑就会失去方向并产生恶心感。虽然当时人们还不知道造成晕船的原因，但有过航行经历的移民建议新登船的移民留在甲板上（在这里内耳和眼睛可以同步感到船的运动），从而延缓晕船的发生。艾伦·桑顿（Ellen Thornton）的匿名资助者建议，“在船上要保持个人卫生，很多人晕船后就躺

在床上，但我不建议你这样做，天气好的时候，你要尽可能多地待在甲板上”。很多人晕船时会感觉很不舒服，晕船甚至会导致出发前就抱恙在身的人死亡。1848 年，“金尼尔”号（*Kinnear*）从爱尔兰出发到范迪门之地，船上的外科医生报告说凯瑟琳·麦克纳马拉（Catherine McNamara）登船时身体虚弱，“她晕船很严重且意志消沉，每时每刻都幻想着自己会和航船一同沉入大海”。他最后说：“凯瑟琳很长一段时间生活不能自理，大小便失禁，死亡最终给她悲惨的生活画上了句号。”然而对于大多数乘客来说，晕船并不会致命。有人甚至认为这是航程中必不可少的一部分。1849 年，一位前往纽约的爱尔兰移民写道：“很多乘客身体不适且呕吐不止，然而他们乐意承受这样的后果，因为这会让他们更快地到达理想的天堂。”[6]

除晕船引起的恶心之外，甲板下简陋的生活没有考虑到人的各 104
种需求，给日常生活带来诸多不便。很多移民发现，几个人一起睡在粗糙的木制货架上是一种尴尬的体验，尤其是在遇到恶劣天气时。1848 年春，托马斯·帕特森（Thomas Patterson）和他的朋友詹姆斯·加勒特（James Garrett）从贝尔法斯特乘船前往纽约，他们在暴风雨中难以入睡。“船体甚是颠簸，差点把我们从床上甩下来”，帕特森抱怨道，“一个人滚到另一个人的身上，这一点让人非常讨厌”。1852 年 7 月，卡文郡的《盎格鲁-凯尔特人报》刊登了一封题为《海上遇到麻烦的胖女人》的信件。胖女人是一名乘船前往加利福尼亚的房舱乘客，她描述了航行期间在床铺上遇到的诸多困难。“我们舱内有两只箱子，箱子里面叫铺位，不过说它们是棺材倒更贴切，因为你经常会想到自己死在海上的结局。”胖女人的铺位在她室友铺位的正上方，她写道：“我不得不爬上去，一只脚踩在较低的铺位上，另一只脚搁在外面的洗手架上，双脚迈开的幅度过大，使我感到非常吃力；然后我在铺位上抬起一只膝盖，侧着身子躺进去。这些动作对于像我这种身形的女人来说极其不便而且很危险。从卧铺下去也同样糟糕，穿衣服更是难上加难。系带在你背后，床单蒙在你的脸上会有一种窒息感，当你从床的一边翻到另一边，那感觉就像用一只手抓住孔眼（eyelet），然后用另一只手把标签插进去，这可不是闹着玩的。”但“穿长筒袜是最糟糕的，因为在床上没有弯腰的空间，你必须把脚伸到面前，然后仰卧着抬起你的腿，直到你够到脚才能把袜子套进去”。总之，作者深信没有体验过卧铺生活的人是不会相信这些事情的。她说：“如果你能想象一下这种遭遇，你就会可怜我，但你不能——只有女人才能理解女人航行时在船上狭小床铺上所受的苦。”[7]

航船的实体布局也会经常引发事故。詹姆斯·珀塞尔为他的姐妹布里奇特支付了前往澳大利亚与他团聚的船票。他警告他的姐妹在暴风雨来临时一定要待在甲板下，“而且在任何时候都要小心谨慎，船上缺少细心照护，危险四处可见，你要四处留心”。甲板上的
105 舱口是敞开的，可以通向 20 英尺下的客舱，给那些在上面行走的人带来危险，尤其是年轻人、老年人和体弱者。在 1849 年的纽约之旅中，塞缪尔·哈维报告称，一个孩子从舱口掉下去，头部严重碰伤。“孩子在船上真是太麻烦了”，哈维抱怨说，“他们一直处在受伤的危险之中”。即使是最强壮的乘客也可能受到可怕的伤害。1846 年 12 月，运送犯人的“托利”号从爱尔兰出发时，一位年方 25 岁且“身体健壮”的囚犯詹姆斯·罗斯（James Ross）在甲板上滑倒，右肩重重地摔到甲板上，造成锁骨骨折。虽然罗斯最终得以康复，但同样受伤的其他人却可能会终身残疾。1849 年，22 岁的囚犯艾伦·多伊尔（Ellen Doyle）在“澳大拉西亚”号船体剧烈颠簸时被甩到甲板上。船医报告说她被自己携带的一桶水击中大腿，导致“股骨下部和前部脱臼”。船医为救治她而试图把她的腿绑在一起，但当他们抵

达范迪门之地时，多伊尔的腿“已经不能动弹”。1848 年，纽约《水手杂志和海军期刊》(*Sailor's Magazine and Naval Journal*) 的一篇文章指出，水手虽然熟知海上生活，但他们还是很容易遭遇巨大危险。一位化名为 H. J. V. 的人写道：“海员生与死的界限仅有一块船板，只要一块船板弹出，一颗螺栓松动，或一条电缆断开，他们就可能沉入海中，葬身海底，他们的灵魂会立刻出现在上帝面前！”[8]

尽管死于风暴的移民人数相对较少，但由于风暴的威力和不可预测性，许多幸存者在书信和日记中都会大篇幅地描述它。1848 年，托马斯·赖利乘船从利物浦出发前往纽约，在航行途中遇到一场风暴，他生动地描述了这场风暴引起的混乱。赖利安全抵达美国后写信给爱尔兰的一位朋友，他在信中提到：“我们被甩出自己的铺位，货舱里足足有 2 英尺深的海水，漏洞正以每分钟 1 英寸的速度蔓延。我们的桅帆被风暴卷走了，统舱上面的舱口都用钉子封死，乘客吓得瑟瑟发抖……有人祈祷，有人哭泣，有人咒骂，有人唱歌，妻子埋怨丈夫把自己带上船，一切都变得一团糟——水桶、箱子、圆罐、床铺、孩子等都随着船体的摇晃而翻滚，时而会听到垂死之人的呻 106
吟声，以及暴风雨的呼啸声。”甲板上的情况更糟。大雨滂沱，狂风大作，船体向一边倾斜，几乎要侧翻。赖利回忆道：“只要看到海浪拍打船身，发现螺钉松动，感到船板晃动，我都会大声尖叫。即使最小的钉子也会发出刺耳的声音。”然而，并不是所有乘客都认为暴风雨是糟糕的经历。1848 年，当亨利·约翰逊（Henry Johnson）乘船从安特里姆出发前往加拿大时，他想到了暴风雨带来的好处。约翰逊给远在邓格内尔（Dungonnell）的妻子描述道：“我们遇到了超乎想象的狂风，虽然风暴会给航行带来危险，但风暴驱使船只以每小时 13 英里的速度穿行在群山环绕的海洋上，我很享受这一切。”他说，这 6 天暴风雨中的航行速度比前 6 个星期好天气下的速度还要快。[9]

前往澳大利亚的航程比横跨大西洋的航程要长得多——而且要经过几个不同的气候带——这条航线上的移民在途中经常会遭遇风暴。这些风暴对住在甲板下的移民造成的混乱，可能与赖利在广阔大西洋上目睹的状况相似。1852 年，“尼泊尔”号（*Nepaul*）驶向维多利亚，一位移民描述了在统舱地板看到的一幕：“一不留神，盘子、杯子、碟子、厨房锅、装有 3 加仑水的小桶、石头大小的罐头、浴缸、污水桶等物件就在船上滚来滚去，好不欢快。当你站稳脚跟，就会发现所有东西都七零八落，湿漉漉一片，造成很多麻烦。”1855 年，查尔斯 · 摩尔（Charles Moore）搭乘的航船在前往澳大利亚的途中遇到风暴，当海浪击打船身时，听起来就像“炮声”。夜深人静之时，风暴来袭，“我们大多数人都被惊醒，母亲和孩子在哭泣，船上的东西朝四面八方掉落。茶壶、杯子、盘子、水桶、肉、面粉、大米、梅子……事实上，甲板间的所有东西都在翻滚，我敢打赌你这辈子都没见过这么混乱的场面，而且看着东西滚来滚去甚是可笑。如果我们坐下，下一分钟你就会从座位上被甩下来”。托马斯 · 弗朗西斯 · 米格尔（Thomas Francis Meagher）在搭乘的“斯威夫特”号
107 （*Swift*）绕过好望角前往范迪门之地时，注意到天气的变化。虽然从金斯顿出发的第一段航程相对平静少雨，但跨越印度洋的这段航程却相当糟糕。米格尔后来回忆道：“途中时常狂风大作，大雨滂沱，狂风驱使航船驶向南方，把我们带到远处，我确信最后到达荒凉的南极，那里有白色的熊和冰山。”[10]

尽管冰山是海上航行的一个潜在致命因素，在爱尔兰大饥荒时期有多艘移民船因撞上冰川而沉船失事，但许多乘客竟发现它们也有引人入胜的一面。他们从未见过眼前这一幕，有时会不知道这是何方神物。1853 年，一名前往澳大利亚的乘客写道，“海面上浮现

出一座巨大的冰山，让人兴奋不已。本以为它是陆地，但远处却出现一座岛屿”，“这是一道美丽的风景，阳光洒在上面，像一块白色大理石……一些乘客说这是一艘沉船，漂浮在广阔海洋上的冰山构成一幅颇为奇异的景象”。1847 年，约翰·伯克经由利物浦前往纽约，他因看到冰山而啧啧称奇：“5 月的一个晴朗的清晨，我早早起床，亲眼见到船长昨晚所说的（冰山），这也是我一生中见过的最壮观的景象。”伯克后来回忆道：“此话千真万确，当太阳从地平线升起时，那场面实在是宏伟壮丽！那里有一座巨大的冰山如抛锚的船一样，静静地、庄严地移动着——明亮如镜，折射着朝阳的金色光辉。这样的清晨是大自然的馈赠，难得一见。”1846 年 1 月，当 M. A. 贝格斯（M. A. Beggs）感谢邓甘农（Dungannon）联合济贫会的监护人资助她前往安大略的旅费时，她用通俗的语言向村里的邻居描述自己看到的奇观：“5 月 2 日，我们见到第一座冰山，它有一个小村庄那么大。当我们来到圣劳伦斯湾时，我们周围的冰山厚得如同草堆……如果不是上帝创造奇迹，我们根本不可能抵达美国。”[11]

然而海上生活最大的挑战之一，也是移民在日记和书信中最少提到的，终究是无聊。正如本章稍后所述，移民往往即兴开展各式娱乐活动，然而他们之间几乎无话可说，会感到长久的倦怠。1848 108
年爱尔兰革命的流亡者托马斯·弗朗西斯·米格尔在写给远在爱尔兰的朋友和支持者的信中，描述了这种单调乏味的生活。这篇文章后来在国内外爱尔兰人办的报纸上发表。他和 3 个同伴，特伦斯·贝卢·麦克马纳斯（Terence Bellew McManus）、帕特里克·奥多诺霍（Patrick O’Donohoe）和威廉·史密斯·奥布赖恩（William Smith O’Brien），在行李中携带了一些书籍和游戏。“这些消遣在很大程度上缓解了海上生活的烦闷，给旅途增添了几分乐趣”，米格尔坦诚，“如果没有它们，海上航行将是最无聊乏味的事情”。尽管米格尔愿意从事沿海贸易工作，或者偶尔乘船游览地中海，但他坚称自己“无论如何也不想成为一名水手——单调重复的生活让我窒息”。米格尔为陆地上的读者着想，描述了海上生活的单调乏味。“为期1天的航行和为期3个月的航行一模一样，窥一斑而知全豹”，他解释道，“早餐：一杯不加糖的牛奶，脆饼干和红糖；正餐：咸牛肉，腌土豆，瓶装黑啤酒，也许再加一大块羊肉，再来一碗豌豆汤。航船转向；纺纱；绳索拼接；举手表决；吊床擦洗；唱歌，击鼓，跳舞，在前甲板鸣笛；第一次值班，熄灭灯光；这就是一次环球航行的完整历史！”[12]

换言之，海上生活是一种奇特美妙，有时甚至让人心惊胆战的经历，而大饥荒时期多数爱尔兰移民从未有过这种体验。从波光粼粼的浮游微生物藻类到高耸的冰川雪山，大西洋、太平洋和印度洋用各种新奇复杂的方式刺激着移民的感官。有时这种陌生感会唤起他们的思乡之情。“高空中点缀着朵朵白云”，塞缪尔·哈维在1849年9月前往纽约的途中写道，“很多乘客指出，自启程以来，只有这里的天空像他们家乡这个时节天空的模样”。他的同乡站在那里，
109 “若有所思地望向远方”，这一幕似乎“在他们的脑海中轻柔地唤醒一连串愉快的回忆”。在其他时候，身处奇异的海洋世界会让移民产生一种与世隔绝、孤独恐惧之感。1850年，乔治·内特尔在《移民北美实用指南》中提醒移民会出现这种情况。内特尔警告说：“当移民‘与故乡渐行渐远’，经过‘人迹罕至的海洋’，各种感情会涌上心头。他会感觉正在和自己的伙伴、朋友、童年时代的美好回忆、未曾过多放在心上的舒适与乐趣分离。只有当你真正感到要失去一段友谊时，你才会意识到它有多难能可贵。”许多爱尔兰移民离开他们的亲友，发现自己置身于一个陌生的漂浮的共同体时，他们基于这种共同的经历，很快会建立起新的社会网络。[13]

“纪律严明的家庭秩序”：

海上的权力与反抗

1846 年初，曾在济贫院过活的穷人贝格斯写了一封信，她在信
中感谢邓甘农联合济贫会的一位监护人为她资助了前往加拿大的旅
费。贝格斯宽慰她的资助人说：“虽然最初几周我们的旅程非常艰
难，但万能的上帝保佑我们。”一位指挥这艘船的官员给她留下深刻
印象。贝格斯说：“船上没有任何一个男人比他更专注、更有活力、
更具同情心且更聪慧。他在船上的工作状态和您在济贫院工作时很
像。”通过比较航船和济贫院的运作，贝格斯的信表明两者的等级结
构都是基于相似的前提。18 世纪和 19 世纪的立法者坚信，建立牢
固的社会等级制度是消除潜伏在现代社会中无政府和混乱状况的唯
一良药，他们确信海上社会比陆上社会更加僵化地遵循父权制。因
此，政府把移民船看作是维多利亚时代社会的缩影。西方国家的海
洋法立足于长久以来规训与服从的军事传统，很早就承认船长是其
船只独一无二的指挥官。在一小撮官员的支持下，船长享有近乎独 110
裁的权力，尤其是在搭载移民驶向北美和澳大利亚的长途航行中。
这与每天的日程安排一道，使移民和犯人井然有序。每天的日程安
排——以钟声为标志——告诉人们何时梳洗、吃饭和娱乐。历史学
家马库斯·雷迪克（Marcus Rediker）在著名社会学家欧文·戈夫
曼（Erving Goffman）的研究基础上，将航船看作“全控机构”（total
institutions），其中的规则、等级制度和日常航行安排支配着生活的方

方面面。本部分接下来的内容将展示这些严格的等级制度虽然决定着海上社会的组织框架，但船员和移民可以找到重新定义和抵制海上权力的方法。[14]

维护海上纪律与秩序的英美法具有相似性，部分原因在于他们均起源于中世纪的法典，即《奥列龙法典》(*Rules of Oléron*)。这一法典规定，海上航行期间，海员须对其所在船只负责，若遗弃船只，将受到法律严惩。18 世纪和 19 世纪，英美相继颁布的海事法授权船长管治船员和乘客。1851 年，纽约《船长手册》(*Shipmaster's Assistant*) 宣称："船长的首要职责是按照公正适度的原则，维护船上的秩序和纪律。为实现这一点，法律授权船长管治大副、船员，甚至是乘客的权力；船长在必要时可以强制要求乘客遵守秩序和规则。"直到 1862 年，美国海军才宣布禁止鞭刑（英国皇家海军于 1879 年才停止使用鞭刑），爱尔兰大饥荒时期船长及其属官经常使用暴力手段（威胁或实际使用）来维持纪律。前往澳大利亚的英国移民船有着同样严格的等级制度。船长负责掌控航船方向和监管船员活动，外科医生负责维持移民秩序。殖民地土地和移民委员会在官方声明中明确表示："外科医生不仅负责为移民提供医疗服务……还需维持纪律，因此需要执行关于维持清洁、遵守规则和品行良好的规定。"每位外科医生都应该"尽可能为各种事务设立固定日期和特
111 定时间"，从而"形成固定的惯例，巧妙地将自己要负责的工作与移民的日常生活结合起来"。船上的传教士、教师和女看守通常听命于外科医生，而外科医生需要配合船长的工作。[15]

移民船上社会组织的等级和纪律结构或多或少地——虽然更为严苛——反映了运送犯人船只的情况。同一时期，内政部和海军部特许一些船只运送男囚和女囚前往澳大利亚。每艘囚犯船上外科医生的角色最初仅是提供医疗服务，但到 19 世纪早期，他们的职权范围得

图 8　一艘移民船后甲板上进行点名的场景
来源:《伦敦新闻画报》1850 年 7 月 6 日。感谢英国报纸档案馆和大英图书馆委员会惠允使用。

以扩大。随着医疗行业在整个社会中地位的提高，船医开始被视为全程管理轮船公司的关键。到 19 世纪 20 年代中期，外科医生成为维持船上纪律的主要组织者。船只的官方声明时时提醒外科医生负有重要
责任，“需全面管理犯人并为其提供医疗服务”。船长对船上发生的一 112
切事务仍有最终决定权，但却必须服从外科医生管理和治疗犯人的决策。外科医生有很多方法规范犯人的行为。“为强化登船女囚对保持卫生和良好秩序的高度重视”，他们有权向“最整洁干净的犯人”发放茶叶和糖作为奖励。如需采取暴力惩罚手段，他们“尽可能公开处刑，以儆效尤”。例如，1846 年 5 月，“奥克兰勋爵”号上的爱尔兰囚犯奎格利（Quigley）、斯托里（Storey）、劳瑞（Lowry）和穆利根（Mulligan）被多次鞭笞，“因为他们打架斗殴、屡教不改和公然违抗命令，容易在犯人中间引发暴动”。[16]

宗教在维持陆上社会稳定方面扮演着重要角色——它为所有人制定了一套等级式的道德准则——意味着它在海上也同样适用。鉴于大多数水手是无神论者，许多权威人士认为船上比任何地方都更需要宗教信仰。大饥荒前夕，一名福音派新教牧师在都柏林码头遇到 1500 多名船员和房舱服务员，他发现其中有“367 人没有携带《圣经》，甚至连宗教宣传册都没有带，在安息日也未能穿着得体；有 3 艘船的全体船员酩酊大醉，船长也彻夜未归”。在这种情况下，安息日成为航海中每周日程安排的关键内容。即使在驶离港口之前，安息日也是维护社会等级制度的有效工具。1853 年 4 月，“亚洲”号（*Asia*）在离开利物浦前往澳大利亚之前，在甲板上举行了一次安息日仪式，全体乘客向受人尊敬的詹姆斯·巴克牧师表达谢意。巴克后来写道：“我再次登上布道坛，告诉乘客表达感激之情最有效的方
113 式是在漫长的航程中遵守船上的规则，彼此互相尊重、互谅互让。”在海上每周都举行的安息日仪式，提醒每个人他们在船上权力金字塔中所处的位置。《威利和帕特南移民指南》敦促道：“千万不要缺席神圣仪式，它不仅具有合理性，而且是对牧师和船长表达敬意的一个标志。”[17]

宗教也被视为整治无政府状态和混乱秩序的有效手段。19 世纪三四十年代，英国海军外科医生科林·阿罗特·勃朗宁（Colin Arrott Browning）数次运送犯人前往澳大利亚，他在航行中担任外科医生，并相信基督教是改革任何制度的核心。“如果想要看到一个道德纪律体系在我们的监狱、宗教裁判所和囚犯船中有效运行，就必须通过基督教教义对犯人进行有效教导”，他在 1847 年写道。任何“不按《圣经》提到的、用上帝提供和规定的手段来改造犯人的做法，不仅愚蠢无知，更实乃不忠”。就像在移民船上一样，运送犯人的船只在起航之前经常会有牧师或宗教人士前来。1849 年的棕枝主日（Palm

Sunday)，天主教牧师伯纳德·柯比参观停泊在金斯顿港的运送女犯人的“玛利亚”号。柯比和女囚一起祈祷，并分发给她们几根棕榈枝，然后“嘱咐她们在航行中要和平相处，遵守秩序——对船上的官员要温和有礼，谦卑恭敬”。虽然外科医生在航行途中负责犯人的教育工作，但政府有时也会聘请传教士来协助他们。1848 年 9 月，都柏林政府任命一位名叫罗伯特·唐宁的天主教牧师陪同 300 名男囚登上“佩斯汤基·伯曼基”号前往范迪门之地。都柏林政府提交给内政部的文书写道，“没有基督教的指引，任何道德和教化的纪律都无法有效实施”，这与布朗宁的看法如出一辙。都柏林政府聘请唐宁来“及时关注犯人，引导他们在航行中执行指令，直到航船抵达殖民地”。[18]

鉴于这些船上移民和官员的比率失衡，秩序的维持通常也依赖 114
一些表现出领导力的乘客。1847 年春天，爱尔兰移民约翰·伯克乘坐“对称”号（*Symmetry*）前往纽约，在启程不到一周后，就遇到一场风暴。风暴长达两天，航船被吹回“科克海岸附近”。伯克后来回忆，风暴停止后，船长召集“所有他信赖的乘客想办法维持秩序、保持卫生和节约食物，并为长途航行做好准备”。伯克同意出一份力。“我担任甲板间的负责人，这是最难、最累的活”，他写道，“我认为必须强制要求人们遵守秩序和保持清洁，否则我们会因为缺少食物和一系列诱因而随时感染斑疹伤寒和（其他）疾病”。对其他人来说，包括在卡罗琳·奇泽姆家庭殖民互助基金会资助下前往澳大利亚的成年男性，积极的父权式参与是他们接受慈善援助不可或缺的一部分。有这样一份决议提议道：“作为基督徒和一家之主，我们起誓对所有孤儿和没有朋友陪伴的女性行使作为父亲的监护权，以保证在前往澳大利亚的航程中维持一个良好的家庭秩序。”自然有些人愿意承担权威的角色。不过有些人似乎太过享受了。1852 年，移民船“比贾波尔”号（*Beejapore*）从利物浦驶往悉尼，船上搭载的乘客包括一位名叫约翰·里德·迈尔斯（John Reid Miles）的教师，“他忙里忙外，非常积极地照顾乘客和执行航程的总体安排”。另一个移民承认，迈尔斯“发挥了很大作用”，但他“过于关注细枝末节的琐事，总是带着身体不适的犯人出现在外科医生面前”。[19]

一些移民未被严格要求参与维持航行的纪律和秩序，但其他一些人会在船上担任正式角色。1847 年春，利默里克的地主斯蒂芬·德维尔（Stephen de Vere）登船前往魁北克，他住在臭名昭著的统舱
115 里，认为缺乏乘客参与是导致海上监管不力的原因之一。他告诉殖民地土地和移民委员会：“我真诚地建议每艘客船将乘客划分为已婚夫妇、单身男性和单身女性，并任命他们中的一些人来实施内部监管。”通过让每位移民承担特定责任，当权者在统舱建立起等级制度，它是整艘航船等级结构的缩影。在驶向澳大利亚的囚犯船和移民船上，这些正式职位司空见惯。表现好的犯人被分配去做一些轻松的工作，比如炊事班长、医护人员、厨师或理发师，这样可以免去一些比较辛苦的工作，比如用甲板磨石和沙石擦洗监狱地板、床铺和桌子以保持清洁干燥。1852 年 7 月，外科医生托马斯·威尔莫特（Thomas Willmott）确保他管理的移民在前往悉尼前已接受检查、安排好食宿后，任命几名乘客担任要职，包括 1 名女看守、1 名教师、6 名警察、1 名厨师助手和 1 名“医护人员”。1854 年，在开往阿德莱德的“佩斯汤基·伯曼基”号上，1 位移民记录了支付给这些“工作人员”的报酬。那些职责较轻的警员，如警役及其助理，每人得到 2 英镑；而负责疏通和定期用漂白粉清理马桶的洁厕人员，每人得到 5 英镑。教师、女总管和面包师不仅被免去船费，还各自额外得到 10 英镑、5 英镑和 3 英镑。[20]

虽然船长及其属员和船医负责逮捕和惩罚那些在航行途中作奸

犯科之人，但船长的自由裁量权有时也可以授权给乘客来履行这些职责。在为爱尔兰移民撰写的指南中，约翰·奥汉隆鼓励乘客想象他们在一个多人的密闭环境中可能会扮演什么角色。奥汉隆说：“人数一多，往往会干扰和谐与秩序，为此每个乘客都应将自己视为和平与友谊的守护者。”虽然甲板上的公道通常是经过谈判、激烈的言辞，甚至是拳脚相向当场实现的，但有时它也会变得非常复杂，甚至会模仿陆地上的司法体系。1852 年，移民塞缪尔·皮洛（Samuel Pillow）从贝尔法斯特出发经由利物浦抵达墨尔本，他描述了航行途中发生的一个案例。一位名叫库珀的乘客被指控殴打妻子，“牛顿 116
先生（船上的一名乘客）是一名出庭律师，他被任命为法官，还组建了一个陪审团，并对目击证人进行审查”。库珀被判有罪并“被带到船的背风侧，12 桶水从他的头部浇下来，这项判决得以立即执行”。当天晚上，库珀在甲板上遇到一位名叫贝克的主要指控者，两人扭打在一起，打斗迅速升级。贝克跑回自己的房间，拿起一把枪。“船长这时现身并下令将贝克用镣铐铐在船尾的甲板上”，皮洛写道，“直到第二天才获释”。船长总是拥有最终裁决权，并保留惩罚犯错乘客的权利。[21]

考虑到维多利亚时代社会对女性性行为的恐惧，男女分隔成为维持航船秩序与安全的关键。实际上美英的《乘客法案》均有明文规定，用英国的法律术语来说就是，未婚男性须通过“一个坚固而安全的隔板”同其他乘客相隔离。然而提交到 1854 年移民船特别委员会的证据表明，这些法律在大西洋航行中并未被严格执行。19 世纪 30 年代中期以来，乔治·道格拉斯（George Douglas）博士一直在格罗斯岛担任外科医生。他指出，“从爱尔兰港口驶来的船只没有强制实行性别隔离”。德莱尼·芬奇（Delaney Finch）最近从利物浦前往魁北克，她认为移民船上“礼仪”的缺失导致年轻女性独自旅行常常“未婚先孕”。美国一个特别委员会指出，单身女性很容易受到“放荡不羁者的挑逗”。难怪艾伦·桑顿去费城的车票背面有这几行字，告诫她“不要和水手说话，晚上待在自己的铺位上，乘船到这个国家来的年轻女孩总是习惯和水手聊天”。在前往澳大利亚的移民船上，这类规定执行得更加严格，女看守需要协助维持纪律和卫生，“年轻女性更应该遵守礼节”。囚犯船上的外科医生“竭尽所能阻止（女囚）卖淫”。实际上，这种围绕女性性行为的恐惧可能会剥
117 夺其前往澳大利亚的机会，除非她们有男伴陪同。1846 年 11 月，凯瑟琳·霍夫（Catherine Hough）本有可能移民澳大利亚，但殖民地土地和移民委员会发现她兄弟已移居美国，无人能在航行途中为其提供必要保护，因而驳回她免费前往南澳大利亚的申请。[22]

两性分隔也为试图挑战统领海上父权制生活的乘客和船员提供了一个战场。英国特别委员会的斯科贝尔（Scobell）船长惊恐地得知一些船上装有百叶窗式隔板，“方便未婚男子偷窥已婚妇女穿脱衣服，或者其他更过分的事情”。虽然在前往澳大利亚的船上管治更为严格，要求船员在任何情况下都不得与女性发生性关系，但他们还是想尽办法违抗这一制度。1849 年 10 月，“托马斯·阿巴斯诺特”号搭载近 200 名女佣起航前往悉尼。没过多久，船上的外科医生查尔斯·斯特拉特下令拆除前格架的一些木板，以便通风。然而几个月后，他又重新安装木制装置，“以防止一些女孩在甲板上与水手过多交谈”。斯特拉特指出，新的限制措施引起“阵阵骚动和一些哭声，尽管如此，我们还是这样做了，并告诫（这些女性）晚上该安静地躺在床上，以免出现更糟糕的情况”。官员有时不愿意责备水手，因为害怕削弱水手的士气。1849 年 3 月，一名木匠登上“迪格比”号（*Digby*）——这艘船搭载爱尔兰年轻的单身女性前往澳大利亚，他因“把比迪·默里（Biddy Murray）的衣服脱光”而被抓，船

医担心若对这种不端行为没有惩罚的话，会造成更多的麻烦。水手有时也会出其不意地进行“反击”。1848年底，当“威廉·姆尼”号（*William Money*）驶往阿德莱德时，船医执意让水手远离单身女性，这让他们十分恼火。在离开普利茅斯一周后的一个晚上，“一个水手打扮成女人，另一个水手抓住他的胳膊，在船尾走来走去”，一位目击者写道。当外科医生在甲板上质问这对夫妇时，水手“转过身来嘲笑他，然后所有人都拍手哄笑”。[23]

横渡大西洋的航船监管不力的部分原因出在登船港口。作为生 118
意人，船长的任务是节省确保乘客安全和舒适所需的食物、水和装修费用，将船主或租船人的管理费用降至最低。与此同时，他们还承担着增加收入的压力，因为他们的航船载客量已满（有时甚至超载），这一数字在1845—1855年间发生变化，但航船通常是每5吨可承载2名（美国）或3名（英国）乘客。虽然殖民地土地和移民委员会意识到需要对载客量进行监管，但当时自由放任政策统治着帝国经济，这种环境下的监管力度着实有限。严格的规定往往会招来蔑视。1851年，政府聘请前海军指挥官查尔斯·佩蒂（Charles G. E. Patey）来提高利物浦移民管理的标准，此举“引发热议”，科普家族邮轮公司的一位名叫丹尼尔·莫洛尼（Daniel Molony）的船长写道。此人是“一个专横苛刻的人”，莫洛尼抱怨说，“他走遍利物浦，对船只、船上的厨房、乘客的木桶和水箱指指点点”。英国法律对美国船只的司法管辖权（反之亦然）是有效监管的另一个障碍。1851年1月，托马斯·默多克承认殖民地土地和移民委员会“无力”起诉“外国人在公海打着外国国旗”虐待移民的行为。同年晚些时候，纽约海关收税员告诉英国领事馆，除乘客过度拥挤的情况外，他“不能保证执行英国法律”。考虑到这些困难，爱尔兰地主斯蒂芬·德维尔认为，任何载有50名以上乘客的船都应由政府配备1名外科医生，其“在航行期间拥有政府移民代理机构的授权，有权在海上现场调查所有投诉”。[24]

利默里克的一名目击者揭露出那些负责检查离港船只的人员所面临的困境。理查德·林奇（Richard Lynch）是政府派驻在利默里克的唯一一位移民官员。1849 年 2 月 6 日，他收到一封来自殖民地土地和移民委员会的信，信中声称，1848 年从利默里克出发的 16 艘船，在抵达魁北克时发现载有大批偷渡者。林奇辩护称：“我根本不可能阻止这样的事情发生，毕竟即使船只离开利默里克码头，仍
119 有那么多设施可供急于登船之人偷偷溜上经过这条河的船。”这一问题部分源于当地的地理环境。利默里克港“离海 60 英里，香农河两岸均有交通设施，几乎是全覆盖”，这使得抓捕偷渡者更加困难。离开利默里克的船只也经常在香农河口因逆风而难以航行，往往耽搁一周或更长时间。林奇表示，“在这里，船只一直与海岸保持联系”，因此人们有机会偷偷登船。许多潜在的偷渡者也深受鼓舞。林奇写道：“有人在利默里克港口集合时被赶下船，他们随后从陆上尾随，在大约 50 英里远的塔伯特或斯卡特里又登上船，在夜间藏身船上。”在驶入公海之前，船长和船员必须阻止逃票行为的发生，并在出发前对船上每个人进行最后一次严格点名。林奇提及在之前的一封信中，殖民地土地和移民委员会要求他一直留在利默里克港，他认为，如果不增加工作人员“陪同船只航行，并在出发前召集乘客”，他拒绝“为自己无法控制的事情负责”。[25]

19 世纪，船长及其属员在船上拥有近乎独裁的权力，这意味着那些虐待乘客的船员常常免于惩罚。1850 年 12 月，爱尔兰地主维尔·福斯特（Vere Foster）从利物浦乘坐“华盛顿”号（*Washington*）前往纽约。第一天船员提供饮用水时“骂骂咧咧，对乘客和他们的水桶拳打脚踢”。当福斯特温和地抗议这种行为“非常不得体，非男

子汉所为”时，这名男子发誓，“如果我再多说一个字，他就把我打倒在地”。出海第三天，当福斯特抗议缺乏足够的食物时，那名男子言出必行，一拳打到福斯特的脸上。福斯特后来回忆道：“我知道船上的纪律有多么严苛，因此我没有再多说一个字。”他向船长抱怨这件事，船长却指责“我是一个该死的海盗，一个该死的流氓，要给我戴上镣铐，在剩余的航行途中只给我面包和水”。航程结束后，福 120
斯特向政府报告，但殖民地土地和移民委员会的斯蒂芬·沃尔科特坦承合法追索权难以实现，“因为案件取证十分困难，以及英国法院对外国船上船员的海上行为是否有管辖权存疑”。即使是在监管更为严格的澳大利亚航线上，船员也同样可以逃脱法律的制裁。在一个著名的案例中，“拉米伊”号（*Ramillies*）上的外科医生鞭打 4 名年轻女性，理由是她们言语恶劣，还偷盗另一位移民的饼干和黄油。不久之后，阿德莱德的《南澳大利亚纪事报》发表社论称：“男人抓住一个半裸的女孩，鞭打她直到血肉模糊。我们很少会想到这种令人反胃的画面，只从书中看到在俄罗斯地牢里会发生如此恐怖的事情，但我们几乎不会相信它是真实存在的。”然而考虑到时间久远，该名外科医生可能已经离开殖民地，且取证困难，殖民地土地和移民委员会不得不承认“进一步调查也不会有任何实质性结果”。[26]

如果船长和他的属员有时破坏他们发誓要维持的秩序和纪律，那么他们手下的海员也会惹出很多麻烦。例如，科普家族和船长之间的来往信件表明，水手有时会夸大自己的能力。1848 年 6 月，船长西奥多·朱利叶斯（Theodore Julius）准备启程前往利物浦，他解雇了船上的一名厨子，理由是“他一无是处，甚至不会给水手做饭”。一年后，这位船长在离开特拉华角（Capes of Delaware）前解雇了另一名水手。朱利叶斯写道，这名水手“也承认自己完全不适合待在船上，他刚出院，还未痊愈，天生是个跛子，说自己喝醉了，根本不知道自己上了船”。在当时，水手和堕落经常联系在一起，特别是在福音派基督徒看来。1847 年 11 月，伦敦的《水手杂志》（*Sailors' Magazine*）警告说：“航船是滋生不道德和不敬行为的可怕温床。”“这是一个恶性循环，恶行迅速蔓延到船上的每个角落。”船员来自不同民族，这也在工人阶级和他们的白人官员之间划出一条明显的分界线。查尔斯·摩尔乘坐“宪法”号（*Constitution*）前往澳大利亚，他说，“水手中有英国人、法国人、荷兰人、希腊人以及美国佬”。其他前往澳大利亚的移民注意到有色人种的海员，包括印度
121 水手。从当权者的角度来看，违规行为使船员和乘客狼狈为奸，这一点让人深感不安。1846 年夏天，“尼亚加拉”号（*Niagara*）从利物浦开往纽约，船长发现一名乘务员一直从官员的桌子上偷取食物并把它们分给一些移民，他立即把这名乘务员用镣铐锁起来。一位木匠的饭菜也因此遭受损失，他抱怨说：“这位乘务员不仅偷窃船上的补给品，还一再对船上的官员无礼，他的种种行为非常卑鄙，比如玩忽职守和愚弄统舱乘客。”[27]

移民经常会联合起来挑战船上的权威。当遭到暴乱威胁时，官员会采取暴力手段予以镇压。1846 年，一名水手在前往纽约的途中写道：“爱尔兰乘客很吵闹，一些人开始谈论要夺取这艘船。尽管船上有官员和船员，但他们还是认为自己能够成功。”作为回应，船长、军官和房舱的一位乘客拿出手枪并当着移民的面把枪上膛。乘客“也有很多工具，可以从船尾拿出橡木棍，这样人们随时都可以放下手头的事情去参加战斗”。通常情况下，警察会采取不那么强制性的行动。1852 年，“艾琳”号（*Irene*）上的几名单身男性拒绝轮流清洁抽水马桶，外科医生“把他们送到艉楼，让他们彼此分开，不允许他们交流”。第二天，3 个人都服软，“心情愉快地”回去工作。在反对独裁的团结时刻，乘客之间的等级差别往往保持不变。在其

他乘客得不到食物时，一名出身特权阶层的富有地主维尔·福斯特代表他们反映这个问题。福斯特在信中写道："我们是'华盛顿'号已注册登记的乘客，支付旅费并购买了保险，我们满怀信心地期待可以得到合同上承诺的补给。"乘客要求知道什么时候能够拿到这些
东西。福斯特后来写道，当船长收到这封信时，他"恶毒地辱骂我， 122
并把我推倒在地"。但第二天，乘客都得到了他们的补给。[28]

虽然女性被视为"弱势性别"，但她们可以在海上利用这种性别歧视"谋求方便"。正如米歇尔·福柯所描述的那样，维多利亚时期上层社会对女性性行为的关注揭示出一种体现在"性科学"中的新的"权力技术"，它将阶级和性别支配的结构规范化与合法化。作为威胁文明社会的混乱无序状态的象征，"歇斯底里"的妇女被视为一种特定的危险。可以肯定的是，许多外科医生会使用暴力胁迫她们就范。1849 年 1 月，澳大利亚移民船"恒远"号（*Steadfast*）的外科医生约翰·亨利·里德（John Henry Read）遇到一名 18 岁的女孩，她"性格古怪，行为乖张"。亨利认为有必要"管治她，剃光她的头发，抽打她的颈背，让她服用催吐剂"。6 周后，"她又开始精神恍惚，撕扯下自己的衣服扔到海里"，里德在日记中写道，"她又被绑在床上"。虽然一些被认定为"歇斯底里"的女性很可能患有未经确诊的精神疾病，但其他人也有可能利用医生对女性狂躁症的恐惧来获得特殊治疗。出于对不当性行为的担忧（包括女性和海员以及女性之间的性行为），女囚很少被允许在夜间离开统舱监狱，尽管那里空气湿热，让人不适。不过，1850 年，当"康沃尔公爵"号从都柏林出发前往霍巴特时，船上"大量"女性被赋予了特权。囚犯简·伍兹（Jane Woods）后来在审讯中说："这种特殊对待是因为一旦天气变热，她们就容易发作癫痫病。"然而在抵达澳大利亚前的最后几周，伍兹又回到统舱睡觉。她解释道："天气变冷，大多数女性感觉好多了。"[29]

贝格斯在信中比较了她在船上和在爱尔兰工厂工作时的纪律，表明一些爱尔兰移民（特别是富人和穷人）之前就有等级式组织结构和控制的体验，而这种体验也支配着维多利亚早期的很多生
123 活，特别是在城市和海上。尽管如此，需要明确的是，对于许多爱尔兰农民来说，航船严格的日程安排是他们第一次接触到 E. P. 汤普森（E. P. Thompson）在 1967 年发表的开创性文章《时间、工作纪律与工业资本主义》中分析的内容。从划分工作班次的钟声，到安排每周集合、用餐和弥撒的时间，每艘船的组织结构为那些从田地转到工厂的人提供入门指南。这种制度的基础是一种父权制等级制度，即少数地位显赫、受过教育的白人男性，几乎完全控制着数百名乘客和船员。对无政府状态和混乱状况的恐惧一直存在，威胁着白人男性统治的社会秩序，促使他们利用宗教和暴力来维持自己的地位。与此同时，处于社会底层的农民和工人也并非一直和平地生活。他们中有些人的确在维持海上纪律方面发挥了重要作用，但许多人怀有一种植根于集体行动的公平意识，这与当权者所持的观念不一致。这些移民在自己国家不存在的新型关系中团结一致，辅以或明或暗的反抗，协助构建海上权力和共同体运行的方式。这些新型的人际网络和公共纽带也有助于增强爱尔兰移民抵御海上生活的危险和困难所需要的韧性。[30]

“寻求友人的帮助”：
人际关系中的韧性

1847年3月，从贝尔法斯特驶往纽约的航行刚开始几天，一位彬彬有礼、名叫詹姆斯·邓肯（James Duncan）的长老会教徒，就因在统舱遇到的无序乱象而倍感困扰。“在下面……每时每刻都有人在你身边骂人或做下流的事”，他在日记里抱怨道，“在船上，50户人的管理工作都在一间房里完成也是再正常不过的事”。一周后，他们的船仍然“在海峡中颠簸”，邓肯对邻居的评价变得不那么友好。 124
“总的来说情况越来越好，但我们却并没有感到舒适”，他写道，“有一群十分下流的人在对面的铺位上，他们像猪一样生活，像畜生一样说话，躺在一起，毫无性别之分”。然而在4月的第2个星期，一场暴风雨来袭，共同的危机感让出言不逊的乘客聚在一起。蜷缩在甲板下的乘客召唤“所有善良的人和最亲爱的朋友点上灯”，“孩子求助父母，妻子求助丈夫”。恶劣天气来袭的第3天，风向的迅速变化让一个没有经验的舵手措手不及，这引发移民的集体行动。邓肯解释说：“巨大的船帆像雷电一样拍打着船身，船身左右摇晃，就像一个小男孩被人重击头部时的样子。”乘客齐心协力把船帆收起来，所幸没有造成太大损坏，并且船只也改变了航向。在海上生存通常需要极大的毅力、勇气和力量。他们的书信和日记表明，爱尔兰移民通过建立新的人际关系以保持这种韧性。[31]

若要从海上潜在的一系列疾病和伤害中生存下来，往往需要依靠别人的帮助。移民在海上重建陆地上的互惠关系，通过相互帮助来渡过难关。1854 年，“佩斯汤基 · 伯曼基”号从普利茅斯出发驶向阿德莱德。航行 1 个月后，一名年轻的女乘客感到胸痛并伴有剧烈痉挛。外科医生在病人的卧榻上给她拔火罐，让她出水泡，但他不能整夜守在旁边。这位女病人的一个移民同伴写道：“看守和包括我在内的其他几个人，一直在她身边提供帮助。”第二天，这名女子清醒过来但疼痛难忍，人们将她送到医院，另外两位女性同意“今晚轮流陪护她”。男囚船虽然纪律严明，但有些人愿意打破规则来帮助有需要的人。1848 年，“班加罗尔”号从都柏林开往霍巴特，船上的犯人中有一位名叫马丁 · 贝恩斯（Martyn Baynes）的 22 岁男子，他掩盖自己的水肿，以便和父兄同乘一艘船。当贝恩斯的呼吸变得非常吃力，需要有人一直照顾时，他的家人在其身旁体贴照料。外科
125 医生很快就发现这些人甚至“偷茶、糖和其他东西”来慰藉贝恩斯。在家人的照料下，贝恩斯的病情逐渐好转，他向上级坦承“我不能没有他们的照护，因此我有义务假装对其罪行毫不知情”。移民同伴也常常试图在迫在眉睫的危险中拯救彼此，结果往往喜忧参半。1852 年，“尼泊尔”号在前往维多利亚的途中，一个超过 10 磅重的木炭炉从钩子上滑落下来，摔在地板上，差点砸到一个睡在下面的男人的脑袋。当其他乘客在千钧一发之际叫醒他时，这名男子喊道：“危险已经过去了，叫醒我又有什么用呢？”[32]

在危急时刻，许多人从家乡共有的宗教习俗中寻找慰藉。1847 年夏天，天主教牧师约翰 · 穆拉尼（John Mullawny）安全抵达新布伦瑞克的圣约翰后，写信给家人。他在信中描述了离开爱尔兰不久后遭遇的一场风暴。有一天晚上，“我穿上我的长袍和白法衣，拜访我所有的朋友和邻居，和他们做最后的告别”，穆拉尼回忆道，“我躺在床上，把自己完完全全交给上帝，谢天谢地，我们最后安全抵

岸”。穆拉尼拜访他在海上的邻居时，采用的是他在家乡遇到类似情况时也会使用的社交方式。创伤可以拉近亲友间的距离。虽然虔诚的新教徒知道自己与天主教徒的不同之处，但在变幻莫测的风暴中他们也会使用宗教。1845 年，乔纳森·史密斯在一场暴风雨中度过一个周末，他告诉远在安特里姆郡巴利马尼的父母：“有人在唱歌，有人在跳舞，有人在祈祷。”史密斯和他的朋友，“诵读《圣经》，唱 107 篇赞美诗……我从不烦恼痛苦，上帝救我于苦难之中，保佑我身体健康”。然而，当天气只是恶劣而没有暴风雨来袭时，却可能会对先前安排的宗教仪式造成严重破坏。1849 年，“里恩策”号从贝尔法斯特开往纽约，一位牧师回想起二等舱的新教乘客参加夜间礼拜仪式时，他抱怨恶劣天气对他们罕见的礼拜活动造成影响。他写道：“船身颠簸得厉害，这让领祷人十分恼火，因为在这种情况下他们很难保持头脑清醒和内心平静。”[33]

当乘客无偿为拯救一艘濒危航船而贡献力量时，他们在保护自 126
己的同时也展示出海上生活可能威胁到权力金字塔的运行方式。1847 年，一位从爱尔兰前往美国的移民说：“这是一个非常艰难的夜晚，没有乘客的帮助，船员就无法调整航向。”他们的生命处于危险之中，船上的每个人都必须互相帮助。1848 年，托马斯·赖利曾报道“大多数男性乘客整夜都在水泵旁轮班抽水”，以免船只在暴风雨中沉没。在相对安全的时候，乘客可以把这项工作当作一种休闲。1854 年 3 月，伦敦的船东 W. 菲利普斯（W. Philipps）向特别委员会说明“移民有时会帮助调整航向”。一天下午，菲利普斯乘坐公司的一艘航船沿着英国海岸线行驶时，他看到亚德伯勒勋爵（Lord Yardborough）乘坐游艇，于是向他发起比赛挑战。两艘船向前冲时，亚德伯勒勋爵的轻型游艇要比菲利普斯乘坐的 570 吨重的大型船只的速度更快。“我们知道这样下去肯定不行，于是我征募一些移民。20 个被分配到主航向，另外 10 个在前方，剩下 30 个或 40 个负责‘拉拽’。”那些移民“非常高兴”，菲利普斯回忆道，很快“我们和亚德伯勒勋爵的船一样快了”。这些团队合作的时刻也消除了船上的等级制度——如果只是暂时的话。当被问及他是否认为这些移民在帮助驾驶这艘船后还会对其感兴趣时，菲利普斯表示，这艘船对他们来说是“一种娱乐和锻炼”。不过，他很快补充说，如果一直有这么多工人的话，那么只会造成混乱。菲利普斯总结道：“正常情况下，你只需要人们提供体力劳动来维持一艘船的正常运行。假设我们在载重 100 吨的船上有 4 个人，你不能把他们都派去收桅帆，因为他们会彼此妨碍。”[34]

爱尔兰大饥荒时期的许多移民利用自己的能力，以其他方式建立起基于工作和雇佣的新关系。对于那些穷困潦倒、只有 1—2 先令生活费的人来说，在船上即使是做一份报酬不高的工作，也可以帮助他们支付整个航行期间的费用。一名商人想把一些家畜送往海外，他向科普家族邮轮公司的船长询问可行性时，船长表示十分支
127 持。1852 年 8 月，船长解释说：“我们已经和特利（Turley）船长谈过把你的羊带过来的事，他肯定能在乘客中找到一个能干的人来照管这些羊。”移民有时可以通过在船上做工来获得免费的给养。“我很幸运，船长发现我是一名木匠，然后让我干活”，克里斯托弗·凯利（Christopher Kelly）告诉自己的兄弟约翰关于他在 1846 年从利物浦出发前往波士顿时的情况，“从那时起，我只有干活才有报酬”。另一些人则担心受到现金合同的约束，坚持要求以实物支付。1853 年，安德鲁·科林（Andrew Collin）乘船从波塔当（Portadown）出发经由利物浦前往新奥尔良。途中遇到一场暴风雨，公用的炉灶坏了，他和其他乘客靠面包和水生活了好几天。厨师和服务员的任务是为船上的人们做饭，他们主动提出雇用科林帮忙。科林后来告诉

他的父母：“我不希望被束缚，所以我提供服务的条件是为我们免费烹饪食物，他们同意了。”他付出的劳动，对自己和随行人员都有好处。科林回忆道：“这种平衡让我们度过了一段惬意舒适的时光，我们免费享用丰盛的食物，大家玩得很开心。”最后，如第一章所见，流放犯人的配偶有时在航行途中工作，以获得前往澳大利亚的费用。在 1851 年调查委员会的证词中，布瑞安·康伦叙述他一年前在一艘从都柏林开往霍巴特的女囚船上就是这么做的。“我负责饲养家禽和家畜”，他说道，“还和水手一起吃喝玩乐”。[35]

个人善举也是把人们团结在一起的一种方式。“统舱乘客中往往有人极度贫困”，一份移民指导手册提醒道，“当你们希望在新大陆获得成功，希望有好心人在那里迎接你们，希望看到上帝的微笑时，请不要忘记满足任何一个可怜乘客的需求”。如果可能，鼓励那些需要帮助的人，与他们可依赖的人一起航行。1850 年 8 月，科普家族劝阻约翰·彼得斯（John Peters）希望他患有残疾的朋友独自前往费城的想法。像他朋友这种情况，“除非有人陪伴在侧照料他，否则在船上一定会感到不适”，他们解释说，“因为船上没有人可以给予他所需要 128
的照顾”。次年，科普家族轮船公司的经理帮助一位名叫伊莱扎·多诺霍夫（Eliza Donohough）的旅行者，她目不识丁，在前往威尔克斯-巴尔（Wilkes-Barre）的途中抵达费城。“如果她能安全抵达，一定是有热心人帮助她”，亨利·科普沉思道，“因为她似乎对旅行一无所知”。在船上，自发的善举把先前素不相识的移民团结起来。1850 年，当“华盛顿”号船长决定 4 天不发放食物津贴时，最贫穷的乘客日子过得最艰难，维尔·福斯特写道，“因为他们没有谋生之道，只能依靠那些给予额外补给品之人的施舍”。这样的善举通常与食物有关，可以作为一种社会黏合剂。1849 年 7 月，一位名叫约瑟夫·沃尔波尔（Joseph Walpole）的传教士登上运送犯人的“芒特斯图尔特·埃尔芬斯通”号（*Mountstewart Elphinstone*），同时船上还搭载两名 1848 年爱尔兰革命流亡者。传教士的妻子坚持要他带上雪利酒和橘子酱，他为此感到欣慰。“当她收集这些东西时，我并没有太在意，但我确实感到它们带来的益处”，沃尔波尔承认道，“例如，我把几罐（橘子酱）送给了士兵的妻儿和一个住院的病人”。[36]

当移民受到官员和船员的威胁时，他们经常借助人际关系来保护自己。在这些船上工作的部分人士认为，女囚和女性乘客容易成为性侵的目标，这是不可否认的事实。1847 年，一位名叫威廉·麦克里（William H. McCleery）的经验丰富的船长写信给朋友，在信中描述自己最近一次作为乘客在从贝尔法斯特前往魁北克途中的所作所为。“船上有很多漂亮女孩，也许我在她们中间找不到什么乐趣”，麦克里炫耀说，“但我常常在混乱中叫醒她们，扒下她们的衣服，然后拿着衣服跑掉”。在维多利亚时代关注女性气概的背景下，年轻的单身女性在海上被视为脆弱的外来者。解决该问题的方法是在单身女性和已婚乘客之间建立假想的亲属关系，将女孩和年轻女性置于父亲或母亲的保护之下。1846 年 10 月，殖民地土地和移民委员会允许玛丽·艾伦（Mary Allen）和爱丽丝·贝利（Alice Bailey）买票登
129 上前往澳大利亚的“皇家公主”号（*Princess Royal*）。这艘船负责运送接受资助的移民，但玛丽和爱丽丝却被允许登船，因为她们还有其他家庭成员在船上，殖民地土地和移民委员会“不希望父母和孩子分离”。作为回报，殖民地土地和移民委员会希望年长的家庭成员能够“保护和劝告与她们睡在同一个舱室的单身女性”。如果有女看守的陪同，单身女性也可以独自乘船航行。1846 年 11 月，殖民地土地和移民委员会邀请他们在爱尔兰的一名船票经纪人塞缪尔·埃利斯（Samuel Ellis）评估两名青少年是否适合免费乘船前往南澳大利亚。埃利斯知道殖民地土地和移民委员会不愿让无人陪伴的年轻女

性在没有已婚亲属保护的情况下登船，沃尔科特告诉埃利斯，“但董事会准备为他们 12 月的航行任命一位女看守，计划接纳比往常数量更多的单身女性”。[37]

维尔·福斯特在 1850 年前往纽约的航行经历表明，乘客往往具有人数优势。那些独自以粗暴混乱的方式抵抗虐待的人面临更大困难，也不太可能获得社会上层的支持。“今晚有位女乘客用卑鄙的把戏在楼梯顶部的甲板上摆弄一个让人讨厌的东西”，某天晚上福斯特在日记中写道，“这名女乘客被抓个现行，她（非常合理地）被要求用双手拿起那个东西，将其扔到海里”。集体行动使移民拥有更大潜力，但他们有时在如何引导这种力量上存在分歧。例如，在“华盛顿”号上，一位名叫威廉姆斯的客舱乘客建议大家为船上有不良行为的外科医生筹集一笔现金，“以鼓励他在余下的航程中举止得体”。而威廉姆斯的大部分同伴对此嗤之以鼻。事实上，一些人建议，“如果他们认为（外科医生）要被绞死的话，不介意每人捐 1 先令买一根绳子”。最终，当跨国大众媒介以前所未有的速度扩张时，福斯特和他的同伴也用文字表达了集体不满的情绪，解决途径是向后继者提供建议和支持。“这不仅是一个警告，同时也是为了未来移民的利益，我们证实在这艘高贵的‘华盛顿’号上，乘客和指挥官 A. 佩奇（A. Page）都受到他的属员的野蛮对待”，报纸上写道，“我们真正拿 130
到手的给养数量，不到议会法案和我们签署的票务合同中规定数量的一半”。[38]

像维尔·福斯特这样有钱有势的人可能会把大众媒介作为反抗虐待的武器，但收入不高的普通移民也经常会诉诸同样的方式。团结是成功的关键。然而，正如斯蒂芬·德维尔在 1847 年所写的那样，很少有爱尔兰移民会正式提出抗议，因为他们认为自己“愚蠢无知、没有朋友、身无分文、心灰意冷，并急于前往目的地”。1851

年夏天，艾伦·朗特里（Ellen Rountree）抵达费城后不久，向远在都柏林的兄弟讲述她和其他移民同伴的遭遇。船票经纪人詹姆斯·米利负责在出发前为船只供应食物，但他只提供最便宜的饭菜。艾伦抱怨道："最难吃的是燕麦粥，面粉是由红小麦加工而成，我们唯一能喝的东西就是茶，虽然它的味道也不怎么样。"她认为大洋彼岸的大众媒介是移民的最后一击。艾伦请求她的兄弟，"如果米利出现在都柏林的报纸上，一定要告诉我，因为乘客决心这样做，以防止其他人遇到同样情况"。朗特里认为移民书信是为保护后来者，这表明移民有时认为自己是一个有弹性的跨国共同体的成员。1846 年夏天，当一船饥肠辘辘的乘客到达魁北克时，其中一些人写了一封公开信，并刊登在他们家乡的报纸上。他们乘坐"伊丽莎白·萨拉"号（*Elizabeth and Sara*）从梅奥郡的基拉拉（Killala）直航加拿大。这些人声称，他们的抗议是为了保护其他乘客。他们写道："我们在最近一次横渡大西洋的航行中所遭受的痛苦，以及我们想要拯救其他乘客免受类似对待的愿望，促使我们给您写这封信，希望您能予以刊发。"事实上，他们认为这是"对同胞应尽的责任"。[39]

这些案例表明，乘客在面对航行途中的危险、虐待和孤独时表现出的韧性，在一定程度上取决于他们与其他有共同经历的人发展
131 和维持人际关系的能力。不论是帮忙拉绳子，照顾病人，还是反抗恶行，爱尔兰移民发现他们可以建立新的或重建旧的社会关系以应对海上遇到的困难。这提醒他们并非孤军奋战。威利和帕特南在谈到孤独的移民时表示："这是最热切的一次尝试，他告别童年的朋友和家乡，也许是永远告别，他再也看不到那些古老而熟悉的场景。然而在他之前，已经有成千上万的人这样做……在他之后，也将有成千上万的人这样做。"那些在船上得不到支持的人会发现，他们应对思乡等挑战要更加困难。1848 年爱尔兰革命的流亡犯约翰·米

切尔登上将其运往百慕大犯人流放地的轮船后，遇到一位海军军官，“他把我带到船舱，下令取下我的镣铐，让人把雪利酒和水放在我们面前，开始和我聊天”。米切尔不能与外界联系，还面临为期 14 年的流放。当这名军官滔滔不绝地讲述自己在南美和亚洲的经历时，他感到深深的孤独。“毋庸置疑，他认为我是一个非常冷静的人；但只有上帝才知道我的内心”，米切尔写道，“在这段单调苍白的谈话中，我如鲠在喉，思绪从秘鲁和琉球飘向远方”。虽然米切尔作为政治犯的身份不同寻常，但他对共有纽带破裂的悲伤，和普通人一样感同身受。[40]

“情感共同体”：
海上移民的同心同德

从登船起航的那一刻起，移民就参加一系列仪式，这些仪式把他们凝聚在一起，形成一个海洋共同体。1853年，从利物浦前往悉尼的“马可·波罗”号（*Marco Polo*）在出发前三天，许多乘客开始登船安顿下来。那天晚上，一些人回到岸上的寓所，另一些人则睡在船上。一位移民在第二天早上写道：“我以为自己在集市上，有人跳舞、唱歌，还有人整晚都在演奏各种各样的音乐。”这样的庆祝活动仅限于那些有票之人，在乘客和留下来的人之间划出明确界限。几天后，当“马可·波罗”号准备离开码头时，一名政府检查员将乘客聚集在甲板上，检查他们的铺位，并把他们的名字与船上的旅客名单一一核对。这时，一场更加正式、等级分明的仪式开始了。当在第三个船舱里发现一名偷渡者时，他被逮捕并带回岸上。这些行动强化了去留之间的区别。这位移民目击者回忆道，“乐队开始演奏《她走了》(Off She Goes)，船只起航，岸上的人们欢呼着，挥舞着他们的手帕”，而乘客则含泪挥手回礼。船只起航象征着旧世界的人际关系进入一个新阶段，也标志着新的海上人际关系的开始。大多数研究移民的历史学家认为，海上航行仅仅是移民经历中一个短期的中间阶段——他们可以忍受并遗忘这个阶段——但事实上它代表了大流散共同体发展的一个重要时刻。通过创造不仅基于历史和血缘，而且基于共同经历的崭新的、集体的同心同德之空间，海上生活构成19世纪爱尔兰世界的另一条长线。[41]

在离家之前，移民就开始培养在海上可以提供帮助的人际关系。移民手册认可这种联系的重要性。《爱尔兰移民美国指南》鼓励“即将登船的家庭应提供一个公共商店，同时一种归属感可以促使他们团结在一起，减少管理事务的成本”。当北美和澳大利亚的资助者将汇款寄回爱尔兰时，他们有时会鼓励准移民与其他外出的人建立联系。1851年，16岁的安·麦克马伦准备乘船前往费城，她的匿名赞助人在预付船票的背面写下一张便条，建议她密切关注潜在的旅伴。“你必须非常细心，要特别注意你在船上的同伴。如果有人也是来自你家附近，他将成为你的同伴。”那些知道其他移民消息的资助者经常把这些细节连同他们的汇款一起寄送。一张预付船票的背面写着：“帕特里克·金（Patrick King）的兄弟姐妹将拜访你们，他们将与你们同乘一条船。”最后，汇款系统有时可以通过协调资助者和移民之
间的信息来保护年轻人和弱势群体。1846年，当詹姆斯·珀塞尔寄 133
钱给姐妹让她来澳大利亚与他团聚时，也传递出他最近收到的一些信息。詹姆斯解释说：“帕特·珀塞尔写信给我，说要把他的两个孩子接来。如果他们无人陪伴，你要尽可能地照顾好他们。”[42]

在船上遭遇的混乱状况为假想的亲属关系奠定基础，而这种亲属关系是海上共同体的内核。卡罗琳·奇泽姆的家庭殖民互助基金会提醒那些前往澳大利亚的移民注意这种共同体的社会价值。埃内亚斯·麦肯齐的移民指导手册解释说：“每12位成人移民组成一个小组，他们可以在旅途中一起吃饭。这一安排的目的是让亲朋好友在共同移民的过程中能够团结起来，互相帮助，并于登船前在陌生人之间建立一种亲密的社会关系。”那些“没有朋友”、独自旅行的青年男女在出发前会被介绍给家庭团体，“以确保彼此在旅途中都表现良好”。对于那些前往北美的人来说，约翰·奥汉隆认为在乘客中

建立一种不同于船上等级制度的民主组织是件好事。他建议："在清洗舷门和舷窗前，船上两三名有影响力的人应该把旅客召集在一起，说明定期清洁的好处，并就接下来的计划制定一套规则，然后提交给全体人员，以获得普遍同意。还应任命一名或几名精力充沛、积极活跃、有影响力的人士实施本条例或其他被认为可行的条例。"在一封写给纽约一家报纸的信中，匿名作者同意移民"应该在他们中间选出有能力且正直的人，在这些人的指导下，用同样的方式分配空间，为他们提供方便、美味和良好的秩序；再从他们之中选出仲裁者，通过向仲裁者上诉来解决所有分歧"。1849 年，这封信在爱尔兰的报纸再次刊印。[43]

大多数航行必然会伴有思乡之情，移民常常想起他们留在爱尔兰的人际关系。一些人不无悲伤地将失去亲人与离开爱尔兰这片土地混为一谈。1850 年，乔治·里奇（George Ritchie）起程前往纽约。
134 在海上航行的第一天，他伤感地凝视着爱尔兰的海岸。里奇后来写道："这似乎是我最后一次凝视那些山丘，它们是我祖祖辈辈生活的地方，我感到前所未有的孤独。"当里奇在自己的家庭和故乡之间建立联系时，离开家乡的伤感会被转移到失去亲人的痛苦之上。里奇对父母说："深深的叹息声让我漂洋过海抵达那个可爱的地方，在那里，慈爱的父母第一次给我带来童年的快乐时光。"在 1849 年从贝尔法斯特前往纽约的途中，塞缪尔·哈维通过望远镜凝视逐渐远去的爱尔兰海岸线时，在日记中也写下了类似的话。他回忆道："远处是'砾石山'——也是古老的仙人之刺（Fairy-Thorn）。在漆黑的夜色中，多年前我常常怀着惶恐不安的心情路过那里。啊！可敬的老树，你使我想起许多童真愉快的场景。"当天气变得更糟、危险临近时，移民感觉自己和远在爱尔兰的家人之间的脱节加剧。在航程开始一个月后，塞缪尔·哈维和他的旅伴亨宁先生在一个漆黑的风雨之夜照看着一位垂死的老妇人。哈维沉思道：“在那个孤独的时刻，我不禁想到罗克蒙特小屋的犯人要比曾经和他们一样快乐的流浪朋友舒服得多，‘如果’（亨宁先生对我说），‘我们国内的朋友知道我们此刻的处境，我想他们不会羡慕我们’。”[44]

许多移民利用宗教仪式来缓解思乡之情。然而，并非所有宗教仪式都能获得当权者的支持，因为当权者更青睐等级分明、正式的形式。1849 年，将近 200 名爱尔兰单身女性乘坐“托马斯·阿巴斯诺特”号前往澳大利亚——这是“女孤儿”计划的一部分。她们中的许多人，用一种让人联想到爱尔兰乡村丧葬习俗的方式，表达思念家乡的悲伤。船上的外科医生查尔斯·斯特拉特抱怨道，平安夜“用来为他们的命运、过去的爱尔兰、他们的亲友哀悼”，七八个人聚在一起，围成一个小圈，不停地发出凄凉的号叫，但我听不清他们说的话。斯特拉特觉察到表达这种集体悲伤的无序和混乱，于是介入其中。“我驱散一两个这样的俱乐部，墨菲夫人告知号哭者今天没有布丁吃，以此赶走剩余人群”，他在圣诞节的日记中写道，“事 135
实证明这有效缓解了她们的悲伤，她们转而跳舞和唱歌”。考虑到欢笑和哀悼都是传统爱尔兰守灵时不可或缺的一部分，女性转而“跳舞和唱歌”表明斯特拉特的胜利可能有潜在的局限性。在其他船只上，因为新教船长和外科医生不主持罗马天主教的宗教仪式，所以主持这些仪式的乘客找到一个巩固他们在海上临时选民区领导地位的机会。1855 年，民族主义报纸编辑查尔斯·加万·达菲（Charles Gavan Duffy）卖掉自己在都柏林广受欢迎的周刊《民族报》后移民澳大利亚，后来成为澳大利亚的一名政治家。“在海上的第一个星期天，可以说我开始了在澳大利亚的职业生涯”，他后来写道，在得到船长的许可后，达菲为“二等舱和统舱的几百名爱尔兰天主教徒祈祷……一直到航行结束”。[45]

为促进船上的和谐，统舱移民相信他们是在彼此完全平等的条件下航行。一封寄给纽约一家报纸的匿名信认为，那些横渡大西洋的乘客应该团结在一个民主平等的社会中。作者告诫说：“作为他们第一次体验共和统治，这种尝试将具有决定性的利益和价值。”当卡洛琳·奇泽姆租船将贫困家庭运送到澳大利亚时，她通过确保船上没有房舱乘客来促进平等。1853 年，埃内亚斯·麦肯齐解释道：“很多时候个体的舒适感源自乘客间的人人平等。家庭殖民互助基金会的船只没有等级划分，所有人都享有在艉楼（甲板）行走的特权。”麦肯齐补充说，除享受船上的自由外，奇泽姆船上的移民还可以在不被客舱乘客打扰的情况下准备饭菜，而这些客舱乘客通常在时间和资源方面更有优势。爱尔兰政治犯约翰·米切尔是教会和国家的死敌，他很高兴听到两个犯人抱怨他作为一个绅士在“单峰驼”号（*Dromedary*）监狱里受到的特殊待遇。这些人感到愤怒也很正常，“他们甚至在和船上地位最低的警卫说话时也必须要脱帽致敬”，也
136 不敢踏上尾甲板。然而，“看到我戴着帽子在尾甲板上走来走去，那些警卫和官员碰见我时，偶尔会摸一下自己的帽子以示敬意”。这激怒了犯人，米切尔嘲讽道，但“我敬重他们的怒目而视，相信这种愤怒会转化成仇恨，一种对英国该死的‘机构’的聪明且理智的仇恨”。[46]

持重素净的娱乐活动被视为构建欢乐的海上共同体的关键条件之一。在英国政府的密切监视下，前往澳大利亚的船只在每次航行中都会安排娱乐活动。外科医生在登上殖民地土地和移民委员会承租的航船时，会接到正式通知，“要求推广音乐和舞蹈，以及各种结合运动和娱乐的有益方式”。政府认为潜藏在工人阶级生活之中的性行为混乱是可怕的，因此他们强调所有娱乐活动必须严格遵守道德规范。父母被鼓励“为了年轻人而出席这样的场合，以使他们

可以安全地尽情享受娱乐”。1849 年，外科医生 L. S. 坎宁安（L. S. Cunningham）乘坐一艘流放犯人的船只前往范迪门之地，他注意到犯人虽然通常很乐意离开爱尔兰，但他们也容易陷入倦怠期。坎宁安在航行结束时告诉他的上司：“我做了所有能够想到的事情来鼓舞他们的士气。我在船上放了一两件乐器，只要天气允许，我就会让他们（在工作结束后）到甲板上去跳舞唱歌。”当然，喧闹的娱乐活动有时也会引起麻烦。许多乘客在前往澳大利亚的“艾琳”号上跳舞时，其中一名乘客坚持认为他们不应该这样做，因为有一名小孩在统舱里奄奄一息。然而外科医生驳回了这项申诉，理由是“移民缺乏锻炼”。如果得到允许，乘客通常会自己组织娱乐活动。1852 年，一名前往澳大利亚的移民写道：“3 点钟召开会议讨论提高共同体的道德和智力福祉的最佳途径。”几名乘客提出要表演节目，其中一名男子提议做演讲，但拒绝透露演讲的主题，他只是承诺“自己会在晚上准备好”。[47]

在前往加拿大和美国的船只上，监管较为松弛，公共娱乐几乎完全
靠乘客自行组织。酒精常常在补给耗尽之前起到一定作用，特别是在航 137
行初期。1847 年 7 月，当一位叫约瑟夫·卡罗瑟斯（Joseph Carrothers）的移民在等待船只起航时，写信告诉自己远在弗马纳的兄弟有关其他乘客的生活方式。他抱怨道：“我从来没有见过这样的安息日。船长不在船上，到处都充斥着混乱和酒精，毫无纪律可言。”在从贝尔法斯特到纽约的航行中所看到的事情同样困扰着虔诚的长老会教徒詹姆斯·邓肯。1847 年 3 月 17 日，邓肯写道：“今天是帕特里克节，我的朋友在破晓之前起床，按照习俗淹三叶草。”几周后，邓肯遇到一群清醒的乘客，其中一人建议“以公众集会的形式寻点乐子”。邓肯很快就发现自己主持了当晚的娱乐活动，活动“看起来很愚蠢，直到所有乘客都参与进来”。人们唱着各式各样的歌曲，并且“有一个水手讲述了他的冒

险经历，那是他人生中最有价值的事情”。体能锻炼是许多娱乐活动的重要组成部分。塞缪尔·哈维在前往纽约的航行途中欣赏到许多舞蹈，甚至是“大副都无法与之媲美的体操表演”。哈维形容大副普拉特先生是“一个身形娇小、和蔼可亲的家伙和一流的舞者”。在1853年前往纽约的途中，戈尔韦的移民詹姆斯·米切尔谈到乘客在海上自娱自乐的方式。“许多人晚上穿着华丽，在甲板上漫步；有些人在灯光下跳着奇异的舞步，或者聚在一起听一些天才歌手的歌唱；所有人根据自己的不同爱好，竭力消磨在船上的倦怠时光。”[48]

水手代表的工人阶级文化有其特定的仪式，这些仪式超越往常船上的等级制度，象征性地将船员（有时还有乘客）聚集在一起。19世纪中期，一种最受欢迎的仪式被称为“跨越火线”——往往发生在一艘航船穿过赤道时。正如马库斯·雷迪克指出的那样，这在“本质上是一个入会仪式，标志着航行进入深海水手的社会和文化世界”。第一次越过赤道的人可以选择支付罚款，或遭受有经验水
138 手的身体羞辱。尽管移民在这类仪式中受到正式保护，但船上的官员在仪式进行期间往往置身事外。1848年末，移民船“威廉·姆尼”号在前往阿德莱德的途中接近赤道时，一位目击者注意到水手“忙着准备剃须刀、肥皂、药片、假发和衣服”。第二天，仪式开始了。“（水手）蒙住（新人）眼睛，问他们来自哪里，这挺有趣。如果他们张开嘴说话，会被塞进一颗焦油刷过的药丸。如果不说话，水手会把一桶海水放在他们头上。”船员被要求不要和乘客搭话，但每个人都明白，那些选择“上甲板的人必须承担后果”。第二年，一群爱尔兰单身女性乘坐“托马斯·阿巴斯诺特”号穿过赤道时，也有类似遭遇。“有一个人从尼普顿（Neptune）来拜访我们，他带着美丽的妻子安菲特里忒（Amphitrite），还有他的警役和理发师”，船上的外
139 科医生注意到，“水手不去干涉那些移民，却抓住地位较低的闲散人

图 9 移民在甲板间舱载歌载舞

来源:《伦敦新闻画报》1850 年 7 月 6 日。感谢英国报纸档案馆和大英图书馆委员会惠允使用。© Illustrated London News Group

员，只要觉得他们的回答不让自己满意，便把他们塞进一只大桶里。而整件事情无人插手”。[49]

海上生活的单调也时常被不期而遇的航船打破。船长经常利用这样的机会交换资源或交流信息，乘客也从这样的经历中获益良多。1849 年，塞缪尔·哈维从贝尔法斯特前往纽约，他说：“于乘客而言，对船喊话是一件令人兴奋的事情。为有一个好的视野，船上每处空地都十分拥挤……这样的事情极大地减轻了海上的孤独感。”1852 年，约翰·克拉克在前往维多利亚的途中也记录下类似的感受。克拉克认为，“向一艘在海上遇到的船喊话是特别浪漫的事”。“船员忙着拉起船帆，船长和水手长大喊大叫——乘客跑来跑去，只为寻一处视野好的位置观看即将驶来的航船——十余人奔跑着，好像要抢破头去邮局寄信——船长对着喇叭喊‘你们从哪里来？’‘你们要到哪里去？’——这些为我们呈现出激动人心的一幕。”过往的船只有时会提供给人们原本无法获得的机会。1851 年，当“皇帝”号（*Emperor*）航行到澳大利亚时，遇到一艘载有 3 名罗马天主教牧师的法国航船。据一位一等舱乘客说，其中一名牧师“登上我们的船，来照顾爱尔兰移民。我们所有英国人都被要求待在甲板上，只有少数爱尔兰新教徒待在统舱里”。最后，与前往欧洲的船只交流给人们提供了一个向国内亲朋好友捎信的机会。一位乘坐“皇帝”号的移民在寄给父母的信中写道：“我们每天都期待能够遇到一艘驶向爱尔兰的航船，我借此机会给你们写几句话，希望你们身体健康。”航船的全球网络为移民与家人之间的联系提供了宝贵机会。[50]

如前所述，移民船只通常复刻维多利亚时代陆上生活中森严的等级制度。然而在巨大的危险和痛苦面前，这种结构有时会暂时消
140 失，变成一种平等的状态。这让人想起文化人类学家维克托·特纳（Victor Turner）所说的“交融”(communitas)。1852 年 2 月，“圣基兰”号（*Saint Kieran*）从都柏林开往利物浦，船上有将近 200 名贫困的爱尔兰移民住在露天甲板上，“其中一些人要去美国和他们的朋友团聚，另一些人则要去英国”。离开爱尔兰后不久，航船就遇到可怕的风暴，乘客在狂风暴雨和惊涛骇浪中度过一夜。第二天早上，一名目击者报告说，甲板上“到处是男人、女人和孩子，困苦和疲惫让这些人看起来毫无生气，他们的衣服也都被水浸透了”。许多乘客躺在甲板上，失去知觉，感知不到寒冷和疲惫。“船长科利斯（Collis）命令在房舱内燃起一堆火，并且双手合十以恳请房舱乘客协助他，大家开始把可怜的人们拖进舱内。”很快，“铺位、沙发和地板上都挤满了女人、孩子和老人，所有人看起来都像躺在棺材里一样毫无生气”。随着甲板上的乘客慢慢苏醒，他们“哭泣着、抽噎着

并且向万能的上帝祈祷保佑他们在船上的好友”，以此表达自己的感激之情。作为一名指挥官，科利斯船长受到高度赞扬，“不仅能力一流，而且拥有我们天性中最好的感情”。[51]

虽然许多移民船上的乘客找到在海上与他人同心同德的方法，但分歧也确是海上生活的一部分。伯恩的《新南威尔士州移民指南》（*Emigrant's Guide to New South Wales*）提醒乘客“要注意避免争吵，彼此间克制容忍；否则分歧将不断加深，最终导致毫无舒适可言，这艘船将成为海上炼狱”。如此多背景不同的人，数周或数月挤在同一艘船上，即使是芝麻大小的事情，也可能引发分歧。1853 年 4 月，一名前往澳大利亚的移民谈到“纸牌引起一场战斗”。其中一名参与者的“一只漂亮的眼睛被打青了”。在其他情况下，难相处的人也在努力与他人相处。1845 年末，当“塔斯马尼亚”号（*Tasmania*）从都柏林前往范迪门之地时，一位名叫玛丽·格里芬（Mary Griffon）的 30 岁女囚犯，因患有各种疾病而被列入患者名单，她的“报复心越来越重……四处威胁人”，并在床上藏了一根铁棒。两个月后，外科医生报告说，格里芬“偶尔会处于极度兴奋的状态，还会争吵和 141
打架——有 3 次把她单独关在舱室里以便和其他人分开”。对于那些计划横渡大西洋的爱尔兰人，伯恩建议值得信赖的乘客应该得到报酬，他们“负责生火、供应煤炭以及安排做饭的轮次，因为乘客之间的大多数分歧都是由于对火的过度垄断造成的”。热乎乎的饭菜对于舒适的海上生活至关重要，因而移民做饭时使用的公共灶台经常会引起麻烦。1849 年，在从贝尔法斯特航向纽约的“里恩策”号上，“一位新教徒的煎锅里有几滴肉汁飞溅到一位罗马天主教妇女的平底锅里，这个倒霉的肇事者为保全性命，只好落荒而逃”。[52]

虽然宗教是维系社会控制的重要因素，但爱尔兰移民在海上航行期间最持久的分裂形式之一便是宗派主义（sectarianism）。虽然不应过度夸大多数爱尔兰人日常生活中普遍存在的这种敌意，但在压力和困难面前，宗派主义得以强化。因此，当天主教徒和新教徒连续几周甚至几个月被困在同一艘船上时，有时会出现麻烦。一个星期天，在完成海上的祈祷仪式后，塞缪尔·哈维正努力阻止一位名叫马吉尔（Magill）的新教徒攻击两名年轻的天主教徒。“我们在做礼拜时，这两个人在我们头顶的甲板上踩踏并制造出很大噪音。”1847 年，“马萨诸塞”号（*Massachusetts*）从贝尔法斯特驶往纽约，船上许多乘客在唱歌以庆祝圣帕特里克节，“这是一首天主教的歌，并用许多誓言为其增添光彩……我们进行了好几场歌舞，新教徒在这一天里可不好受”。这引发一场僵局。新教徒有时也诋毁天主教徒在危险关头沉湎迷信。1848 年，安特里姆郡的亨利·约翰逊乘坐的船只在航行途中遭遇暴风雨，船身出现裂缝并开始进水，他对天主教徒当时的行为感到厌恶。在安全抵达加拿大后，约翰逊在寄给妻子的信中写道：“有些人在祈祷并且用手在胸前画十字，有些人脸色蜡白像尸体。在甲板上，他们像羊群一样聚集在一起，哭着求船长救救他们。我问其中一些人出了什么事，他们都害怕得说不
142 出话来。”在极度危险的情况下，“他们什么也不做，只会洒圣水、哭泣、祈祷、用手在胸前画十字，做各种蠢事，而不是帮忙排水”。约翰逊的愤怒让他处在自杀的边缘。他坚称：“此刻我对这一群天主教徒感到非常厌恶，我宁愿沉船都不想继续和他们待在一起。”[53]

在爱尔兰天主教徒占多数的个别船只上，他们在航行途中可以免受新教徒的蔑视。但当他们的人数较少时，爱尔兰天主教徒发现他们更容易遭受宗教或种族歧视。1854 年，当“佩斯汤基·伯曼基”号从普利茅斯出发驶往阿德莱德时，船上一位名叫伊莱扎·威克（Eliza Whicker）的英国妇女写了一份日记，记录她如何协助维持海上纪律和秩序。当经过巴西海岸的费尔南多·迪诺罗尼亚群岛

(Fernando de Noronha islands) 时，威克的注意力集中到一个家庭上。威克抱怨道："一个爱尔兰家庭被强制要求在浴室里从头到脚修剪和清洗一遍，他们的床和被褥被扔出船外，只能自行搬到船上的另一个地方，最后使他们的邻居感染寄生虫。"威克决定强调这个家庭的国籍——他们是船上唯一的爱尔兰家庭——以此暗示他们品性的卑劣与国籍有关。当新教传教士遇到移民儿童时，他们常常认为爱尔兰背景是造成其智力和道德缺陷的重要因素。例如，纽约的一位传教士发现，在特拉华和哈德逊运河上工作的孩子常常精通《圣经》教义。"(正如我们从他们身上了解到的那样）城市传教者找到他们并将其带到主日学校"，牧师解释道，"尽管大多数情况下他们的父母无知且堕落（大部分是爱尔兰人）……在美国他们仍然受到早期教育的影响"。爱尔兰人有时在海上成为人们取笑的对象。1847 年，纽约的《水手杂志和海军期刊》抨击道："我们听到的最后一个爱尔兰案例，是一名厨师不小心将一些蜡烛掉到水里，然后把它们放进烤箱里烘干。"[54]

不同等级的乘客固有的阶级差别——从一等舱和二等舱的富人
和享受者到统舱的其他乘客——有时也通过紧张的关系和内部分歧 143
的形式展现出来。例如，在起草赞扬船长的公开决议时，人们经常理所当然地认为特等舱里的绅士会执笔签署文件并做演讲，而那些统舱里的乘客则静静地站在一旁微笑。然而，当 1849 年"里恩策"号从贝尔法斯特驶往纽约时，住在甲板夹舱里的乘客有他们自己的想法。实际上，在这段旅程的早期，阶级矛盾已经在平静的表面下沸腾。只有一个女人和她年幼的女儿是头等舱的乘客，二等舱的一个目击者写道："这个女人心高气傲且矫揉造作，大副非常讨厌她。"在航程快要结束之时，乘客之间的关系也紧张起来。"统舱里的乘客认为，在整个航行过程中，二等舱乘客对统舱的事务置身事外，因此在他们起草感谢船长的演讲时没有通知比他们社会地位更高的人。”二等舱的乘客“严厉谴责另一方的领导者在这件事情上的愚蠢行为”后，起草、签名并提交他们自己的演讲，得到船长满怀感激地接受。目击者注意到，“统舱乘客的领导者在附近转来转去，听着我们说的每一个字，似乎对我们的演讲很不满意”。[55]

统舱乘客内部的爱尔兰移民有时也会出现分歧。他们这样做的原因和方式都映射着他们来自农村社会的家庭出身。尽管爱尔兰历史上最著名的排斥事件发生在19世纪80年代初的土地战争期间——一位名叫查尔斯·博科伊特（Charles Boycott）的地主因下令驱逐他人而遭到孤立，但社会孤立一直是爱尔兰农村弱势群体的武器。驱逐是用来惩罚那些违背乡村社会习俗的人。这些价值观以及对违背它们的惩罚依然完好无损地存在移民船上。1846年，在一艘从爱尔兰开往魁北克的航船上，一名官员报告说，他碰巧遇到一名妇女，其他乘客正威胁要把她扔出船外。当这名官员向统舱乘客领袖帕特·巴特（Pat Battle）提出质疑时，却被告知这名女子“是个坏
144 姑娘；只要她在船上，我们就永远不会有好运气；让她在船上，我们会永远也到不了陆地；神父告诉我们，她在船上一定会给我们带来厄运”。这名官员经过进一步问询后得知，这位年轻女人“在国内做过不光彩的事情，被引诱她犯罪的主人作为移民送到一个遥远的国家”，这也是她的爱尔兰同胞打算把她扔到海里的原因。最后多亏这名官员警告想要伤害她的人，“这个可怜的女人才没有再被迫害，但仍然没有人愿意和她说话”。这种孤立可能会产生显著影响。1849年的一天晚上，当“迪格比”号载着250多名爱尔兰家仆驶向澳大利亚时，“卡文郡济贫委员会的一位名叫罗斯·赖利（Rose Riley）的女孩，从船舷上跳下企图自杀（未遂）”。船上的教师解释说，罗斯涉嫌与一名水手有“不正当的亲密关系”，并“在自杀前一天受到女

孩子们的谴责”。羞耻心和恐惧感在海上尤为强烈，特别是对于那些社会认同感深深根植于同行团体的人而言。[56]

船长在海上合法地享有近乎独裁的权力，船员和官员有时会在权力分配的问题上产生分歧。船长的工作人员很少团结一致，船上的等级制度也经常出现裂痕。有时冲突会在金字塔的顶端暴发，因为船长和居领导地位的官员之责任与义务密切相连而使双方产生嫌隙。例如，“迪格比”号的外科医生威廉·内维尔（William Neville）把船长塔博尔先生（Mr. Tabor）描述为“一个低贱的文盲，经常吹嘘……自己行骗耍滑的技巧，他说知道自己是一个该死的无赖，并以此为荣，而且他相信其他人也都是如此”。船上的教师乔治·宾斯特德（George Binsted）也认为塔博尔是一个贪婪的骗子。宾斯特德在日记中写道，塔博尔船长曾鼓励大副“在天平上放铅以骗取移民的津贴”。水手有时候通过拒绝工作来抗议他们所遭受的虐待。1851年，当“萨拉纳克”号准备起航时，大副“用警棍”击打水手长的脸，结果有3名水手“拒绝履行职责，拒绝登船”。船长随后把这些人关进监狱。即使水手被带到法庭，他们通常也更愿意团结一致，而不是互相攻击。1846年，新奥尔良的两名水手因在堤坝上打架 145
而被捕，法官释放其中一名水手但却对另一名水手罚款5美元，理由是他比对手高大得多。在听到判决后，矮个子水手抗议说，他们“航行结束后刚上岸，只是在闹着玩”，但法官坚决维持原判。矮个子水手拍了拍同伴的后背微笑着说道：“杰克，没关系，我会支付一半的罚款。”[57]

***

换言之，爱尔兰大饥荒时期的移民船不仅仅是一艘运送人们穿越海洋的木船。它也是一个海上共同体，一座“漂浮的海上城市”，与陆地社会的许多动态变化相同。政府竭尽全力将这些共同体塑造成维多利亚时代父权社会的缩影，将宗教信仰和暴力手段作为社会控制的最小公约数。船长和官员往往雇用船员，甚至许多乘客也成为这一过程的代理人。但大多数移民航行途中都在甲板下艰苦的条件中生活，他们也找到了蔑视权威和集体合作的方法。在一个陌生的，有时甚至是危险的环境中，移民发展出一种基于共同经历而不是亲缘的新型社会关系——这种关系在他们的新家园将会发挥重要作用。在19世纪离散共同体发展的动态过程中，这是一个重要却往往被忽视的阶段。1848年秋天，亨利·约翰逊抵达加拿大后不久，就给安特里姆郡的妻子写了一封信，他在信中描述自己在横渡大西洋的航行中饱受食物匮乏之苦的经历。打开存放了几个星期的食品箱时，“我发现火腿生了蛆，不得不扔到海里”。亨利·约翰逊很快发现自己只能依靠船上基本的食物津贴过活。他承认：“这饼干连猪都不会吃，所以在剩下的航程里我饿得够呛。船上没有一个我认识的人，不然我可能会得到一点帮助，‘但每个人都自私自利’。”尽管约翰逊安全抵达加拿大，但缺少同船伙伴使他在海上的生活更加艰难。当面对死亡和濒危之时，这种社会孤立会更加危险。[58]

第四章

死　亡

146 1847年，基尔肯尼郡的帕特·布伦南向他的地主请愿，请求将其纳入资助移民的计划中。“热病和瘟疫到处蔓延……以至于在魁北克的人群中流传着这样一种说法：对于一个背负家庭重担的人来说，一想到要在那儿登陆，就感到糟糕透顶”，布伦南写道，“我背井离乡，身无分文”，因此希望查尔斯·万德斯弗德能“让我前往纽约，在那里，我可以和朋友团聚，希望他们能减轻我的痛苦”。因为1847年前往魁北克的人所面临的种种威胁众所周知，他们也经常作为一个整体被普遍认为是大饥荒时期的代表。尽管史实对于多数历史学家来说触手可及，但许多广为人知的叙述仍然随意地将遭受大饥荒而死的移民人数估计在20%左右，只将1847年看作唯一值得讨论的一年。2016年，超级马拉松运动员（ultra-runner）迈克尔·柯林斯（Michael Collins）独自完成从格罗斯岛到多伦多的550英里长跑，希望以此纪念“约10万爱尔兰人的命运之旅”。这些爱尔兰人于1847年起航前往加拿大，其中“五分之一的人（约2万人）丧生”。本章澄清并拓展我们对大饥荒时期移民死亡率的理解。第一部分基于可靠的原始和二手数据，以证明1847年前往魁北克的一些船只上死亡率居高不下是非同寻常的特例。事实上，超过97%的爱尔兰移民在大饥荒时期都活着到达目的地。此外，正如斯蒂芬妮·斯莫尔伍德（Stephanie Smallwood）指出的那样，单纯的统计数据无法反映历史的行动者“对船上死亡人数的体验和理解”。正如前文所述，我将突出移民自己的话语和经历，因此本章第二部分和第三部分将研究死亡和濒临死亡对海上和陆上共同体生活的影响。死亡是移民过程中日常生
147 活的一部分，它令众多家庭分崩离析。然而，它也可以使爱尔兰移民和他们的亲友更加紧密地联系在一起。[1]

“船热病”(Ship Fever):
计算爱尔兰移民的死亡率

以雷蒙德·科恩（Raymond Cohn）、拉尔夫·施洛莫维茨（Ralph Shlomowitz）、罗宾·海恩斯（Robin Haines）等为代表的一代学人的定量分析，结合留存于世的原始档案中的统计数据，为19世纪中期的海上死亡率描绘出一幅比普遍共识更全面、更复杂的图景。这些学者认为，现存的官方档案文献在很多方面存有问题。数据存在周期性空白，特别是早期数据。原始档案有时在计算和解释上存在差异和错误。人们也不应假定记录原始数据的书记员能够完全掌握所有信息。一些船长被指控为维护他们的声誉而少报死亡人数。移民往往还没来得及被统计就四散而去。政府官员并不总是记录下那些在海上染病、下船后不久死亡的乘客人数。管辖权问题也可能使准确追踪失事船只或返回登船港口船只上的死亡人数变得困难。有时候，这些信息根本就未曾被记录下来。1853年，一个美国参议院特别委员会试图从东海岸的海关人员处收集移民患病和死亡率的数据时，不得不承认，由于这些官员主要专注于确定商品价值，“关乎乘客健康信息的申报只是次要的”。次年，英国成立一个特别委员会，负责收集相同内容的数据，但也面临如下困难：“缺少移民船只及其乘客到达美国港口的完整信息”，以及“从移民那里获得证据的可能性几乎为零，因为他们匆忙上岸，一落地就各奔东西”。[2]

大饥荒时期爱尔兰移民死亡率的计算过程充满挑战。主要问题

148 在于，这些船只的乘客名单上很少记录国籍，通常不可能确切得知某艘航船搭载的移民中爱尔兰人口所占的比率。在从爱尔兰港口起航的船只中，这些船搭载的主要乘客显然是爱尔兰人，但爱尔兰大饥荒时期绝大多数前往北美的移民（以及几乎所有前往澳大利亚的移民）都途经利物浦和普利茅斯等英国港口。在那里，他们经常与来自英国和欧洲大陆的其他移民混杂在一起。官员有时试图（在不同程度上取得成功）核对 19 世纪 40 年代和 50 年代英格兰、爱尔兰、苏格兰等地的移民人数。前往澳大利亚的航行人数更少、管理更严格，在这样的航线上是有可能完成人数核对的。但在横渡大西洋的船只上采取这样的做法，只能得到一个大概的结果。例如，殖民地土地和移民委员会在第 13 份年度报告中解释道，将所有从爱尔兰港口出发的人数、90% 从利物浦出发的人数、33% 从格拉斯哥起航的人数相加，由此来计算某一年度前往加拿大的爱尔兰移民人数。到 1854 年，这种做法的不准确性显现出来。是年，有 191 名德国贫民（他们的一半旅费由巴登大公国的村民资助）乘坐“企业”号（*Enterprise*）从都柏林驶向魁北克。总之，正如马文·麦金尼斯（Marvin McInnis）承认的那样，“人们对厘清这段时期（移民族裔构成）的数量感到绝望”。官方档案与诸如书信、日记和报纸所记载的轶事证据相互参照，方可缓解这些挑战，但 19 世纪中期移民死亡率的统计数据存在根本缺陷。[3]

尽管历史学家在如何计算 19 世纪移民死亡率这一问题上莫衷一是，但他们还是一致认为移民死亡的主要诱因是传染病。正如雷蒙德·科恩所言，“如果船上没有暴发流行病，一般很少死人”。医学上的误解、卫生条件差、监管不力和宿命论等多重致命因素交织，为传染病的滋生提供完美的温床。在狭小的统舱环境中更是如此。大饥荒时期，爱尔兰乘客常常营养不良和伴有晕船。不管是海上还是陆地上（饥荒中大多数人的死亡是由传染病引起，而不完全是饿死），斑疹伤寒都是主要死因。斑疹伤寒俗称“路热病”或“船热病”，尽管它经常与更少见的回归热（relapsing fever）和伤寒相混淆。斑疹伤寒是1847年移民死亡的主要杀手。这是一种由细菌感染 149
引发的疾病，通过体虱由啮齿类动物传染给人类（然后再由人传染给人），受感染的虱子粪便通过擦痕和伤口进入人体的皮肤。染上斑疹伤寒的患者头痛难忍、高烧不退，还伴有阵阵恶心。虽然此病的存活率可高达75%，但潜伏期长达一周以上。这意味着貌似健康的人可以通过医学检查，从而携带病菌登上船。那些患有斑疹伤寒的人也容易感染痢疾等其他致命疾病。第二大杀手是霍乱，它最可怕的特征就是传播速度快。一个人可能早上染病，晚上就死亡。19世纪中期，霍乱在全球范围大流行。正如一位历史学家解释的那样，霍乱出现的时候，“公共卫生和医学正赶上城市化和交通革命”。霍乱和斑疹伤寒一样，是一种细菌传染病，通过受污染的水和食物传播，引发呕吐、腹泻、痉挛，随后出现脱水、器官衰竭、死亡。在1849年和1853年的大饥荒时期，曾发生过两次霍乱的跨国大暴发。[4]

虽然传染病是移民在海上死亡的主要原因，但大饥荒时期爱尔兰人如影随形的营养不良和虚弱无力，也让许多人难以抵抗这些疾病。格莱齐尔（Glazier）和他的同事发现，移民在海上与在“内陆”的死亡率存在稍微复杂的关联，但莫克尔（Mokyr）相信，“许多移民的身体状况本就虚弱……再加上传染病在爱尔兰（大饥荒期间）肆虐，致使许多移民死亡”。这与其他领域学者的研究结果一致。拉尔夫·施洛莫维茨在分析19世纪末20世纪初从东印度到太平洋岛国昆士兰和斐济的移民劳工的死亡率时，将海上死亡率过高部分归咎于船上外科医生“对招募的移民筛查不充分，导致他们把传染病带上船”。目击者也经常得出类似的结论。据1847年一个特别委员会的调查，爱尔兰移民死亡率过高是因为“移民以往的痛苦与艰辛、
150 潜在的疾病，以及饮食从供应不足、不卫生到海上突然转为供应充足、健康营养带来的影响”。19世纪50年代初，随着爱尔兰状况的改善，移民的健康状况也相应地得到改善。1852年12月，格罗斯岛的外科医生乔治·道格拉斯博士指出，前几年曾困扰爱尔兰移民船只的“船热病几近无影无踪”。道格拉斯总结道：“在爱尔兰，发热的源头和起因已不复存在，因此病弱和食不果腹的人不再大量出现。”在爱尔兰大饥荒的早期，数十万疲惫不堪、营养不良、担惊受怕的爱尔兰人涌上移民船只。他们逃离时的健康状况，以及前几章提到的法律执行不力，都加剧了他们的脆弱性。[5]

大饥荒时期，多数航船上缺乏一名合格的医生，这也使得移民更加脆弱。那些前往澳大利亚的人又一次身处有利境地。从1815年开始，每艘运送犯人的船只都必须配备一名外科医生。从19世纪30年代中期开始，政府承租、前往澳大利亚的移民船也须配备外科医生。因此，到19世纪40年代中期爱尔兰移民数量激增时，那些前往澳大利亚的船只已经建立清晰、规范的医疗体系，尽管这些外科医生的水平参差不齐。他们中的许多人是在英国海军服役多年后退役的医生。这些人知道如何操控船只，但不一定接受过管理移民的训练。1840年殖民地土地和移民委员会成立后，民间外科医生成为移民船只的首选，但他们中的许多人要么缺乏经验，要么缺乏资质。大饥荒时期，多数移民沿着大西洋航线航行，这条航线通往北美，船上的外科医生少之又少。英国政府不愿强求前往北美的船只配备医生，因为他们意识到这份工作不受尊重且工资微薄，几乎不可能满足船只对外科医生的需求，尤其是在大饥荒期间移民人数暴增的情况下。1847年夏天，加拿大政府对此怨声载道，殖民地土地和移民委员会的托马斯·弗

雷德里克·艾略特回答道，他怀疑“是否能够在雇用医生的高支出与下层民众能够担负的低收费相适应的条件下，获得足够合法合格的外科医生”。1852 年，英国新《乘客法案》要求所有搭载 500 名以上移民的船只都必须配备一名外科医生。但由于许多船只的总人数达 151
不到这一门槛，因此大多数船上依旧没有外科医生。1853 年，362 艘移民船从利物浦驶往北美，其中只有 116 艘船上载有一名外科医生。直到 1855 年，所有横渡大西洋的移民船才全部被要求搭载一名专业医生。[6]

接受过良好学术训练的学者经过多年的细致考订，为 19 世纪中期海上旅行者的死亡率勾勒出一个相对清晰的图景。运送奴隶的跨大西洋中央航线，作为海上死亡率骇人听闻的基准点，见证了从 18 世纪上半叶的 15.6% 逐渐下降到 19 世纪相对稳定的 10%。同一时期，其他一些移民的死亡率则在增加。1850—1875 年，前往古巴的契约华工死亡率为 9.9%，尽管高死亡率的部分原因可能是航行时间过长。1850—1856 年，从加尔各答前往西印度群岛的契约佣工的死亡率为 4.3%。相比而言，欧洲人在这些年的航行总体来说要安全得多。根据雷蒙德·科恩的说法，1820—1860 年前往美国的欧洲人的死亡率约为 1.56%。1836—1853 年，前往纽约的欧洲人中，只有 1.36% 的人死亡。1854 年，从不列颠和爱尔兰前往纽约的乘客中，死亡率为 1.19%。大多数时候，前往加拿大会更加安全。加拿大首席移民官的年度报告显示，1845—1855 年，有 444377 人乘船前往魁北克，其中 11998 人（2.7%）死亡。然而，如果对 1847 年之后的统计数据忽略不计的话（原因将在后文解释），这些年的死亡率会降至 0.96%。19 世纪 40 年代和 50 年代从不列颠航行到澳大利亚的船只情况大致相同。那些搭载移民（包括获得资助和没有获得资助）的船只中，大约 1% 到 2% 的乘客丧生。1846—1855 年，共有 22113 名女性和男性囚犯乘船，有227名乘客殒命，略高于1%。综上所述，1%到2.5%是19世纪40年代末50年代初一个可供参考的基准点，属于欧洲人在海上平均死亡率的“正常”范围。[7]

虽然以今天的标准来看，这一死亡率非常之高，但现存数据表明，大饥荒时期绝大多数爱尔兰移民的死亡率都在这一“正常”范
152 围之内或之下。例如，雷蒙德·科恩对1077名前往纽约的欧洲移民的分析表明，1845—1853年，每年的死亡率只有一次超过1.6%，即1849年达到3.1%。不仅如此，这次死亡率的飙升也影响到来自欧洲大陆（3%）以及那些来自不列颠和爱尔兰（3.1%）的船只，原因是马铃薯枯萎病和霍乱的暴发。霍乱于1848年在欧洲暴发，到1849年已经蔓延到美国。科恩的结论是，大饥荒时期前往纽约的移民船上“死亡率和国籍之间缺乏关联性”。在对1836—1853年前往纽约的28000多名欧洲移民的一项研究中，科恩发现，大体而言“移民的原籍对死亡率没有影响”。科马克·奥格拉达也认为（基于雷蒙德·科恩提供的1845—1853年的一个小样本数据），在那几年内，只有霍乱暴发的1849年和1853年，从利物浦或爱尔兰港口出发开往纽约的船上死亡率高于3%。1847年，从爱尔兰开往纽约的船只平均死亡率为1.33%。对于那些在大饥荒时期航行到魁北克的爱尔兰人来说，1847年是一个与众不同的年份，下文将对此进行详细讨论。然而，从加拿大首席移民官的年度报告来看，前往魁北克的爱尔兰移民在其他方面相对安全。只此一年（还是1849年，当时3.25%的人死去，很大程度是由于霍乱），爱尔兰移民的平均死亡率高于“正常”水平。事实上，1846年和1850—1855年，爱尔兰人的年均死亡率从未超过0.75%。1855年，有4114名从爱尔兰港口登船或在前往魁北克途中出生的乘客，其中只有8人（0.19%）死亡。[8]

那些在大饥荒时期前往澳大利亚的爱尔兰人可能也会希望度过

一段相对安全的旅程。1845—1846 年的统计数据不太可靠，但现有数据表明，大多数人的移民之旅都在移民死亡率的“正常”范围内。获得资助的移民极有可能来自穷困潦倒的家庭，他们的死亡率略高。约翰·麦克唐纳（John McDonald）和拉尔夫·施洛莫维茨利用 1854 年英国议会移民船特别委员会公布的统计数据，认为在 1847—1855 年有 136846 名受到资助的移民前往澳大利亚，其中 3381 人 153
（2.47%）死亡。根据殖民地土地和移民委员会主席的说法，最糟糕的一年是 1852 年。当时在所有接受资助的移民中，有 4.48% 的人死亡，尽管他认为这在一定程度上是因为当年获准移民的儿童人数增加。抵达港口的移民官员的年度报告，可使我们比较获得资助的爱尔兰移民与其他国籍移民的情况。1848 年，1836 名爱尔兰人在前往悉尼和新南威尔士州菲利普港的途中乘船（或出生），其中有 32 人（1.74%）死亡。这一比例仅略高于接受资助的 4648 名英格兰移民（1.46%）和 1534 名苏格兰移民（1.43%）。两年后，尽管前往新南威尔士州的爱尔兰人增加到 3148 人，但只有 21 人死亡，死亡率为 0.67%。同一年，接受资助的英格兰和苏格兰移民前往新南威尔士州的死亡率分别为 1.9% 和 1.09%，尽管他们的样本规模（分别为 633 人和 92 人）相对较小。1852 年，澳大利亚暴发霍乱，前往澳大利亚的移民深受其害，其中苏格兰移民的处境最为糟糕。当年，接受资助移民到新南威尔士州的爱尔兰人、英格兰人和苏格兰人的死亡率分别为 3.97%、2.86% 和 6.21%。仅以这 3 年（1848 年、1850 年和 1852 年）为样本，接受资助前往新南威尔士州的爱尔兰移民总死亡率为 2.04%。[9]

与大众的看法相反，在前往澳大利亚的途中，爱尔兰犯人通常比那些接受资助的移民的航行更加安全。如前所示，1846—1855 年，所有犯人的平均死亡率为 1.03%，而爱尔兰人在这一时期的死亡率要低一些，为0.92%。1847年，在大饥荒时期最为致命的年份，爱尔兰囚犯船都顺利抵达范迪门之地。“托利”号搭载的200名男性犯人中，有5人（2.5%）死亡。“威弗莱”号搭载的134名女性犯人中，有3.73%的人死亡。这些官方统计数据只统计犯人死亡人数。为并非囚犯的死亡人数制作一览表要更加困难，因为他们通常只在外科医生的日志中才会被列出。刚刚提及的爱尔兰船只上的死亡率，即使将这些乘客包括在内后重新计算，也未显著改变。“托利”号搭载的乘客除200名男性犯人外，还有7名船员妻子和13名子女。其
154 中，死亡人数为7人（3.18%）。“威弗莱”号搭载的乘客包括134名女囚犯、33名她们的孩子和40名移民。这次航行中共有7人死亡，占1847年7月登船人数的3.38%。英国的囚犯船在大饥荒时期的死亡率是最高的。1849年运载男性犯人的“哈希米”号（*Hashemy*）和1848年运载女性犯人的“卡代特”号（*Cadet*）分别有7.02%和4.67%的人死亡。尽管前往澳大利亚的航程较长，因此发生人员死亡的可能性更大，但政府对乘客舒适度和人身安全的监管更加严格，这就确保无论是作为移民还是犯人的爱尔兰人在航行中的死亡率大体达到平均水平。总之，考虑到爱尔兰大饥荒时期95%的移民在1847年没有乘船前往加拿大的事实，可以确定的是，绝大多数爱尔兰乘客不论他们的目的地是哪里，死亡率都在“正常”范围内。[10]

那么，1847年前往加拿大的爱尔兰人20%死亡率的传说是否成立？这个问题不可能有一个明确答案，原因在于本章前面解释过的证据问题。这个问题也因为A.C.布坎南（出生于爱尔兰的魁北克首席移民官）在1847年罹患斑疹伤寒而变得更加复杂，阻碍了他进一步收集和整理信息的工作。虽然很难找到无可争议的数据，但布坎南（在魁北克）和M.H.珀利（新布伦瑞克圣约翰的政府代理人）的年度报告为我们提供了质量极好的目击者陈述和大量统计数据。根

据他们提供的数据，1847 年一整年（以 12 月 31 日为节点），所有国家的移民中有 115895 人是作为乘客（统舱或客舱）登船前往加拿大或在前往加拿大的途中出生。其中有 11071 人（9.55%）死于航行或格罗斯岛和帕特里奇岛（Partridge Island）的隔离检疫中。他们中有多少是爱尔兰人？要回答这个问题，需要分析从爱尔兰港口和利物浦登船的人数，正如布坎南在 1847 年的年度报告中所述，“在利物浦港口上船的移民几乎全是爱尔兰人”。在同年的报告中，珀利认为，从利物浦前往新布伦瑞克的乘客“几乎全部来自爱尔兰，无一例外”。根据这些数据，1847 年乘船前往加拿大以及在途中出生的 155
98749 名爱尔兰移民中，有 10820 人死于海上或在抵达后不久死于检疫隔离，这意味着死亡率是 10.96%。[11]

超过 10% 的死亡率确实很高（这实际上是 19 世纪奴隶贸易的写照），但还没有达到 20% 的门槛。要接近这个数字，必须进一步将考察重点放在更小的移民群体上。在布坎南列出的 1847 年驶往魁北克的船只清单中，他详细罗列了船只出发的港口、登船的乘客总数和死亡人数。这些记录表明，在离开爱尔兰港口的船只上，死亡率的波动较大。一般来说，一个出发港口越是繁忙，乘客在海上患病和死亡的可能性就越大。只有 66 人从巴利香农（Ballyshannon）起航，无人死亡。有 73 人乘坐从西港出发的两艘船，其中有 1 人（1.37%）死亡。从尤加尔（Youghal）出发的 318 名移民中，只有不到 1% 的人遇难。然而，这种关联性并不总是存在。尽管纽里和基拉拉运送的移民数量几乎相同（分别为 1498 人和 1349 人），但死亡率（2.27% 和 7.78%）却大不相同。利默里克是 1847 年爱尔兰第二繁忙的移民港口，在其 9174 名移民中仅有 301 人（3.28%）死亡；而斯莱戈的移民数量约为利默里克的一半，但死亡率却有 11.18%。爱尔兰第三和第四繁忙的港口贝尔法斯特和都柏林的死亡率分别为 4.36%

和 7.72%。特定港口城镇的微生物管理制度比单纯的人口密度更能增加传染病的风险。1847 年，死亡率最高的两个港口是利物浦和科克。是年，从利物浦出发前往魁北克的 27051 人中（利物浦被视为爱尔兰的港口，其中缘由之前已经解释过），足有 4156 人（15.36%）死亡。科克的情况更糟。从科克出发前往魁北克的 10205 人中，有 1904 人死亡。18.66% 的惊人数据，是 1847 年爱尔兰人前往魁北克途中最高的死亡率，也解释了人们经常提到的 20% 的死亡率。与此同时，这 10000 名移民只占当年爱尔兰到加拿大移民总数的 10%，占大饥荒时期爱尔兰移民总数的不到 0.5%。[12]

更加深入的分析表明，并非所有船只都存在高死亡率，这有助
156 于我们更好地理解这个问题。1847 年，33 艘船从科克起航。其中有 5 艘航船（搭载的移民数量占科克当年移民总数的 13.05%）的死亡率在 2.5% 或更低的“正常”范围内。有 5 艘航船（载有 1250 名移民）的死亡率在 2.5%—5% 之间，另外 6 艘航船（载有 1332 名移民）的死亡率在 5%—10% 之间。换言之，38.31% 的科克移民（10205 人中有 3910 人）乘坐船只的死亡率接近或低于 10%，这是 1847 年爱尔兰所有港口（包括利物浦）的平均死亡率。另外 5 艘航船（载有 1716 名移民）的死亡率在 10%—19% 之间，这意味着超过一半（55.13%）的科克移民乘坐船只的死亡率接近或低于 1847 年科克至魁北克航线的平均死亡率。然而，这也意味着 4579 人（约占科克全部移民的 45%）乘坐船只的死亡率达到 20%，甚至更高，这些数字让人想起 18 世纪的一些奴隶贩子。1847 年 12 月，新布伦瑞克的一位治安法官，将利物浦和爱尔兰的航运经纪人描述为“人口贩子……他们对移民的感情还不及奴隶贸易者对奴隶的感情的一半，后者的动机是让他们的货物井然有序地上岸，而前者除收取船费外别无他求”。布坎南拼尽全力地在死亡率最高的航船中寻找相似

之处。“没有任何规律可以用来推算疾病和死亡率的比例，船只航行的时间或航程的长短也与之无关”，他在1847年的年度报告中写道，“疾病的发生与一起登船的人数之间没有固定比例”，与统舱的相对人口密度也没有固定比例。这进一步证实如下结论，即科克及其腹地的微生物管理制度是唯一致命的因素。[13]

在1847年前往魁北克的途中，那些死亡率最高的船只的名字有充分理由进入爱尔兰民族记忆的万神殿。也许最著名的要数“弗吉尼亚”号（*Virginius*）、“娜奥米”号（*Naomi*）、“艾琳女王”号（*Erin's Queen*）和“约翰·穆恩”号（*John Munn*）。这些船只搭载的乘客包括丹尼斯·马洪（Denis Mahon）在当年5月劝说移民的1490名佃农，他们来自马洪位于罗斯康芒的斯特罗克斯敦庄园。在马洪与利物浦的船运经纪人签约，以每名成年人3英镑多一点的价格，将他的佃农送往魁北克时，他确保佃农能得到超过最低限额的船上补给品。尽 157
管如此，无论是马洪，还是陪同佃农前往利物浦的法警、给他们购买船票的经纪人、接收他们的船长、在他们登船时签字的移民官，都不能保证乘客在身体方面做好航行的准备。因此，当斑疹伤寒在海上暴发时，许多人无法避免地受到影响。在1490名从利物浦出发的斯特罗克斯敦移民中，超过700人死于海上或在格罗斯岛的检疫隔离中逝世。他们船上的死亡率远远高于当时爱尔兰移民船只的平均死亡率。“艾琳女王”号搭载的493名乘客中有136人（27.59%）死亡，“约翰·穆恩”号搭载的452名乘客中有187人（41.37%）死亡，“娜奥米”号搭载的421名乘客中有196人（46.56%）死亡，而“弗吉尼亚”号在当年所有船只中死亡率最高，登上船的476名乘客中有267人（56.09%）死亡。1847年，在前往魁北克的途中，其他几艘爱尔兰船只也有同样高的死亡率。来自科克的“埃文”号（*Avon*）有超过一半（55.28%）的乘客死亡，来自科克的“蜜蜂”号（*Bee*，46.88%）、来自斯莱戈的“落叶松”号（*Larch*，44.55%）、来自利物浦的“特里同”号（*Triton*，40.26%）的死亡率也都非常高。鉴于如此多的船只有如此高的死亡率，因此1847年是独特的一年。但也有个别船只在其他年份发生如此高的死亡率。1849年、1851年和1853年，来自斯莱戈的“萨拉”号（*Sarah*）、来自利物浦的“布兰奇”号（*Blanche*）和“芬格尔”号（*Fingal*）的死亡率都超过10%。[14]

最后，对移民年龄的控制有助于完善我们对海上死亡率的理解，这适用于19世纪的所有乘客。布坎南在1847年的年度报告中发现，尽管所有移民的总体死亡率为8.77%（见上文），但成人的死亡率仅为7.21%，而14岁以下儿童的死亡率则不成比例地高达11.86%。爱尔兰移民在这一年的死亡率如下：成年男性（6.37%）、成年女性（6.05%）、1—14岁男童（8.62%）、1—14岁女童（8.69%）和1岁以下婴儿（14.42%），这展现出移民死亡的倾斜比。雷蒙德·科恩分析了1836—1853年前往纽约的28000多名欧洲移民，得出类似结论。科恩写道，对一个特定的人而言，“死亡率并没有受到性别的显著影
158 响”，但“移民的年龄是影响死亡率最为重要的因素”。1岁以下的婴儿和老年人比其他人群更容易死亡。研究澳大利亚移民的学者对此表示赞同。根据拉尔夫·施洛莫维茨和约翰·麦克唐纳的说法，在整个19世纪，由政府资助前往澳大利亚的航行中，“最值得注意的人口特征无疑是儿童的极高死亡率”。在1838—1853年的一次典型的航行中，“登船或在航行中出生的婴儿有近四分之一死亡”。殖民部档案显示，1852年移民船“提康德罗加”号（*Ticonderoga*）在前往澳大利亚途中暴发斑疹伤寒，造成20.64%的乘客死亡，对儿童造成的影响尤为明显。成年男性（17.98%）、成年女性（15.41%）、1—14岁男童（16.67%）的死亡率均低于平均水平，但女童（28.57%）的死亡率更高。1岁以下的婴儿（71.43%）几乎全部死亡。联合王国

政府在大饥荒时期采取的应对措施，是定期限制登上受资助移民船的儿童数量。[15]

虽然海难是 19 世纪中期移民死亡最引人注目和最广为人知的原因，但它们只占全部死亡人数相对较小的一部分。这在一定程度上是因为发生在海岸或海岸附近的很多事故，乘客可以通过攀爬、游泳求生，或被人送到安全的地方。即使是在公海上失踪，受损船只通常也位处相当于海上高速公路的地方，因此能够接受过往船只的救援。在对大饥荒时期大西洋航线的分析中，雷蒙德·科恩同意其他历史学家的观点，即失事船只造成的死亡人数相对较少。它们就像今天的飞机失事一样，“受到媒体的关注，偶尔也会导致大量死亡，但不太可能发生”。殖民地土地和移民委员会在其年度报告中披露的海难相关死亡率的官方统计数据支持这一结论。1847 年 1 月至 1855 年 12 月（大饥荒时期唯一有完整沉船记录的年份），共有 2809067 人从不列颠和爱尔兰出发，其中因沉船死亡的乘客只有 3185 人（0.11%）。罗宾·海恩斯在关于这些年份驶往澳大利亚途中移民死亡率的研究中得出结论，海难造成的死亡“非常罕见”。除 1845 年沉没的“卡塔拉奎”号（*Cataraqui*）、1854 年沉没的“泰勒”号（*Tayleur*）和 1855 年沉没的“启明星”号（*Guiding Star*）这 159
样耸人听闻的事件外，很少有船只在海上沉没。据海恩斯称，在政府资助的 281378 名移民中，只有 0.2% 的人在海难中身亡。这些移民乘坐殖民地土地和移民委员会承租的船只，前往澳大利亚和南非。最后，根据查尔斯·贝特森的说法，死于海难的犯人数量“微乎其微”。1788—1868 年，运往澳大利亚的 160023 名犯人中，只有不到 550 人（0.34%）死于海难。航船本身的适航性、船长和船员的技术以及航行的季节都可能在沉船事故中发挥作用。但这些可怕的事件很少发生，而且很少是灾难性的。[16]

WRECK OF THE BARQUE "EDMUND," ON THE DUGGERNA ROCKS, BAY OF KILKEE, COUNTY OF CLARE.

图 10　1850 年在克莱尔郡基尔基失事的“埃德蒙德”号

来源:《伦敦新闻画报》1850 年 12 月 7 日。感谢英国报纸档案馆和大英图书馆委员会惠允使用。©Illustrated London News Group

总体而言，这些统计数据暴露出一种认知上的危险，即让 1847 年前往魁北克的许多人所经历的可怕苦难，掩盖我们对爱尔兰大饥荒时期移民死亡率的了解。事实上，“弗吉尼亚”号和“埃文”号等令人闻之色变的船只是用来证明这一规则的例外：1845—1855 年前往不列颠、北美和澳大利亚的绝大多数爱尔兰移民的死亡率等于或
160 低于 19 世纪中期欧洲海员的死亡率。这并不是贬低那些在 1847 年（或任何其他年份）患病和死亡之人的苦难。与 21 世纪的航空旅行相比，他们的航行是危险的，与今天非洲移民在地中海面临的危险相当。他们的死亡过去曾经是、现在仍然是大饥荒时代画卷中浓墨重彩的一笔。但我们也有责任不让这些令人悲伤的片段遮蔽对整个事件的理解。他们的很多故事既可怕又悲伤。1847 年，37256 人从利物浦和科克前往魁北克，他们代表当年前往加拿大的 98749 名爱尔兰人中略微超过三分之一的人，以及在大饥荒时期 200 万移民中不

到 2% 的人。最重要的是，要记住这些赤裸裸的统计数据只是故事的一部分。要想更全面地理解大饥荒时期海上的死亡情况，就必须考察当时移民对死亡的认识和经历。1850 年 11 月，一份澳大利亚报纸刊登的一首《为一位爱尔兰移民女孩在海上死亡而写》的诗，揭示出一场海上葬礼所造成的社会混乱。

没有泪水在坟墓洒落，
没有叹息在那里驻留；
没有朋友为她守夜祷告，
没有忠贞的爱情安慰她。

现在让我们来考虑死亡如何形塑海上移民共同体的社会变迁。[17]

“海洋是他们的墓地”：
海上的死亡与濒临死亡

围绕死亡的丧葬仪式在19世纪的陆地上具有重要的象征意义，在海上也同样具有深远意义。由于尸体无法保存足够长的时间以送回陆地进行“体面的基督教葬礼”，长途航行的海员发展出一些仪式，旨在复刻传统的陆上葬礼所灌输的社会凝聚力。缺乏埋葬地点对当时的许多人来说尤其令人烦恼。1851年12月，《水手杂志和海
161 军期刊》写道：“很奇怪，海上生活的人平均寿命只有陆地上的一半，因为海员总是离死亡越来越近。”“海洋是他们的墓地，这艘船既是他们的灵车，也是他们的棺材。”在这样一个奇怪的自然环境中，许多人一想到自己或亲人将死于海上就感到十分难受。美国作家理查德·亨利·达纳（Richard Henry Dana）在他的回忆录《航海两年》（*Two Years before the Mast*）中，反思了死亡和濒临死亡对船上共同体的影响。他写道：“死亡在任何时候都是庄严肃穆的，但在海上更是如此。”“十来个人一起被关在一个小房间里。在宽阔的海面上，连续几个月，除自己的声音外，他们什么也看不见，什么也听不见。一个人突然从他们中间被带走，他们到处都找不到他。这就像失去了一条腿。没有新面孔或新景色来填补空白。艏楼总有一个铺位空着。”许多大饥荒时期移民的爱尔兰人在离开家园的时候，由于大规模的死亡和无休止的贫困，围绕死亡的社会习俗正逐渐消失。未埋葬的尸体和孤独的死亡是大饥荒经历的一部分。在这种社会和心理

都得不到保障的背景下，在海上死亡和濒临死亡的经历往往具有特别的象征意义。因此，虽然死亡可能会撕裂这些漂浮的共同体构造，但也可以用新的方式将它们缝合在一起。[18]

疾病和暴风雨天气等危险的出现，往往会立即引起船上社会的恐惧。1845 年，从利物浦开往纽约的“霍廷格尔”号（*Hottinguer*），在海上航行一周后，有两名儿童感染天花，其他 395 名乘客立即受到影响。“船上弥漫着一种无法形容的沮丧情绪”，当时作为客舱乘客的理查德·弗雷泽（Richard Fraser）博士说。船长迅速采取行动。“呼吸一旦停止，尸体就被扔到海里”，弗雷泽写道，“连同他们的床、被褥和亚麻布一同扔出，并用燃烧过的焦油净化他们的铺位”。当猝死对乘客产生令人不安的影响时，外科医生和其他官员往往用男性强壮与女性软弱的对比来解释他们各自的反应。1852 年，移民船“艾琳”号从利物浦驶往悉尼的途中，“一名船员落水后失踪，这令乘客深受影响”。船上的外科医生“晚上花了很长时间在单身女性身上， 162
试图转移她们的注意力，让她们不去关注这一悲惨事故”。突然降临的风暴也可能会产生类似影响。1848 年，运载爱尔兰女犯人的“金尼尔”号遭遇一场狂风，船上的外科医生约翰·威廉姆斯报告说，犯人发出“痛苦的哀号和悲鸣……过了整整一个小时，她们才安静下来”。另一些人则在危难时刻故作镇静。1854 年，当“北极”号（*Arctic*）在纽芬兰海岸不断下沉时，船上的一位女乘务员瘫坐着，自言自语道“我死在哪里都一样”。至于安特里姆郡的福伊（Foy）先生，当船上厨房着火时，他拒绝离开自己的铺位，并告诉一位乘客，“他的父亲和祖父都死在床上，他也会死在床上”。[19]

对于那些独自旅行的人来说，在海上慢慢死去是一种孤独的经历。塞缪尔·哈维在 1849 年乘坐“里恩策”号从贝尔法斯特驶向纽约的航行中，描述了一位患痢疾的无名女子在生命的最后几个小时令人致郁的经历。她的女儿在几天前去世，留下她独自一人。“大多数乘客都不敢靠近她”，哈维写道，“她在船上没有朋友，她自己的衣服、几张网布和7枚金币留给在纽约的一个儿子”。当这位病人被转移到船上的医院时，哈维看到病房里的情形，有些退缩。“这是在船头的操舵间隔开的一个小地方，对一个生病的人来说，这是整艘船最悲惨的地方。”“因为这里有海浪持续拍打的噪声和这部分船体遭受的异常可怕的颠簸。”由于缺少外科医生，船上的其他乘客往往整夜轮流照顾这位濒临死亡的妇女。当其他人拒绝时，哈维勉为其难地同意。“为了不让我们闻到那股难闻的气味”，哈维和他的一个朋友喝了一杯白兰地，“我们开始工作，由于疾病的性质和船体的颠簸，当时风很大，我们的工作非常不愉快”。在长达4个小时的黑暗中，哈维和他的同伴“坐在那里，听着这位病人垂死的呻吟，风在
163 吱吱作响的索具间呼啸，老鼠打作一团……而最令人印象深刻的是，一波又一波的海浪像雷声一样在我们耳边轰鸣，从船头到船尾都在摇晃”。看着这个女人在黑暗中孤独死去是一种令人不安的经历。哈维写道：“我希望再也不要看到那个垂死的女人这样的景象。”“她已经丧失理性……当她抓住一切能抓得到的东西时，她有时会用凶狠、怪异的目光盯着我们，嘴里还嘟囔着什么，仿佛在诅咒我们似的。”两天后，她与世长辞。[20]

即使囚犯船上载有受过训练、装备精良的外科医生，孤独、被忽视和抑郁也可能导致病人迅速死亡。1851年，2岁的詹姆斯·伍德利（James Woodley）在一艘从科克开往范迪门之地的船上死于肺结核。伍德利的父亲是一名退伍军人。船上的外科医生将他的死亡部分归因于父母对孩子的健康状况不闻不问。哈维·莫里斯在日记中写道，考虑到“这个孩子的父母在登船后对他非正常的对待”，我们有理由推断“这种疾病的第一粒种子是由他们的忽视和残忍所培

育的”。在犯人中，抑郁也会产生负面影响。1845 年，当爱尔兰犯人艾伦·沙利文（Ellen Sullivan）在“塔斯马尼亚”号上死于痢疾时，外科医生注意到她“自上船以来一直情绪低落”。沙利文经常绝食，“很少与人说话，只求一死”。一名犯人一旦确信自己的生命即将结束，就很难说服他们。1848 年，当詹姆斯·菲茨西蒙斯（James Fitzsimons）在“班加罗尔”号上被诊断出患有肺结核后，他断然拒绝“承认自己有康复的可能”。外科医生哀叹道：“不管我如何批评他，也不管我用什么方法消除他忧郁的预感。”一天，当外科医生滔滔不绝地向他讲述范迪门之地的气候有益于健康时，菲茨西蒙斯在感谢医生的好意后，确信他不会再见到陆地。“事实证明这是真的，因为尽管我们在他去世前看到了塔斯马尼亚岛，但这个可怜的人从来没有看到过。”面对即将到来的死亡，外科医生经常用食物和饮料来鼓舞他们的病人。1849 年，爱尔兰犯人查尔斯·奥克斯（Charles Oakes）躺在“海得拉巴”号（*Hyderabad*）上奄奄一息，他的外科医生观察到，他“按照医嘱服药，吃了点饭”，“但把给他的酒都喝光了”。[21]

在爱尔兰暴发大饥荒以前，丧葬习俗是重建和具体化公共纽带 164
的众多方式之一。通过对死者和临终者的尊重与关怀，乡村居民也表现出对生者的尊重与关怀。在大饥荒期间，大量的死亡和贫困摧毁了这些共同体，因此亲友无法妥善安葬死者，这也反映出共同体纽带在更深层次和高度令人不安的断裂。著名的口头文学作家佩格·塞耶斯（Peig Sayers）曾经讲过一个故事：大饥荒时期，一个女人被迫独自将女儿带到墓地埋葬。帕特丽夏·莱萨特（Patricia Lysaght）据此认为，“社会习俗和规范遭受侵蚀，特别是关于死者的葬礼，而大饥荒时期的文学作品和民间传说都证实这一点”。现存档案表明，当时生活在爱尔兰的人已经认识到丧葬习俗被中断所带来的社会影响。1847 年，神父西奥博尔德·马修（Theobald Mathew）目睹大量贫民被埋葬在当地公墓的空地，他为此感到惋惜。马修解释说：“每天都会挖一个大坑，将当天死去的人一起埋葬。”“有些时候，一天埋葬六七十个人，偶尔埋葬的人更多。”1851 年，《戈尔韦辩护者报》的一篇社论批评济贫委员会拒绝为死在济贫院外、身无分文的穷人购买棺材。“埋葬逝者和供养生者同样重要”，编辑宣称，“因此，我们看不出济贫委员会是基于什么样的经济考虑或人道主义原则，反对为死去的穷人提供棺材”。私人慈善往往是最后的依凭。1849 年，梅奥县的一名目击者提到，数百名“活骷髅、男人、女人和孩子”在路边寻找食物。当这群不幸之人中的 5 个人死亡后，他们的尸体“暴露在路边三四个日夜，遭到野狗和乌鸦啃食，直到某个好心人将他们埋在路边的一个草坑里”。[22]

海上社会关系中的公共纽带更为重要，移民往往努力去适应海上葬礼的做法，特别是与以体面和尊重为标准的葬礼背道而驰时。1854 年 6 月，一些从利物浦乘坐“查平”号（*Chapin*）刚刚抵达目的地的乘客，抱怨船长在海上的所作所为。他们在给《波士顿先驱报》的一封公开信中声称：“当乘客的尸体被抛入大海时，没有举行
165 任何宗教或其他仪式。”“每时每刻都残酷无情，显然是为了激怒幸存者。”起初，死者的脚上被绑上沉重的金属片，以使他们的尸体沉入海底。但船长很快就放弃这种做法，他喊道：“我要是再把我的生铁浪费在这些可怜的家伙身上，我就要完蛋了。”他亵渎不敬的言语和行为“吓坏了最坚强的心灵”。即使采用体贴入微的埋葬方式，船在海上的行进速度也让许多人感到不安。1852 年，卡罗琳·奇泽姆承租“尼泊尔”号，运送移民前往澳大利亚的吉朗。当一名年轻女孩在船上遇难时，她所带来的社会影响显而易见。一名目击者哀叹道：“对于习惯了目睹，或更确切地说是听到，由诚实的朋友守护尸

体、停放一周或更长时间的人来说，目睹逝者在两三个小时内被送到安息之地，这让他们感到很奇怪。”“她是上午 8 点左右去世的，下午 3 点半就安葬了。”尸体放置在直角的平台上，“被缝进装有一百磅压舱物的帆布袋，这与普通葬礼截然不同，以至于当你看到这一场景时，浑身打颤”。死亡对整个共同体都有影响。另一位移民写道，一名水手从帆索上掉了下来，“当大家都知道这件事时……死亡降临到我们船上，肃穆的寂静笼罩着所有人”。“有一段时间，大家都在窃窃私语。”[23]

水手通常会非常认真地对待死去的同伴，但当面临听从船长命令还是逃避疾病的选择时，他们通常会选择后者。在海上工作一直是一个危险的职业，但许多人认为自愿遭受斑疹伤寒、霍乱和其他传染病超出了他们的工作范围。即使面对体罚、罚款和监禁，水手也会在必要时保护自己。1847 年，威廉·麦克里从贝尔法斯特来到魁北克不久后就对一个朋友说道：“魁北克的热病正在蔓延。”“除船员和船长等人外，船上其他人几乎没有不在医院的……来这里后的一个晚上，我们有 5 个人逃跑了，只剩下另一个人、厨师、木匠和那些男孩。”当疾病在海上暴发时，并不是所有的船长都赞同他们和船员应该负责埋葬死者。1853 年秋天，“芬格尔”号搭载着 300 多名爱尔兰移民离开利物浦前往魁北克。不久后，“芬格尔”号遭
遇一场突如其来的霍乱疫情。乘客德莱尼·芬奇写道，船上没有外 166
科医生，而且船长“认为自己没有义务照顾（移民的）健康，据我所知，他拒绝在乘客身体不好的时候照顾他们”。一周半后，抽水马桶坏了，这迫使乘客“在船边解决大小便”。船长对待航行中逝者的方式，同样令人反感。芬奇叙述了这样一种情况：一具尸体不是被缝进帆布裹尸袋里，而是“用身上的衣服胡乱裹着”；还有一具尸体在甲板上躺了 6 个小时，因为“他们无法找到人将其扔到

海里”。芬奇说，水手“一开始就害怕这种疾病，也不认为这是他们必须履行的职责”。最后，“水手放任所有人去做他们认为合适的事情”。[24]

当死亡给流动的移民共同体结构带来压力时，它往往是沿着先前存在的分割线来施压的。考虑到19世纪移民认识死亡和濒临死亡的宗教背景，这种经历往往会产生来自家乡的宗派主义，这是可以理解的。1849年，在从贝尔法斯特到纽约的航行中，新教徒塞缪尔·哈维对一名天主教移民同伴的反应不屑一顾。船上的官员让这位天主教徒来照护一名患有痢疾而濒临死亡的妇女。“他是一个傲慢的年轻人，认为这项任务特别令人生厌，因此粗鲁地拒绝了船长”，哈维写道，“于是船长用尽可能礼貌的方式训斥（这位天主教徒），这是我听过的最严厉的训斥，听到这番训斥的乘客也非常高兴和满意；幸运的是，一个虔诚、善良并且新婚的新教徒立刻从他年轻妻子的床上跳起来，自愿第一个照顾病人”。哈维得意洋洋地说：“他不假思索地把新婚妻子留在卧铺上，替代那个冷酷无情的罗马天主教徒，这成为二等舱乘客津津乐道的话题。”1850年，爱尔兰地主兼慈善家维尔·福斯特为“深入了解爱尔兰移民的状况和前景”，登上“华盛顿”号移民船。他发现天主教的葬礼缺乏宗教仪式，这让他感到困扰。“外科医生告诉我，在船上死去的人从没有举行过葬礼”，福
167 斯特后来告诉议会，“天主教徒反对由一个门外汉来主持葬礼”。相反，一名死去乘客的尸体“连同一块大石头被缝到一块布里”，等到水手工作开始唱歌时，船上的乘务员才把尸体扔到海里。这样，他们的船夫号子“就成为葬礼的挽歌”。[25]

我们在前面看到船员和移民经常复刻他们在陆地上学到的社会习俗。然而，海上的流行病和大规模死亡可能会推翻这些条条框框，导致船上社会的全面崩溃。1851年3月，当饱受热病折磨的“布兰

奇”号终于完成从利物浦到新奥尔良的航行时，吓破胆的目击者证实这艘船上的所有人几乎都失去了行动能力。港口卫生官员弗雷德里克·哈特博士（Dr. Frederick Hart）注意到，船上的人完全缺乏领导能力。哈特告诉当地的英国领事说：“我发现船长在船舱里生病了，无法报告情况。”大副和二副也生病了，“除一个年迈的厨子、乘务员和两个水手，其余的船员都感染了船热病”。由于无人维护社会秩序，船上混乱不堪。这艘船的甲板上“布满污物和脏东西”，里面住着“两头猪和大约 50 个我见过的最肮脏的家伙”，哈特写道。统舱里的场面也一样糟糕。“从甲板上下来，患病和濒临死亡之人的恶臭和呻吟，难以用笔墨形容。约有 70 个船热病例，其中两人在抵达后的 12 小时内死亡。”船上还至少有一具尸体，另有两名乘客在从利物浦出发的途中自杀。没人知道有多少人死亡，“因为航海日志上没有记录”。但乘客自己估计“大概有 50 人死去”，尽管船长对这么大的数字表示怀疑。新奥尔良市长对“布兰奇”号感到厌恶，他对移民缺乏社会凝聚力深恶痛绝。“迄今为止，如果一个慷慨的共同体忽视这一严重恶行，而想着更加诚挚地欢迎其他国家的居民”，阿卜杜勒·克罗斯曼（Abdiel Crossman）对英国领事说，“那么这种不分青红皂白的热情款待是有限度的，如果适当考虑保护自己的话，我们将不得不采取这种限制”。[26]

由于死亡和疾病已成为日常生活的一部分，移民有时可能会完全丧失斗志。1847 年初，利默里克的地主斯蒂芬·德维尔乘坐统舱前往魁北克。他描述许多人精神崩溃，这是大饥荒时期目击者的 168
讲述中最常被引用的内容。“移民在海上不到一周就完全变了一个人”，德维尔告诉殖民地土地和移民委员会。“怎么可能不这样呢？数以百计的穷人、男女老少，从 90 岁的老年痴呆者到刚出生的婴儿，都挤在一起。没有光，没有空气，在污秽中打滚，呼吸着恶臭的空气，身体抱恙，精神萎靡。”约翰·格里斯科姆博士（Dr. John H. Griscom）在美国参议院移民船疾病与死亡特别委员会作证时提及，1847 年，他在纽约检查一艘来自利物浦的船只，他难以描述这艘船的肮脏程度。“那些难以形容的污秽，那些瘦弱、半裸的身影，许多人的脸上有淤点，有的蜷缩在铺位上，有的分散在甲板上”，格里斯科姆说，“呈现出一幅钢笔或铅笔都无法表达完整思想的画面”。在同一份报告中，安布罗斯·达德利·曼（Ambrose Dudley Mann）认为，与 1847 年从爱尔兰航行到魁北克的“弗吉尼亚”号和“落叶松”号等船只的货仓相比，“加尔各答黑洞（Black Hole of Calcutta）是仁慈的”。面对如此困难的情况，一些移民敦促亲友不要跟着他们漂洋过海。“我很高兴你们没有到这里来”，费伦茨·麦高恩（Ference McGowan）在 1847 年抵达新布伦瑞克后对父母说。“他们来到这里，有数十人死亡。每艘船到这儿来的时候，船上都有热病传播。”麦高恩在这封信的后面提到朋友和邻居的消息及近况时重申这一点。“这个季节，你们谁也别来这里”，他写道，“因为这里感染热病的人太多了，几乎每家每户都有人发烧”。[27]

法裔加拿大宗教人士纪律严明、组织严密。他们在 1847 年不知疲倦地工作，以帮助病人和濒临死亡的爱尔兰人退烧。但即便如此，他们也发现自己及其教牧关怀（pastoral care）系统有时会被那个夏天席卷魁北克的巨大痛苦所淹没。蒙特利尔灰衣修女会（Grey Nuns）的现存档案包括修女自己的长篇叙述，证实她们在圣查尔斯角（Pointe Saint Charles）的拉新运河（Lachine Canal）沿岸竭力维持着可控的假象。一名目击者写道：“数百人躺在那里，其中大多数人乱七八糟地躺在光秃秃的木板上，有男人，有女人，还有孩子。”“垂
169 死的人和尸体住在一起，还有人躺在码头上或躺在河边的木头上。”死亡人数之多，以及将其尸体运至墓地之难，带来一个运输和伦理

难题。一位修女解释说："在我们建造一个简易房来存放死去病人的尸体之前，我们会把尸体先带出棚屋，然后将其放在露天院子里的木板上。由于墓地离棚屋还有一段距离，尸体就留在那里，暴露在恶劣的环境中，直到大量尸体聚集起来，需要用一辆车来运输埋葬。"修女回忆道："当我们走进院子时，看到院子的一边是死气沉沉的尸体，而另一边是准备装入尸体的棺材，这是多么悲壮的景象啊！"然而，即使在这样一个病态的环境中，黑色幽默也可以缓解人们的精神焦虑，让那些致力于帮助病患的人和濒死者之间的友情恢复。一天，当他们站在那里注视着堆放在院子里的几口空棺材时，一位法国牧师问其中一位修女，她是否认为她们自己的棺材也已经造好。"还没做呢"，修女自信地说，"但做棺材用的木板肯定已经锯好了"。[28]

所有移民都面临这样或那样的社会混乱，但对那些患有传染病且是独自旅行的人来说，他们面临的情况会更加糟糕，因为疾病只会使他们进一步脱离原有的社会。1849年，本杰明·沃克曼（Benjamin Workman）在写给《阿尔马卫报》(*Armagh Guardian*）编辑的一封信中，详细描述了他最近在蒙特利尔遇到的一个孤苦伶仃的爱尔兰移民的悲惨遭遇。上个星期六，他曾见过她，"她走在这个城市的街道上，显然是在艰苦的环境下劳作；她步履蹒跚、脸色苍白、两眼深陷，整个外貌都表明她的身体极度疲惫"。他注意到，这名女子在沿路的几家商店进进出出，询问几次后得知她只向每位店主"要了些冷水"。当这名妇女坐下来休息时，沃克曼走近她，得知她叫伊莱扎·约翰逊（Eliza Johnson），来自阿尔马，感染了霍乱。约翰逊最近刚从贝尔法斯特乘船到魁北克，在蒙特利尔只待了两天。但当她寄宿的房东发现她生病后，在雨天把她赶了出来，让她去移民医院。沃克曼解释说："她在这座城市是个十足的陌生人，她不知 170

道哪里可以找到这家医院。她就在街上游荡，直到她的衣服湿透，整个人就像被水浸过一样。”沃克曼被这个可怜女人的困境所打动，他找来一辆车，并在两名警察的帮助下，把她送到移民棚屋，但两天后她就死在那里。沃克曼向编辑保证：“她被转移到医院后，为挽救她的生命，缓解她的病痛，所有能做的都为她做了。”沃克曼帮助伊莱扎·约翰逊，并与他人分享她的悲伤故事，这说明死亡和濒临死亡可以将人们分开，也可以让他们走到一起。[29]

当亲友有精力和他们即将死去的亲人在一起时，这种经历有时会让他们团结起来。1847 年春天，爱尔兰移民詹姆斯·邓肯和他的朋友麦基一家（McKees）乘坐“马萨诸塞”号前往纽约。然而，在海上航行第四周结束时，麦基的一个姐妹病倒了，很快就要死去而被沉到海底。一想到自己会被埋在海底，她就感到不安，于是她问邓肯是否愿意和她兄弟一起，说服船长把她的遗体保存下来埋在岸上。邓肯认为这也许是不可能的，但当他答应这样做时，麦基小姐“似乎松了一口气，轻松了一阵”。当她第二天早上去世时，传统的性别角色要求其他女乘客帮助准备下葬。邓肯在日记中写道：“站在旁边的女人不愿靠近她，但一些男人跟她们说了些话，她们出于羞愧而不得不这样做。于是她们给她换好衣服，收拾出一个地方。”那天晚上，邓肯在甲板下面隔出一个小房间，点一盏灯。“然后我邀请一些人来守灵”，他解释说，“麦克马伦先生做祷告，诵读一段时间；他们一直在谈论有关《圣经》的话题，一直谈到 12 点，大部分人才上床睡觉”。航船离目的地还有一段距离，船长温和地坚持要将麦基小姐葬在海上。但葬礼因为汹涌的海浪而推迟，海浪拍打船身使船上的东西猛烈摇晃，“靴子、鞋子、桶、箱子、衣服，以及所有的一切，几乎要把尸体颠出铺位”。最后，在麦基小姐死后两天，她被缝进帆布裹尸袋里，沉入大海。邓肯和她的兄弟约翰·麦基静静地站

在甲板上。邓肯写道："我本想说些安慰的话，但我们呆呆地站在那 171
里有好几个小时，一句话也没有说。当时的场景很是奇怪，没有人提醒我们关注这个忙碌的世界，我们似乎已经离开这个世界。""当我们从甲板上下来，看到女士们陷入忧郁，在黑暗中枯坐。于是我们点了盏灯，准备些热饮，然后爬上我们的卧铺。"[30]

面对跨洋航行带来的各种危险，许多人从基督教中寻找慰藉，因为基督教承诺给所有信仰上帝之人永恒的幸福。教士正陷入一场持续不断的斗争中，他们力图说服海员接受宗教信仰，拒绝亵渎神明，远离酒精。宗教成为消除他们日常的和超自然的恐惧的一种方式。在伦敦《水手杂志和航海情报员》（*Sailors' Magazine and Nautical Intelligencer*）的一篇报道中，英国及外国水手协会（British and Foreign Sailors' Society）的新教福音派传教士马斯卡特（T. Muscutt）牧师解释说，虔诚是水手为海上遇到的危险做好充分准备的唯一途径。"他们和其他人一样，有不朽的灵魂需要拯救，否则就要沉沦"，马斯卡特说道，"从内心拥抱上帝，他们就会得到上帝永恒的祝福；当风暴在他们周围肆虐时，他们就可以寻求上帝的帮助"。爱尔兰移民往往依靠他们的宗教信仰来平复对海上航行的担忧。1849年，萨拉·卡罗尔（Sarah Carroll）定居布法罗后，给她在田纳西州的亲戚写了一封信。她在信中提及，她叔叔写的那封鼓励她从女王郡移民的信在邮递过程中有延迟，"直到隆冬才寄到，但我渴望来这里，所以我即刻动身出发"。卡罗尔在海上度过了充满危险的10周，她"经常担心会被淹死，只有当全身心信奉上帝时，才得以在海上和在陆地上一样好"。1852年5月，《波士顿导航报》刊发一首名为《玛丽·阿斯托尔》（*Mary Astore*）的诗。在这首诗中，克劳福德夫人（Mrs. Crawford）描述了海上祈祷的愈合潜力：

我们既没有圣坛也没有牧师，玛丽·阿斯托尔！
然而在这狂风暴雨的大海上，玛丽·阿斯托尔！
我们可以在晚祷中，
我们可以为爱尔兰祈祷；
愿上帝擦去她的眼泪，玛丽·阿斯托尔！

172 在始终存在危险的情况下，宗教信仰在当时当地所提供的慰藉与它在永恒中所提供的慰藉一样多。[31]

虽然政府意识到专业的医疗知识和技能可以在海上拯救生命，但来自乡村社会的人往往害怕医生工具包里的东西。在对1852年前往澳大利亚的某些船只上过高的儿童死亡率的调查报告中，殖民地土地和移民委员会的托马斯·默多克将很大一部分责任归咎于孩子的父母。默多克解释说："死亡人数如此之多，部分原因是爱尔兰和苏格兰父母对孩子的治疗提出无法克服的反对意见。"1847年，3岁的约翰·卡多根（John Cadogan）在一艘前往澳大利亚的移民船"乔治·西摩"号上去世。船上的外科医生把孩子的母亲描述为"爱尔兰社会地位最低的人，努力隐瞒孩子可能有的任何疾病"。就在约翰去世的前两天，"母亲说孩子好多了"。当死亡发生时，外科医生往往希望进行尸检，以确认他们对死亡原因的猜测。然而，亲友对逝者的离开感到难过，并想到他们将陷入"无路的深渊"，因此往往反对进行尸检。1849年，一位叫帕特里克·贝格（Patrick Begg）的海员，摔死在爱尔兰的囚犯船"海得拉巴"号上。外科医生试图解剖尸体，但没有成功，因为当时刮着大风，"而且死者的同船船员反对进行尸检"。同样，"犯人对解剖根深蒂固的偏见"说服乔纳森·费瑞厄（Jonathon Ferrier），使其在1850年运送爱尔兰女犯人的"格雷伯爵"号上没有进行解剖。最后，一些外科医生尊重突然死亡带来的悲伤。1852 年底，当爱尔兰女犯人露西·戈尔曼（Lucy Gorman）死在“中洛锡安”号上时，戴维·托马斯（David Thomas）承认，鉴于“这种不可预见的结局导致的普遍沮丧，我不建议检查死者的身体，但毫无疑问，这是一个肿瘤转移到心脏和肺部而致死的病例”。[32]

19 世纪的爱尔兰移民来自这样一个社会，守灵仪式和其他葬前活动在其中扮演重要角色，移民往往试图在海上遵循这些习俗。1847 年，安布罗斯·达德利·曼在担任美国驻不来梅领事期间，关注移民信仰与疾病传播之间的联系。“在所有天主教国家，人们受到内心 173
驱使，对逝者的怀念都有一种非凡的虔诚，这种情绪在爱尔兰最为普遍”，他写道。“地位最卑微的村民，由于贫困而无法享有任何其他可见的纪念物来怀念离开的亲人，深情地依恋着他们在世时穿过的衣服，无论它们多么破旧不堪、一文不值。”他认为正是这类衣服在船上引发了一种致命的恶臭。其他人对爱尔兰人信仰的看法则有失偏颇。1847 年 10 月，一位来自新布伦瑞克圣约翰的目击者，在信中将“埃文”号极高的死亡率归咎于爱尔兰移民，并将他们与船上勇敢的新教徒作对比，使爱尔兰移民处于不利的地位。尽管在横渡大西洋时遇到恶劣天气，但“如果不是乘客自身的品性和倔强，一切本来都还好，但这些乘客是来自爱尔兰最不守规矩、最混乱、最狂野的一群人”。这些“痴心的人被某种不可思议、恶魔般的魂灵所感动，不肯与死人分离，直到船上的感染程度达到极点”。船员和信奉长老会的乘客介入后，才发现有 60 多具尸体藏在箱子里或缝在床上！虽然这可能不是真的，但这封信确实显示出天主教信仰经常受到的蔑视。移民也不一定对他们的习俗感到羞耻。1851 年，当“黑修士”号的外科医生命令一名爱尔兰犯人给她的孩子洗澡时，这名犯人回答说：“上帝保佑，她养过 9 个孩子，但从没有在任何一个孩子的身上洒过一滴水。”[33]

撇开宗教信仰和习俗不谈，处理尸体的实际行动有时也会以奇怪的方式将海上群体聚集在一起。1848 年，安特里姆郡的亨利·约翰逊从利物浦前往纽约。靠近他舱位的一位父亲在一场暴风雨中丧生，尸体躺在统舱的地板上。“过了一会儿，箱子、木桶等开始从一边滚到另一边，掌舵的人被甩出舵舱，船身变得几乎无法控制”，约翰逊回忆道。“就在这个时候，我被甩到尸体上，可怜的母亲和两个女儿被甩到我们身上。在约 15 分钟里，尸体、箱子、木桶、妇女
174 和孩子混作一团，从一边撞到另一边。”当船员重新控制住船身后，“我们把尸体缝在裹尸袋里，然后带到甲板上，在肆虐的风暴中，船长为死者祈祷，之后把他扔到海里”。在等级森严的船上，乘客很难挑战权威人士处理其他已逝官员的方式。1846 年夏天，“伊丽莎白和萨拉”号从基拉拉驶往魁北克，船长和很多乘客在途中遇难。“他们的尸体立刻就被抛到海里去了，但似乎是为了增加我们的痛苦，大副坚持要留下船长的尸体，尽管我们强烈反对这样做”，一群幸存的乘客后来抱怨道。在近两个星期的时间里，“船长的尸体躺在后甲板上，以一种最可怕、最恶心的状态腐烂”，这引发致命疾病的长期传播。随着登陆的日子临近，大多数人都认为尽快掩埋尸体是有好处的。当塞缪尔·哈维在夜间看护的那名女子最终在距离纽约市只有几个小时航程的地方去世时，船长询问乘客是否愿意在快要抵达目的地时推迟到达时间，让船暂停航行以举行葬礼。他们一致回绝，在颂读“葬礼布道中一小段合适的摘录后……把她的尸体扔进海里”。[34]

虽然掌权者经常看不起那些死去和濒临死亡的爱尔兰人，但他们有时会出于社会责任感而仁慈地对待他们。1849 年，15 岁的乔安娜·凯莱赫获准陪同母亲登上囚犯船“玛丽亚”号（见第一章），之后她患上肺结核。船上的外科医生说，凯莱赫的胃口“非常好”，但

她“坚决不吃竹芋或任何治疗药物”。为尽可能给她提供营养，诺洛斯医生“每天早上给凯莱赫一个鸡蛋当早餐，晚餐给她一块禽肉，再配上一些黑啤酒或葡萄酒”，甚至偶尔“在睡觉前给她服一剂安眠药”。尽管如此，凯莱赫还是死于肺结核。虽然无法证实它的真实性，但最初在波士顿发表、后由《水手杂志和海军期刊》转载的一则故事表明，船长可能同情失去亲人的移民。这封信据说是出自一位地位卑微的爱尔兰女性移民，她在信中描述自己因看到死去的乘客被海葬而感到悲伤。每个逝者都被包在一块“狭窄的裹尸布”里，之后“投入深海，没有安魂曲，只有慈母满满的叹息；没有葬礼， 175
只有父兄和满怀同情的陌生人的眼泪”。当她自己的孩子去世后，这个女人拒绝让“深海里的怪物将其吞食入腹”，所以她把孩子藏起来，“含糊其辞地回答……唱着歌，好像我的宝贝只是睡了一个小时”。当船长知道后，他怜悯这个女人，把孩子安放在一个“简陋的棺材”里，放在一艘小船上，拖在大船的后面。“就在那时，我想起我亲爱的小屋，我的故乡”，女人写道，“也想起我那些留在家乡的好友，我渴望和她们一起流泪”。3 天后，当船员发现陆地时，船长履行他的诺言，把孩子埋在岸上，并把这个地方的名字写在一张纸条上，让母亲记住。“我感谢他的照顾”，她回忆道，“我告诉他，这段经历已经刻在我的心里”。[35]

丧葬是海上生活中令人悲伤的一部分，可能会削弱和平与秩序赖以维系的士气。因此，船长和其他权威人士有时会在葬礼结束时发布公告和新闻，以提振每个人的精神。1849 年，当“迪格比”号移民船载着一批年轻女性在“女孤儿”计划下前往澳大利亚时，其中一位名叫安·弗格森（Ann Ferguson）的女性发高烧。船上的教师乔治·宾斯特德在日记中写道，其他 3 名爱尔兰女性移民后来得到已故女性的衣服，“作为她们在担任医院助理期间表现良好和对病人无微不至照护的奖励”。音乐也可以用来转移消极情绪。1852年底，当一名苦恼不堪的年轻女子试图在“比贾波尔”号上自杀时，船长把她送到医院，并给她戴上手铐，直到制帆工为她缝制了一件紧身衣。“医生让小提琴手尽快开始演奏歌曲”，一位目击者写道，“让乘客……跳舞，尽量把大家的注意力从这件悲伤的事情上转移开”。不过，没有什么比看到陆地更能振奋移民的精神。1855年，当“宪法”号驶往澳大利亚时，船上的一名乘客死于天花。“她被放在两张床之间不大的空隙中，缝进被子里，两头各有一块大石头，放在我们铺位旁边”，一位同船的移民观察道。这是难捱的一夜，统舱里唱起祈祷和赞美诗。“一切都准备妥当后，10点钟她被带到甲板上安葬，真
176 让人伤心”，这位乘客回忆道，“当时船长告诉我们，我们明天就应该到达悉尼，总共花了3个星期”。埋葬与抵达如果同步，那纯属偶然。1849年，爱尔兰犯人詹姆斯·迪根（James Deegan）在“海得拉巴”号上死于淋巴结核病，当时他已身患“一大堆疾病”。那具尸体很快就被缝进一块帆布裹尸袋里，“被迅速扔进海里”。外科医生在他的日记中写道：“紧接着，从桅顶就可以看到陆地。”[36]

虽然许多水手把他们船上的移民看作是要么惹人烦的一群人，要么顺从他们管制的一群人。但不可否认的是，当灾难来袭时，许多人表现得非常勇敢和体贴。19世纪中期的报纸上有很多官员和船员拯救濒危乘客生命的一手报道。1854年1月，“泰勒”号铁帆船在驶往墨尔本的首航启程后不久，就载着650名移民和船员在爱尔兰海岸搁浅。“当时的场面极其可怕”，一位目击者描述道，“所有的乘客……尖叫着，挤在一起，令人心碎”。根据当时的一份报告，这艘船的问题还在于一些船员“来自中国和印度，他们既不会说也看不懂英语，因此不适合在船上工作”。然而，当船触礁时，“一名黑人水手立刻跳上岸，五六个水手紧随其后”。这些人与留在船上的船员

协作，将船系在岸边，“通过这些方法，并且仅靠这些方法，用一根绳子和一块木板接二连三地救了许多生命”。大约有 370 人在事故中丧生，其中包括那些一直抓着船只残骸的人。不过也有一名男子爬到很高的帆索上，因此他留在水面上，直到第二天获救。水手也不一定只救他们自己船上的乘客。1848 年 8 月，波士顿的“海洋君主”号（*Ocean Monarch*）在离开利物浦仅 5 小时后起火，附近的几艘船立即向它靠近。一名当地记者报道说，高温和浓烟使人难以接近正在燃烧受损的船只，但一个“高尚的人，他是一个外国人……在几
乎没有希望拯救更多乘客时登上失事船只，并坚守到所有人离开， 177
据说这个值得称赞的人亲手把 100 个人送到下面的船上”。[37]

事实上，轮船公司、船员以及乘客经常在生死关头相互支持，从而团结在一起。1849 年 4 月，纽里的“汉娜”号双桅帆船在加拿大海岸附近撞上冰山，许多移民随船下沉，但有 100 多人爬到冰块上，待了一整夜。第二天早上，“在‘尼加拉瓜’号（*Nicaragua*）船长马歇尔的勇气和人道精神”，以及其他几艘运送穷人前往魁北克的路过船只的船长的帮助下，幸存者“被从险境中救了出来”。这样的海上义举并不总是容易获得偿付。“船长在拯救同道生命的人道主义行动中的支出，由于获得补偿的延误和困难，给他们带来诸多不便，甚至造成个人损失”，布坎南在 1854 年的年度报告中抱怨道，“毋庸讳言，这种情况下切实可行的政策是鼓励而不是阻碍营救行动，特别是受人道主义精神感召的营救”。1846 年，当科普公司在费城的一艘邮船被闪电击中时，船主感谢前来搭救他们的轮船所属的公司。“请允许我请求您继续慷慨地向米尔肯（Miercken）船长提供职位。他可能需要资金，我们将支付他可能需要的数目，以及考德威尔（Caldwell）船长和你们投入的开支。”科普公司写道：“如果任何时候我们有能力在此地为您效劳，我们将很乐意报答这份恩德。”

当乘客突然死亡时，科普公司也试图帮助他们的家人处理后事。在1853年写给玛丽·贝特曼（Mary Bateman）的一封信中，科普公司完成了“艰难的任务”，向她告知其丈夫托马斯在“托纳旺达”号（*Tonawanda*）上因“精神错乱”而自杀的事情。他们建议她聘请一位“熟稔法律”的律师，以找回丈夫的财产。[38]

移民在必要的时候，也可以自救。1848年末，当“安”号（*Ann*）
178 承载着100多名移民从利默里克前往魁北克时，与相向行驶的“汉普顿”号相撞。据说麦菲（M'Fie）船长和他的船员非但没有去营救乘客，反而把他们锁在统舱，然后自己登上“汉普顿”号扬长而去。魁北克《纪事晨报》谴责道：“这样一来，那群男人、女人和孩子——没有一个人有能力操纵这艘船——只能听任命运摆布。船长本应坚守在他的船上，但却将乘客抛之脑后。”然而，当乘客成功逃到主甲板上时，“他们在桅顶上挂起一盏灯作为遇险信号”。第二天早上，一艘船来接应他们，把他们带到魁北克。由于海难通常发生在靠近陆地的暗礁和礁石上，幸存者往往能够爬上岸。1845年，当“卡塔拉奎”号因为撞到塔斯马尼亚国王岛的悬崖峭壁而沉没时，423名船员中有9人成功游到安全地带。《水手杂志》报道说，他们只找到“一小罐腌制的禽肉”可以果腹，“躺在灌木丛中，从水里拿出一条湿漉漉的毯子作为唯一的遮盖物，几乎没有衣服穿”。第二天早上，他们遇到豪伊先生（Mr. Howie）“和他的海豹探险队，他们居住在国王岛”。他们为幸存者提供食物和饮料，并帮助埋葬冲上岸的尸体。“许多破损的尸体不忍直视，难以描述。”事实上，失事船只的乘客经常自行承担埋葬同伴遗体的责任。1853年，当“安妮·简”号（*Annie Jane*）在赫布里底群岛（Hebrides）失事时，“无法按照基督教的仪式进行安葬，因为离教堂墓地有10英里远，而且没有合适的木材和木匠来制作棺椁”。因此，幸存者将死者埋葬在“宽大的矿坑里”，“其中很多人赤身裸体，肢体残缺不全”。“在我写下这篇文章的时候，已经有超过 260 具尸体得以埋葬。但仍有很多尸体没有入土为安，事实上，每次涨潮时都会把更多的尸体带上岸。”[39]

在极度危险的时刻，勇敢、绝望和人类本能之间的界限常常变得模糊不清。1853 年春天，当来自利物浦的“威廉和玛丽”号（*William and Mary*）在前往新奥尔良途中沉没时，一位水手后来声称：“一些乘客可能已经搭建起一个木筏以自救，或是漂浮在船身的一些碎片上而自救。”他推测，如果他们这样做，就不会在水里等太
久，“因为‘威廉和玛丽’号沉没的地方是向南航行船只的主要通道”。 179
个人的英雄行为有时也可以拯救生命。1849 年夏天，移民船“查尔斯·巴特利特”号（*Charles Bartlett*）在从伦敦驶往纽约的途中，与“欧罗巴”号（*Europa*）相撞。此时，这艘船已经航行有两周时间，船长对其中一位乘客的行为印象深刻。“我看到他跳入水中，把一个人抱在怀里，但发现他已经死了，于是才松手”，这名官员报告说，“我后来又看见他在船头用船钩把一个人从水里拖上来，那个人后来在船上获救”。成年人常常不惜一切代价去拯救孩子，尤其是自己的孩子。1853 年，“安妮·简”号触礁，只有一个孩子从失事船只中获救。“他的母亲是一个卑微的爱尔兰女人，带着两个孩子，准备去美国和丈夫团聚”，报纸报道说，“她拼命想保住这两个孩子，把一个绑在背上，另一个抱在怀里，但后来那只船的船体裂开，怀中的那个孩子掉进海里，另一个孩子还在背上”。同样，1854 年初，当“泰勒”号在兰贝岛（Lambay）附近失事时，船上的外科医生“试图背着孩子游上岸，用一只胳膊托着妻子，另一只胳膊游泳，但三人不幸同时罹难”。与他们同船的其他人则幸运得多，当一个 5 个月大的婴儿的父母溺水身亡时，另一个移民“用牙齿叼住孩子，从沉船带到岸上”，救了这个孩子。[40]

最后，在 1847 年最黑暗的日子里，即使是在格罗斯岛和蒙特利尔，死亡也有办法在被送到热病棚屋的人们中间唤起一种共同体意识。从某种程度上讲，蒙特利尔灰衣修女会接受了巨大的挑战，她们在面对挑战时的高度自律使她们聚集在一起，成为一个团体。根据教团年鉴，女修道院院长呼吁“她的女孩在一个新的牺牲之地——移民医院里勇敢地、以慷慨赴死的精神进行战斗”。“所有人都像勇敢的士兵一样，在号角声中冲锋陷阵，响应这一召唤。”与此同时，1847 年 6 月，魁北克大主教约瑟夫·西格内（Joseph Signay）写了一封主教教书，试图团结加拿大的天主教徒，支持他们贫困的爱尔兰同宗者。作为对教皇庇护九世（Pius IX）一封通谕的回应，西格内敦促他的信徒参加为期 3 天的公开祈祷活动，为欧洲那些深受饥荒之苦的人祈祷。“亲爱的兄弟，让我们一起祈求上帝结束爱尔兰民
180 族的苦难”，西格内规劝道，“你们长期经受逆境的考验，但仍对天主教信仰如此依恋”。最终，尽管许多人认为自己很幸运，至少知道他们死去亲人的命运，但其他去过热病棚屋的人却对他们在那里的发现感到惊喜。一名男子因发热而与孩子分开，幸运的是，他康复后不久就找到了他的儿子。他们一起前往蒙特利尔的移民医院，遇到一个女孩，儿子“认出是他的姐妹，两人热泪盈眶地拥抱在一起，这让父亲非常欣慰”。还有一名妇女，她在棚屋里活了下来，并与两个孩子重新取得联系。之前，她对找到最后一个女儿不抱希望，然而有一天她在圣帕特里克教堂偶然碰见她。“可以想见这位温柔的母亲的情感和幸福”，灰衣修女会的编年史中欢欣鼓舞地写道，她们全家人“在这片流放的土地上”得以重聚。[41]

这些案例表明，大饥荒时期死亡和濒临死亡以种种复杂的方式影响着海上爱尔兰移民群体。无论何时何地，死亡都是伤感的，因为它提醒幸存者自身的脆弱。然而，在更深层次上，爱尔兰移民来

自一个丧葬习俗在共同体生活中占有重要地位的社会。死者躺在自
己的家中，由亲友照料。至少有几天时间，邻居和亲戚前来表达他
们的敬意。尽管在大饥荒前，在信奉天主教的爱尔兰，去教堂的人
数不是特别多，但教会仪式的某些元素对于不同教派中的世俗信徒
来说仍然非常重要。在墓地的正式葬礼会给幸存者一个了结，同时
也为当地共同体增添另一种归属感。当“一个人死在岸上”，理查
德·亨利·达纳吟咏道，“你会跟随他的尸体到坟墓，一块石头标记
着那个地点”。相比之下，那些葬在大海的人，则永远与陆地和他们
所属的共同体分离。因此，在海上死亡和濒临死亡可能凸显人性最
邪恶的一面。1848 年，当“迪格比”号载着 250 多名爱尔兰“女孤
儿”前往澳大利亚时，船上的外科医生威廉·内维尔谴责船长在上
一次航行中的所作所为。“死者被揪着头发”，内维尔说，“像狗一样
被扔到木板上”。然而，有些时候死亡和危险却激发出人性最美好的
一面。1853 年底，当一艘船在爱尔兰海骤然沉没时，一艘当地的小 181
渔船全力赶赴现场。“从未有过如此英勇的行为”，一位目击者叙述
道，“两个勇敢无畏的人，冒着巨大的困难和风险，悬在他们小船的
一边，把快要淹死的人从水里拖出来，每一个海浪都威胁着他们的
生命，（稍有不慎便会）立即死亡”。死亡形塑海上的公共纽带，也
让移民与家乡联系起来。[42]

“他们的离别充满死亡的痛苦”：海上死亡对陆地的影响

由于移民与他们在陆地上的亲友之间存在私人关系，因此海上死亡的影响超出船只的舷墙。的确，对于许多经历过大饥荒的人来说，移民就是对死亡的直接回应。1847 年 3 月，来自基尔肯尼郡克鲁特（Crutt）的托马斯·科尔比（Thomas Corby），在向地主申请移民资助的请愿书中解释说：“我的家人都在一个月前去世，我不得不把他们安置在他们逝世时所在的那间破房子里。”3 年前，他的母亲和其他家人都移民美国，科尔比现在意识到妻子和孩子的去世意味着他也该离开了。同时代的人也同样对离开和死亡进行隐喻和字面意义上的比较。当看到一群移民在戈尔韦上火车时，一名目击者总结道：“他们的离别充满死亡的痛苦。”他们被迫离开荒凉的家园，“把生活寄托在‘绝望的放逐’上，而频繁发生的海难和其他可怕的灾难足以证明，自我放逐只不过是一种绝望的选择”。对一些人来说，移民和死亡形影不离。在同一个铁路终点站，一个瘦弱的男子挣扎着穿过人群，“去和他的兄弟告别”。但“艰难行进和强烈感情使他精疲力竭，昏倒在地，不久就死了”。以下内容表明，经常困扰爱尔兰人移民海外的死亡和疾病，无疑在他们的东道主社区（host community）中激起偏执。与此同时，移民和他们的亲属通过书信和报纸跨越海洋，来回传递关于死亡和濒临死亡的新闻和消息，这成为爱尔兰人生活中相互交流的重要内容。[43]

1847 年，随着爱尔兰乘客如潮水般涌来，其中许多人体弱多病，接收他们的城市政府和民众常常感到害怕，并抗议他们的到来。在英国大陆尤其如此，那里的港口是大多数前往北美和澳大利亚移民的选择。1847 年 3 月，利物浦的一个市民委员会在向内政部提交的一份请愿书中抱怨说：“传染病在人口稠密的城区以惊人的速度蔓延，尤其是在爱尔兰下层民众居住的街区。”这份请愿书请求政府“遏制爱尔兰人的涌入，他们的移民非但无助于自己摆脱困境，反而威胁到利物浦居民的生命健康，造成令人担忧的后果”。然而，当英国城镇颁布法律和政策，将移民驱逐回他们的家园时，接收穷人的爱尔兰港口也经常提出抗议。1847 年 7 月，德罗赫达市长詹姆斯·马修斯（James Mathews）向内政部报告说：“除人性和基督教教义外，这些人无权要求我们接收他们。我相信政府会出面干预，防止我们的城镇变成一个巨大的麻风病院。若这些人必须转移的话，就把他们送到法律规定应该救济他们的地方。”大西洋彼岸的城市也表达出类似的担忧。1847 年 4 月，一封写给魁北克《加拿大人报》（*Le Canadien*）主编的信中，表达了对爱尔兰移民涌入可能带来的影响之担忧。一位市民想知道，“如果像预计的那样，今年的移民数量是过去几年的 3—4 倍；如果这些移民带来传染病，那我问你们，如果我们不努力保护自己免于这些危险，魁北克和蒙特利尔的命运将会怎样？”然而，该报主编在回应中谴责美国采取的“严格的孤立主义”移民政策，希望“加拿大人会比他们南方的邻居更慷慨、更好客、更仁慈”。[44]

在评估移民死亡的根本原因时，政府受到自身放任主义哲学的
阻碍。那些在船上工作的人通常都赞同什么是最危险的动因。1846 183
年 8 月，当“伊丽莎白和萨拉”号以及因发烧而饱受折磨的移民从基拉拉抵达魁北克时，魁北克的首席移民官布坎南指出，这艘船

“呈现出的状况完全是一个奴隶最糟糕的状况”。格罗斯岛的医官乔治·道格拉斯博士表示同意，因为他发现乘客“肮脏不堪，疾病缠身”。道格拉斯博士说，按照重要程度的先后顺序，跨大西洋移民死亡的三大主因分别是：缺乏清洁和通风的环境，食物和水供应不足且不卫生，铺位过于拥挤。然而，英国政府不愿对客运业进行严格监管。当加拿大议会要求对移民船执行更严格的卫生标准时，殖民地土地和移民委员会却声称1847年的灾祸“是由于爱尔兰这个季节的特殊性，而且……不能认为如此不幸的案例会在平常日子里发生”。执行加拿大人的建议“将涉及对主体自由（liberty of subject）干涉过多”，而且与“平常采取的必要行动”背道而驰。此外，正如殖民地土地和移民委员会主席向1854年移民船死亡特别委员会解释的那样，还有复杂的司法问题掣肘。外国船只仅在英国港口时才受英国法律的约束，一旦他们离海岸超过3里格，就只受航船悬挂旗帜所属国家的规则约束。与此同时，尽管英国船只在整个航程和停靠在加拿大及帝国的其他港口时仍受《乘客法案》的约束，但在美国或其他外国港口“没有惩罚任何违法行为的手段”。[45]

英国和美国政府有时将疾病和死亡归咎于爱尔兰人自身。“从利物浦出发的移民大部分来自爱尔兰和苏格兰北部”，殖民地土地和移民委员会的托马斯·默多克在1852年对前往澳大利亚船只过高死亡率的分析中解释道。他总结说，他们“与英国普通移民相比更不讲究干净，身体也不健壮，而且缺乏营养，因此更容易感染和传播疾病”。船上的典型饮食与爱尔兰人习以为常的土豆和牛奶相比，对爱尔兰人也不利。虽然航运经纪人必须每天为每位乘客提供一磅燕麦
184 片、面粉或饼干，但布坎南指出，事实是“一半的补助被印第安玉米粉取代，这是让爱尔兰移民感到陌生的一种全新食物，他们不懂得如何对其进行烹饪”。道格拉斯博士指出，最近离开欧洲的德国移

民身体强健，“他们得到大量动物性食品（animal food）、面包、面粉、酸橙汁和啤酒”，这证明船上丰富健康的饮食带来的好处。一些官员还将死亡归咎于爱尔兰人的道德沦丧。布坎南在1847年的年度报告中总结道：“爱尔兰海上移民如此高的死亡率，却没有归咎于他们的道德败坏，这令人感到疑惑。”“爱尔兰移民的下层阶级在他们到达后没有尽最大努力，也没有充分利用许诺给他们最早得到某些好处的机会。”在向美国参议院1854年移民死亡特别委员会提供的证据中，纽约公共卫生官员约翰·格里斯科姆博士作出进一步的说明。他宣称，霍乱比斑疹伤寒在统舱内传播的速度要快得多，仿佛“上天认为现今有必要派一个更快、长着翅膀的死亡使者来惩罚他的子民，因他们为保护自己的生命健康而不断违反法律”。[46]

当爱尔兰民族主义者提到大饥荒时期的移民死亡时，他们经常使用一种共情的语言，既指责英国政府的管理不当，又引起人们对受害者的同情。与人们的常识相左，“棺材船”一词在这些年几乎从未使用，直到几十年后才流行起来。尽管如此，意识到公众对葬礼的敏感，民族主义领导人有时使用术语将移民船与埋葬工具联系起来。1848年3月，在爱尔兰联邦的一次集会上，托马斯·达西·麦基（Thomas D’Arcy McGee）抗议英国暴政下的爱尔兰。他对听众说：“城镇已经变成一个救济院和热病棚屋，国家成了一个大墓地。”“饥荒和瘟疫的幸存者携带着血液中溃烂的疾病，逃到海岸，乘船前往美国。他们已经看不到爱尔兰，载着他们的船只已经变成航行的棺材，把他们带到一个新世界。实际上，这不是驶向美国，而是驶向永生！”天主教牧师和广受欢迎的演讲者丹尼尔·卡希尔博士
（Daniel W. Cahill）喜欢使用类似的语言。1854年，在利物浦举行的 185
爱尔兰民族主义者集会上，卡希尔回忆起移民登船时的情景。“我总是向这些可怜的流亡者作最后的告别，我的眼里充满泪水，我的内

心充满对爱尔兰人的同情与合理的政治愤怒。”卡希尔说：“当我坐在岸边，看着船只起航，鼓起船帆，缓慢移动，穿过泛起泡沫的海水。当她划开水面时，我听到内心的预言：她是一个大型的海上灵车，在太阳两次下山之前，她会将这些活物深埋海底。”一年前，在格拉斯哥举行的一次类似集会上，卡希尔告诉听众，这艘移民船的航行轨迹“以被谋杀的爱尔兰人的白骨为标记，而这些白骨正躺在海洋深渊的底部”。[47]

当移民和亲友讨论跨洋航行的危险时，他们的语言没有麦基或卡希尔的语言那么华丽，但同样能引起共情。一旦离开家，许多人就意识到一切都将大不相同。1848 年，托马斯·赖利移民到纽约后，向他的朋友表达“我对与你分离感到深深的遗憾”。写信也许是“我能再次与你交谈的唯一方式”。然而，许多移民之旅所仰赖的汇款，在移民准备踏上一段可能致命的旅程时，最起码能为他们鼓足勇气。“约翰告诉男孩子要有勇气，不要为任何事情焦虑”，一位不具名的资助人在一张预付船票的背面写道，“如果暴风雨来了，也不要害怕”。大洋彼岸的资助人有时会将家乡与旅程的知识碎片结合起来，这些知识碎片来自个人的经历，以此减轻旅行者的恐惧。“不要害怕这段旅程，你会感觉像在约翰斯敦（基尔肯尼郡）一样舒适”，一位写信者保证道，“尽可能一直待在甲板上，这对你的健康大有好处”。购买科普公司预付船票的人向亲戚保证，他们乘坐的这艘船“是最好的远洋船之一……鼓起勇气过来吧，你会像在家里一样安全”。另一位赞助者利用自己对大西洋气候规律的了解，打消了一位准移民
186 的顾虑。“你在船上就像在家里一样安全，除非海上有危险”，他在船票背面写道，“你不用害怕，因为这是一年中最好的季节”，然后将船票寄到家中。[48]

大众媒介是爱尔兰读者了解大饥荒时期国内外移民所面临危险

的途径之一。到 19 世纪中期，爱尔兰的跨国读者群体围绕着繁忙的报纸交换网络发展起来。正是在这些周报的专栏里，爱尔兰读者了解到大西洋沿岸港口城市肆虐的周期性传染病。1847 年 7 月，《戈尔韦辩护者报》宣称“收到来自加拿大报纸的最新文件，这些文件描述了爱尔兰移民因发烧和痢疾所遭受的痛苦”。该报援引最近一份关于魁北克情况的报告，报告称“当时格罗斯岛有 2.1 万名乘客，其中 960 人死于航行途中，700 人死在车站，船上有 1500 名病人，岸上有 1100 名病人，仅周六一天就有 90 人死亡”。当月晚些时候，《戈尔韦辩护者报》援引《蒙特利尔飞行员报》(*Montreal Pilot*) 最近的一篇社论，成千上万的爱尔兰移民“安葬在圣劳伦斯河岸”，主编说道，“远离他们儿时的玩伴，也远离他们早年的合伙人，这些人可以在受难者临终时带来慰藉”。同样，19 世纪 50 年代初，当患病的移民抵达新奥尔良码头时，爱尔兰报纸裁剪并重印当地报纸上的文章。“年幼的孩子，没长胡子的年轻人，还有未成年少女，像腐肉一样被扔到海岸边。”新奥尔良《真实的三角洲报》(*True Delta*) 在一篇转载于都柏林《民族报》上的文章中抱怨道：“他们全身赤裸，光着脚，十分绝望，由于饥荒和疾病而沦落到近乎白痴的状态。”这些报纸的报道影响移民在家乡的亲友的生活。1849 年，波塔当的约翰・蒙哥马利（John Montgomery）写信给一位住在费城的表亲，他在信中说，他收到兄弟威廉的两封信，威廉最近搬到路易斯安那州。蒙哥马利写道：“我从报纸上看到新奥尔良的死亡率很高，我祈求上帝保佑他。”[49]

鉴于成千上万的移民在海外默默无闻地死去，加之不完善的通信网络、文盲和心理创伤进一步阻碍个人信息的传递，有亲友已经移民的那些人往往认为没有消息就是坏消息。1848 年，托马斯・加 187
里在到达纽约的皮克斯基尔市（Peekskill）后，给自己远在斯莱戈郡的妻子写了一封信。一年前，大量爱尔兰移民在新布伦瑞克死亡的消息让他担心在该地的家人。加里悲叹道："我为住在圣约翰的兄弟弗朗西斯感到难过，恐怕他已经死了。"私人信件若未收到回复，则通常被视为收件人已经去世的证据。1851 年，朱迪思·费伦对她的侄女特蕾莎·劳勒（Teresa Lawlor）说："我很高兴能坐下来给你回信，这确实是一个很大的安慰……因为我们原本已经不抱任何希望能够收到你的信。"费伦之前写的 3 封信都没有收到回复，她甚至还催促自己认识的人"去找你，或者写信给你的教区牧师，问问你是死是活"。当没有收到任何回复时，这似乎证实"你出事了"。来自米斯郡诺克科门（Knockcommon）的安妮·凯利（Anne Kelly）因她在加拿大的兄弟们没有给她回信而感到非常生气。1850 年 7 月，她抱怨道："我常常认为他们已不在人世。""克里斯托弗经常写信，直到他听说艾伦·莫斯（Ellen Moss）结婚，顿时目瞪口呆，不再写信。"当确实收到来自国外的信件时，这可以证实或否认关于死亡的传言。"亲爱的迈克尔，你的朋友都以为你死了，他们很久没有收到你的消息"，玛格丽特·马斯特森告诉她在肯塔基州的表兄弟说，"但感谢上帝，你一切都好"。当其他获取消息的方法都失败后，许多人转向跨国大众媒介寻求线索。1849 年 3 月，都柏林小玛丽街的一位布莱斯夫人（Mrs. Brice）"因为听到她的兄弟在波士顿去世的传言"，于是在纽约《民族报》上刊登一则寻人启事，寻找她的兄弟詹姆斯·贝蒂（James Beatty）。[50]

除刊登寻人启事和转载文章外，大西洋两岸的报纸往往把公布移民死亡的信息作为公共服务的一种形式。地方性报纸经常证实最近离开特定港口的船只安全抵达目的地的消息。1846 年 6 月，《戈尔韦辩护者报》宣称："我们万分荣幸地为有朋友在当季度从这一港口移民的人提供消息，'萨拉·米里奇'号（*Sarah Milledge*）和'莱弗利’号（*Lively*）安全抵达魁北克，‘凯特’号和‘克拉伦斯’号（*Clarence*）抵达纽约，‘维多利亚’号抵达圣约翰，以及‘迈达斯’号（*Midas*）于5月初抵达圣安德鲁斯，船上的移民和船员都安然无恙。”该报希望这一令人欣慰的消息能“在有关‘萨拉·米里奇’号 188
乘客令人痛心但毫无根据的谣言流传后，减轻人们的恐惧”。地方性报纸也不只是刊登好消息。一年后，《戈尔韦辩护者报》又承认：“‘玛丽亚’号去年7月从这一港口出发，在8月22日驶往魁北克的途中失事。幸运的是，以牺牲船只为代价，除一名男子外，其余乘客都带着自己的物资安全上岸，被转移到目的地。”当灾难性的海难造成数十人甚至数百人死亡时，报纸有时会刊登一长串死者和幸存者的名单，因为这个消息会以某种方式传到他们的亲属那里。1854年初，开往澳大利亚的“泰勒”号沉船后，《利默里克记者报》公布获救人员的姓名，因为这艘不幸的船上“有许多来自蒂珀雷里、利默里克、克莱尔和沃特福德的乘客”。死者中有两名年轻的加罗韦格人（Galwegians）。当周的《戈尔韦辩护者报》哀叹道：“这个令人悲伤的消息使整个小镇笼罩上一层阴影。”[51]

轮船公司和政府官员有时也试图散播死者的信息，以维护他们亲人的利益。科普家族有时会向幸存者伸出援助之手。1853年末，“塔斯卡罗拉”号（*Tuscarora*）上的一名统舱乘客威廉·尼科尔斯（William Nichols）在费城登陆时溺水身亡，科普家族把这件事告诉乔治·尼科尔斯（George Nichols）。贵格会教徒解释说：“我们给你写信，是因为我们在他箱子里的一张卡片上发现你的名字，我们推测他可能是你的亲戚。”乔治·尼科尔斯在复信中对他们的关心表达感激之情，并请他们寄来死亡证明以及确认“尸体是否找到”。科普公司有时候会与他们在利物浦的商业伙伴协调传递重要信息。1854年4月，他们的一艘邮轮上有40名移民死于疾病。塔普斯科特公司协助科普公司查看在利物浦登记和上船的乘客名单，并表示“对‘托纳旺达’号上的多人死亡感到非常遗憾”。科普公司宣称：“如果您能向我们提供死者的姓名，使我们能够答复问询，我们将不胜感激。”1847 年，魁北克热病危机最严重的时候，殖民地土地和移民委员会也曾尝试搜集和分享死者的信息。1847 年 9 月，殖民地土地和
189 移民委员会秘书斯蒂芬·沃尔科特对布坎南说道：“我希望你们能承受住包围你们的可怕灾难。”沃尔科特注意到，8 月 28 日出版的魁北克《纪事晨报》公布了一份 5 月 8 日至 7 月 3 日隔离期间的死亡名单。沃尔科特接着说：“现在由于在这个国家的移民亲属都非常想知道他们朋友的命运，如果你能拿到 18 份或 20 份魁北克《纪事晨报》邮寄给我，以便分发给我们的海军官员，我将不胜感激。后续如有名单公布，我们也需要相同的数份报纸。”沃尔科特认为，这些名单只包括隔离期间的死者。“有什么办法能获得在途中死去的人员名单吗？”[52]

直接通信是移民和他们的家人分享亲属生死的最可靠的方式。事实上，这类生死存亡的消息构成跨国共同体网络的一条重要线索链。1847 年，凯瑟琳·亨纳根（Catherine Hennagan）在到达新布伦瑞克的几个月后告诉父母：“亲爱的爸爸妈妈，我借此机会告诉你们，我身体很好，希望你们和所有的朋友都健康。我抵达这里不久后就给你们写过信，但没有收到回信，这使我非常不安，直到我收到你们的来信，了解到你们和所有朋友的近况。”凯瑟琳和她的邻居，在她们的地主罗伯特·戈尔-布思爵士的资助下得以踏上旅途，享受一段愉快的航程。但在隔离 3 周后，“我亲爱的小贝蒂（Biddy）死了”。对亲人的担心会造成沉重的情感负担。1848 年，约翰·奥康纳写信给戈尔韦的妻子：“你可以把孩子的详细情况都告诉我，因为在收到你的来信之前，我一直很担心。如果他们中有人去世，请不要瞒着我。”“亲爱的朱迪，我和其他人都没事，我就是担心你和孩

子。”另一些人承认他们推迟与国内家人的联系，是因为他们发现美国的生活节奏太快。1851 年，爱德华·麦克纳利（Edward McNally）在一封来自宾夕法尼亚州的信中承认：“亲爱的兄弟，你一定以为我死了，或者认为我是忘恩负义的人。但当可怜的陌生人第一次来到这个国家时，他们所遇到的一切都令人惊奇。”19 世纪中期，除信件和汇款外，当地的报纸可能是爱尔兰移民及其亲属之间最常寄送的物品。对于那些没有精力写信或不想写信的人来说，寄份报纸可 190
以作为一种纪念。简·艾伦（Jane Ellen）告诉在芝加哥的约翰·奥尔（John Orr）：“上周五，当我们听说来自美国的邮件已经到了，却没有收到你的亲笔信时，我们极度失望。不过，我们收到一份报纸，这让我们打消了以为你已经过世的念头。”[53]

为完成这些人际交往，刚刚抵达的移民经常把与死亡有关的最新消息寄送回家，并明确指示要在他们原来居住的社区中广泛传播这些消息。1847 年，费伦茨·麦高恩作为戈尔-布思资助移民计划的成员，在抵达圣约翰后写信给他的父母：“我借机写这几行字，希望能知道你们身体无恙，因为我现在身体状况不太好。感谢上帝，收到信后请回信，告诉我家里以及老邻居的情况。”离开爱尔兰后，许多亲友生病或去世。他告诉父母：“人们躺在岸边，躺在棚屋里，然后走向坟墓，每天都有很多人如此。”在这种高死亡率的情形下，费伦茨觉得有必要把详细的最新消息寄回家。“来自格思纳豪尔（Gurthnahowle）的凯瑟琳·麦高恩（Catherine McGowan）死于高烧，来自德莱纳洪（Drynahon）的帕迪·麦高恩（Paddy McGowan）、帕迪·克兰西（Paddy Clancey）的女儿贝蒂、弗兰克·麦克沙里（Frank McSharrey）的妻子都死于高烧。古斯纳豪尔的帕迪·麦高恩和莫莉·麦高恩（Molly McGowan）因发烧而躺在床上。”然而，也不全是坏消息。麦高恩补充道：“告诉帕迪·康诺利（Paddy

Connoley），他的儿子和女儿都很健康。贝蒂・麦克沙里的身体健康，弗兰克・麦克沙里和家人的高烧正在好转。拉里・鲁尼安（Larry Runian）和妻子在帕特里奇岛隔离。多兰・康纳太太（Mrs. Dolan Connor）和家人都很好，她丈夫在美国。”移民经常确保他们的消息能传达给特定之人。1849 年，丹尼尔・墨菲（Daniel Murphy）告诉在都柏林的兄弟说：“代我向玛丽致以最深沉的爱，让她写信给爱德蒙，告诉他我们很安全，我将在我们的新住处写信给他。”许多人都很欣慰，因为得知不幸的消息至少给那些留下的人带来一些解脱。1848 年圣诞节的前一周，伊莱扎・菲茨杰拉德（Eliza Fitzgerald）告诉她的兄长迈克尔・卡希尔（Michael Cahill）：“我告诉了母亲我亲爱的弟弟去世的事，她似乎很释怀。如果上帝认为把她叫到他身边是合适的，那将是一种祝福。”[54]

191 为缓和葬礼仪式带来的恐惧和敏感情绪，家庭成员往往自告奋勇地向那些生活在国外的人保证，他们的亲属得到了体面的葬礼。1850 年 10 月，基尔肯尼郡克拉拉的诺兰夫人写给她在罗德岛的儿子的一封信中，描述她穷困潦倒的状况。她抱怨道：“帕特，除非你在饥肠辘辘、食物匮乏时没有朋友或同伴给你 1 先令或 1 便士，否则我无法让你知道我们有多么痛苦。”然而，“感谢上帝，不管我或他的孩子在这里遭受什么痛苦，你的父亲死后以他生前想要的方式下葬，那是可敬和体面的”，希望“你和其他孩子在上帝仁慈的庇佑下也能这样做”。就像定居的移民经常寄钱回家以方便他们的亲友移民一样，他们有时也寄钱来支付丧葬费用。1852 年 3 月，丹尼尔・朗特里对他的兄弟劳伦斯说：“随函附上 20 美元的支票一张。我请求你们保护好我们亲爱的父亲、母亲和兄弟的坟墓，我相信你们已经做到了。你只要付点钱，就可以为他们登记，直到我订好一块墓碑。”对于大多数移民和他们的亲属来说，这些关于死亡以及由死亡带来的苦痛的交流，总是根植于对家庭和生活更深层次的交流。宾夕法尼亚州的一对父母在为他们的孩子购买科普公司的预付船票后，描述了一个即将死去的孩子的最后时刻。他们在船票背面写道：“当他在他亲爱的兄弟的怀抱中离去时，我把他的嘴唇润湿，算是给我的安慰。我为他的葬礼购置了很多东西，花20美元为他购买了一处墓地。我们将永久拥有所有权，这将是一块无人能侵犯的家族墓地。”他们往往随信寄去汇款，希望这样能使因移民和死亡而离散的家庭重新团聚。他们写道：“亲爱的琼恩，我相信自己已经尽到对你们所有人的职责，我相信我能活着看到你们所有人团聚在一起。”[55]

换言之，死亡和濒临死亡是大饥荒时期分散在世界各地的爱尔兰人持续讨论的话题。政治家和政府官员在公共领域描述死亡的方式符合他们自己的议程。布坎南将过高的死亡率归因于移民自身“道德的缺失”，而麦基和卡希尔等民族主义者则将“航行棺材”的激增归咎于英国的管治不善。然而，就个人而言，关于死亡的消息在以海洋为基础的共同体中发挥作用。通过报纸、书信或口口相传， 192
这些逝者的姓名和情况为移民者及他们的亲朋好友提供一种方式，以修复被大饥荒破坏的人际网络。无论是担心亲人，为亲人的消息感到悲伤，还是向自己的命运妥协，爱尔兰人都在死亡和濒临死亡中找到一种保持联系的方式。当费伦茨·麦高恩告知他的父母，让他们与远在爱尔兰的邻居分享死者的具体细节时，是因为他想保持一种能够超越彼此之间遥远距离的互惠关系。报纸对耸人听闻的沉船事件的报道也起到类似作用，把各个共同体团结在一起。1854年9月，“北极”号在纽芬兰附近沉没，350人丧生。魁北克《纪事晨报》庄重地写道：“所有人都深深同情这些受难的家庭，也同情所有在这场可怕的灾难中失去亲友的人。”移民威廉·赫顿（William Hutton）在写给斯特拉班（Strabane）的朋友的一封信中，反思“北极”号的悲惨命运对公众造成的影响。赫顿写道：“这些可怕的战斗、海难、霍乱、黄热病、瘟疫等，以各种方式造成生命的陨落，这一定会给人们带来深刻而巨大的痛苦。”在这样的灾难中，“对于那些仍然生活在幸福的土地上，并且自身、家庭或朋友毫发无损的人而言，谁能衡量可以温暖这些人心灵深处的那种感激之情呢？”[56]

***

正如本章所述，大饥荒时期的移民远航是一种相对危险和可怕的经历，单凭统计数据是无法理解的。与此同时，这些船只不仅仅是单一维度的“棺材船”。在某种程度上，“棺材”和“船”这两个简单的词汇，简洁地概括出过高死亡率和大规模移民，这是大众关于大饥荒记忆的两大支柱。这在 19 世纪以来国内外的爱尔兰人的身份构建中发挥重要作用，这种方式往往把对实际经历理解的细微差别排挤在
193 外。众所周知的“20%”移民死亡率在大众心目中显得尤为突出。正如本章援引的原始和二手资料所明确阐述的那样，1847 年载着 10 万名爱尔兰移民驶往加拿大的船只上的平均死亡率非常高，约为 10%。然而，只有当我们聚焦一个港口（比如科克）长达一年（1847 年），才会看到平均死亡率接近 20%。1847 年，超过 200 万移民没有前往加拿大（换句话说，大饥荒时期大约 95% 的爱尔兰移民），他们的平均死亡率在 19 世纪中叶欧洲人海上死亡率的“正常”范围之内。对移民自身话语的关注，有助于从新的角度更深入地理解死亡对当时人们的意义。1853 年，詹姆斯·米切尔从戈尔韦出发前往纽约，他回顾了在海上来来往往的生活。“有一个婴儿死亡，还有一个婴儿出生”，米切尔在日记中写道，“这让事情和我们离开港口时一样，至少在人数上是这样的”。爱尔兰移民的书信和日记表明，虽然死亡可能会破坏海上的社会关系，但它也可以用新的方式把人们团结在一起。这种修复和重建人际关系的过程，也是移民到达新世界后所做的第一件事。[57]

第五章

抵　达

194 在随后的几年里，爱尔兰移民有时会难以表达自己第一次看到目的地时的感受。“难以言状”，约翰·伯克回忆道，他曾在1847年航行到纽约。“对于一个近乎憔悴、孤独的移民来说，这是他一生中最快乐的时光。”然而，一旦意识到离家有多远，这种喜悦就会黯然失色。《威利和帕特南移民指南》警告说：“移民在登陆后的头两三天常常会有痛苦的孤独感。在漫长的旅途中，他们期待着抵达目的地的时刻，内心满怀好奇和希望。但当他们真正身处陌生之处，被陌生的习俗包围时，他们的情绪就会沉到谷底。”离开同船的伙伴尤其艰难。“拥挤的统舱中已经形成情感共同体”，威利和帕特南承认，“但当分离的时刻到来，每个人各奔东西，再无相见之日时，痛苦的情绪就会涌上心头”。本章将探究移民在到达目的地后如何应对挑战。尽管此前很多历史学家已经揭示出移民如何在新大陆建立联系，但下述案例表明，他们也利用各式各样的策略，重新连接他们海内外跨国共同体的联系纽带。一些人通过培养与同行乘客的人际关系来做到这一点，其他人则接受政府和社会上层人士的帮助，这些社会上层人士视移民为急需帮助的弱势群体。大众媒介也为移民提供联系网络，移民可以借此互相交流，也可以与仍然住在故乡的人传递信息。最重要的策略是与海洋上的亲友保持直接联系。因此，大饥荒时期源源不断的新来之人的移民之旅，成为分散在世界各地的爱尔兰人保持联系的另一种方式。[1]

“我们应该一起登陆”：准备同其他乘客一道下船

在彼此近距离接触多个星期之后，很多移民在航程最后互道分 195
别时，很自然地会感到悲伤。当政府特许的移民船“托马斯·阿巴斯诺特”号载着近200名爱尔兰家仆于1850年初抵达悉尼时，船上的外科医生注意到这些年轻女孩上岸时的悲伤心情。“姑娘们全都登上一艘大汽船，朝着女性移民站（Female Immigration Depot）驶去”，查尔斯·斯特拉特报告说，“大家在离开移民船时，声泪俱下；登上汽船，人们发出三声欢呼来缓解气氛，但没什么效果”。尽管许多人因为船上共同体的解散而感到迷茫，但另外一些人还是找到重新利用这些社会关系的方法。毕竟，同行的乘客是团结、友谊和节俭的直接来源。1849年，E.H. 拉蒙特（E. H. Lamont）从贝尔法斯特来到旧金山。他提到那些可以将乘客从航船摆渡到码头的小船。拉蒙特解释说：“我和10个人商量好，我们一起上岸，并且花2美元租到一艘小船。我是最初几个到达船边的人之一。很快我们就全部准备妥当。然后我一声令下：‘出发吧，我的朋友们。’”拉蒙特的旅伴一起放声欢笑，仿佛笑声是从充盈的精神中散发出来的一样。他们因大笑而含混不清地喊道：‘出发吧，我的朋友们！’这无疑增加了大家的欢乐。接着，满怀着欢乐和幸福，我们不一会儿就到达岸边。虽然上岸的过程会让人感到失落和孤独，但这也可能为新到达的移民提供新的机会。接下来，我们将会分析旅客如何齐心协力，使得前往新大陆的旅途变得更加轻松。[2]

移民文学经常鼓励新来的移民要同心同德，以使他们免受潜伏在各个港口城市的各种威胁侵扰。1848 年，伯恩评论道："每个家庭成员在任何情况下都应该聚在一起，尽量不要分离。父母应该对他们的女儿倍加小心，防止她们跑到父母照看不到的地方去。"考虑到
196 大多数移民的旅行费用有限，这种团结在一起的经济优势显而易见。"最好是一小群人达成一致，互相帮助搬运行李，并将行李从货舱中拖出后放置在甲板上，然后大家聚在一起，与汽船上的人商量将所有行李运抵港口"，埃内亚斯·麦肯齐在《移民澳大利亚指南》中建议道，"这样可以省下一大笔钱"。在约翰·奥汉隆给爱尔兰移民的指南中，他认为乘客应该紧密地团结在一起。他写道："在旅行中，任何家庭或团体成员及其行李都不要分开。将乘客及其行李分开送往同一地点，肯定会造成麻烦、额外的开支和延误。"此外，奥汉隆提醒他的读者，船只在目的地抛锚后，乘客通常有权在船上继续再待至少一到两个晚上。这样做比较明智，因为这给移民"一个寻找体面而又合适的住处的机会，他的家人或同伴可以留在船上，照看他的财物"。与此同时，单独出行的移民不能忽视过度信任其他乘客而招致的风险。威利和帕特南警告说："在漫长的旅途中，亲密关系会很自然地形成。不诚实的人经常利用这种亲密关系，将一个有钱的移民卷入一个愚蠢的计划。你要牢记一条准则，那就是不要参加任何形式的买卖，直到抵达美国。"[3]

为了给东道主留下良好的第一印象，移民还会在登陆前一天一起打扫船只，清洗自己的衣物和身体。1850 年，当许多澳大利亚官员登上"托马斯·阿巴斯诺特"号，欢迎查尔斯·斯特拉特和一群家仆时，他们视察了这艘船和船上的乘客。斯特拉特在日记中写道："他们对这艘船的整洁有序、女孩子的丰腴健康以及干净的床铺、桌

子和甲板等非常满意。说句公道话，这些可怜人值得赞扬，因为他们竭尽全力，像马一样工作。船上连一处污渍也看不到，大家都称赞我们是搭载移民（不管是男性移民还是女性移民）的船只中最干净的。”运送犯人的船只需要非常高的标准，因为船只的干净程度代表着他们作为一个整体的秩序。事实上，擦洗甲板和床铺往往要优先于教育改造，尤其是在抵达目的地前夕。1851 年，“布莱尼姆 II”号在靠近范迪门之地时，牧师查尔斯·伍兹（Charles Woods）在日记中写道：“由于很多犯人一整天都在打扫监狱，所以没有参与教育 197
改造。”即使在前往北美的路线上管制较少，人们也会做清洁工作。1847 年，“约曼”号（*Yeoman*）载着罗伯特·戈尔-布思爵士资助的移民前往新布伦瑞克，船长高兴地看到“所有水手都在刷洗、擦拭、清洁船只，而乘客在清洗自己的衣物”，以准备登陆。体面的穿着是登陆过程的一个重要组成部分。[4]

准许移民在船上度过一天或几天时间，可以让他们在免受房东和车夫敲诈的情况下，在港口城市四处活动，从而了解这个地方。这非常重要，因为每一次行李从一辆车转移到另一辆车的时候，都有丢失和遭窃的风险。1852 年，“尼泊尔”号到达吉朗，这艘船由卡罗琳·奇泽姆承租来运送一些工人家庭前往澳大利亚。当乘客听说要雇用一艘蒸汽船将他们送到目的地墨尔本时，感到很愤怒。他们“反对的并不是每 6 个人花 2 英镑的费用”，一位乘客指出，“而是从一艘船转移到另一艘船时，存在包裹丢失的风险，而这种风险发生的概率几乎是百分之百”。待在船上还较为安全，只要有可能，乘客就会先了解他们的目的地。1852 年，一位乘客在墨尔本度过几个小时的时光，他回到船上并分享自己的所见所闻。“这是他带来的消息：居民非常独立，如果你碰巧想买什么东西，他们从来不会想到给你找零”，一位乘客说道，“至于说在夜晚时分走在大街上，如果你没有很好的武器傍身，那就不要这样做”。一些移民受雇于同行旅客，以获得特殊待遇，开展信息收集工作。1847 年，约翰·伯克在到达纽约后，暂时离开了他的团队。“我的一个船伴知道他住在鲍厄里（Bowery）的一位友人的地址，我自愿带他去找他的朋友，而且出色地完成任务”，伯克后来写道，“我吃到用炉子烹饪的一顿丰盛晚餐，这是第一次……因为我们在爱尔兰没有这种便利”。[5]

当乘客准备正式下船并在岸上寻找住处时，他们继续分享信
198 息并相互照应。1853 年底，当客舱旅客托马斯·兰福德（Thomas Langford）从爱尔兰途经利物浦前往纽约时，他与其他几位信得过的移民协调配合，完成离开船只和安顿住宿的整个过程。“我和另外两名可敬的乘客一起，两人搬运行李，另外一人在码头负责照看行李”，兰福德写道，“然后我们找来一辆车，就像你们的运货马车一样，把我们的行李放在上面，然后来到锡达街（Cedar Street）这个叫‘爱丁堡城堡’的地方”。在兰福德选择同行者的过程中，社会等级显然在其中发挥作用，但地方主义（regionalism）和性别也可能有助于移民的团结。1854 年，一群海峡岛民抵达阿德莱德后，在动身离船前制定了一个计划。“根西岛（Guernsey）的男人一起上岸，到城里去寻找住宿和工作，有些人找到工作，而有些人没有成功”，另一位乘客指出，“当他们回来的时候，妇女正在打水，她们已经一整天没有水了，男人在打水之前于早晨就上岸了”。另一些人通过劳动和雇佣关系与其他同行移民建立联系，实现从船上到岸上的过渡。1853 年，在澳大利亚登陆后不久，埃德温·弗朗西斯（Edwin Francis）和他的两个同行船友——都是制靴工人——“环顾四周，与一些先前到达的人交谈，获得一些信息”。他们了解到，虽然可以找到很多工资不错的工作，但“问题是必须找一个可以工作的地方”。他们先是在“偏僻的贫民窟”租了一间小平房，后来斥资 20 英镑搭建了属于他

们自己的“帆布屋”（canvas house）。[6]

1851 年，淘金热席卷澳大利亚，很多潜在的淘金客从合作中发现这既经济实惠又安全。尽管距离到达墨尔本还有 3 周航程，“范尼”号（*Fanny*）上的移民已经按捺不住兴奋，想要找到隐藏在维多利亚山的巨额财富。“现在金矿区已经成为移民谈论的主要话题”，约瑟夫・克劳顿（Joseph Claughton）在 1852 年 7 月评论道，“当我们到达墨尔本后，就忙着结成小分队，以便在前往金矿区的路上相互照应”。克劳顿在到达目的地下船后，很快就幸运地找到了舒适又便宜的住处。他解释说：“我在‘范尼’号上认识了一位饭友，他叫查尔斯・林德伯格（Charles Lindbergh），来自瑞典。我和他约好一起前
往本迪戈（Bendigo）金矿区，我俩结伴而行。”当林德伯格得到一个 199
合适的住处的信息后，他们两人径直前往，从而为自己节省时间和金钱。那天晚些时候，当克劳顿在墨尔本闲逛时，他被这个地方的活力所震撼。“这个市镇挤满了来自世界各地的人”，他在日记中写道，“黄金和矿山是一天中最吸引人的话题”。几乎每个商店的橱窗上都用大写字母标注着同样的内容：“黄金！此处收购黄金，以最高价格收购黄金！黄金！”当“范尼”号的行李在几天后终于到达时，克劳顿注意到车马费十分昂贵。幸运的是，“我们有 9—10 人，都住在一个街区，一辆马车就可以把所有东西都运走”。最后，在船只抛锚一周半后，克劳顿和他的伙伴准备进山。他们有 6 个人，都“携带某种型号的便携式枪支，腰带上别着几把手枪和大刀，使自己看起来更像是强盗”。[7]

共同出行的移民群体通常建立特殊关系，这种关系超越了他们在出发前所形成的人际关系。1853 年底，安德鲁・科林在到达新奥尔良后不久，向父母讲述了他和朋友在 6 周前离开阿尔马波塔当后所经历的一些事情。科林承认，离开并不是件容易的事。“我对自己

的旅程很是满意，只是我的离家出走似乎违背你们和朋友的意愿”，他透露，“但我相信，在看到外面的世界之前，我不可能一直待在家里”。他高兴地报告说：“感谢上帝，我们一行人都平安抵达，身体健康。”他们只用 5 周时间就横渡大西洋，“我相信，这是从利物浦到新奥尔良最快的航程之一”。到达美国后，这群航行者就到了分离的时刻。“帕特·麦卡利斯（Pat McAliece）夫妇、玛丽·麦卡利斯（Mary McAliece）和布里奇特明天都要前往圣路易斯，我打算去莫比尔（Mobile）”，科林解释说，“至于弗朗西斯·德夫林（Francis Devlin）、威廉·马克尔（William Mackle）和塞缪尔·威尔逊，我还不能确定他们要去哪儿”。这些人正在考虑跟随科林前往莫比尔，但他犹豫是否要鼓动他们，以防形势对他们不利。不过，按照目前的
200 情况来看，科林只有好消息要报告。“我想告诉你们，我们的友谊在登陆时和在波塔当车站相遇时一样好”，科林写道，“而且在路上也是如此，这使一切都进展顺利，并且我认为，到目前为止，我们团队的成员彼此之间都很满意”。[8]

独自旅行的缺点在登陆后变得更加明显。例如，许多人发现与国外的官僚机构很难打交道。1848 年，当亨利·约翰逊在纽约登陆时，他很快就被痢疾击倒。约翰逊告诉在安特里姆的妻子：“我去看医生，他给我一个小瓶子，告诉我用这个瓶子喝一瓶热白兰地，一天 3 次。”当治疗无效后，约翰逊决定进入一家医院。“我申请进入这家医院，但因为船上的花名册写错了我的名字，他们不让我进入，而且还对我处以罚款”，约翰逊回忆说，“我只能以我双腿能承受的速度尽快离开”。许多孤苦伶仃的移民只是为了寻找工作而来到新的国家。1851 年，爱德华·麦克纳利向留在唐郡的兄弟解释说：“当我抵达费城时，我在那里待了 10 天，不断地寻找工作，但没有机会。”他决定前往匹兹堡。“但我负担不起整个路程的费用，所以开

始在中央铁路工作。我在那里待了一段时间，挣到点钱，然后出发去匹兹堡。但到达之后却发现那里的霍乱非常严重……于是我搭乘汽船去辛辛那提……在那里我徒劳地寻找工作，连每天日结的工作都找不到，很快就身无分文了。”1847 年 5 月，詹姆斯 · 邓肯从贝尔法斯特抵达纽约后，惊讶地发现他在船上的共同体很快就分崩离析。“莫里森夫妇和怀特赛兹先生（Mr. Whitesides）在我们登陆的附近安置下来，之后我再也没有见过他们”，邓肯说，“巴茨比夫人（Mrs. Battersby）和家人乘汽船去奥尔巴尼；D 夫人住到鲍厄里街 272 号，我在那里见到她安然无恙。现在所有人四散而去”。在到达美国的第二天，邓肯“一整天都在外面晃悠，看到人来人往，但没有发现朋友”。[9]

乘客往往在航程结束时联合起来，以便在登陆时更加容易。但有时他们也会聚在一起，赞扬或谴责船长对待他们的方式。移民通过大众媒介发表这些声明，以期引起公众注意某些船长及其船员 201
的所作所为。1849 年 4 月，搭载 300 名乘客的“伊丽莎白 · 本特利”号（*Elizabeth Bentley*）从利物浦抵达纽约后不久，理查德 · 弗林（Richard Flynn）就与 70 多名乘客一起抗议，因为他们“没有得到足够多的医疗援助——船上没有外科医生或合格的医务人员；我们认为，如果当时有足够的药品供应，在途中去世的几个人就能保全性命”。但发表这种公开声明通常是为了表彰船上提供的服务。1851 年 6 月，“珍妮 · 约翰斯顿”号（*Jeanie Johnston*）安全抵达魁北克后，很多移民聚在一起，向詹姆斯 · 阿特里奇船长（Captain James Attridge）和船上的医官理查德 · 布莱纳哈赛博士（Dr. Richard Blennerhassett）表达“真诚和衷心的感谢”。“作为移民的医生，他保持着长久以来为自己赢得的名声。”这种对船上官员的热情赞扬，有时把在海上形成的社会关系扩展到更广泛意义上的家庭和社区。

1853年夏末，“邓布罗迪”号（*Dunbrody*）的乘客感谢威廉姆斯船长（Captain Williams）将他们从新罗斯安全送抵魁北克。“您就像我们的父亲”，他们在声明中写道，“为我们提供了许多乐趣，使我们不必担心留在爱尔兰的孩子和朋友”。事实上，一开始是人际关系把他们联系在一起。毕竟，“从我们的孩子和以前与您一起航行过的朋友那里收到的来信，让我们来到‘邓布罗迪’号”。[10]

最后，水手的技术和劳动是整个航运系统的依靠，他们有能力在航行结束时联合起来反抗他们的上级。在不断的体罚、监禁和巨额罚款的威胁下，海员团结一致要求改善（或逃离）他们的工作条件。他们粗犷的文化有时会使乘客产生误解。1853年，当詹姆斯·米切尔的船驶近纽约时，他注意到水手正准备抛锚。在完成任务的同时，“船上响起水手的欢声笑语”，米切尔在日记中写道，“但他们的歌曲污秽不堪，完全不适合一个基督徒聆听，有力地证明了这些生活在海上的人处在多么堕落和鲁莽的阶层”。一些联合起来的水
202 手会通过逃跑或叛变来挑战当权者，他们不仅面临被警察逮捕的危险，而且还面临被船长殴打的境遇。当“西方女王”号（*Queen of the West*）移民船上的船员企图叛变时，船长手握一把剑攻击他们。一名水手“胳膊肘以下部位几乎被砍断”。因为海上生活十分危险且工资微薄，淘金热时期，许多水手在到达澳大利亚后就弃船而去。1852年10月，当移民船“乔治亚娜”号（*Georgiana*）抵达吉朗时，约18名船员宣布“他们打算上岸挖金矿”。船长答应他们，只要完成到悉尼的航行，就给他们两个月的假期。当船员拒绝这个承诺后，船长请求移民的支持，但他们也予以拒绝。最终爆发战斗，虽然船长开枪打死厨师，但大部分水手“坐救生艇上岸，逃向贝勒林山（Bellerine Hills），从此音讯全无”。[11]

这些案例表明，在其他方面毫无关联的移民往往会在抵达目的

地时一起合作，以减轻他们从船上到岸上的困难和危险。在这种合作中，基于实情的考量始终最重要。分摊一艘船或一辆马车的运输费用，其经济优势显而易见。为节省时间、金钱和精力，移民还经常分享前往何处和谁值得信任的信息。对于那些第一次移民的人来说，其他形式的合作可能没有那么明显。尽管乘客以个人或小群体的身份航行，但事实是，第一次接待他们的医疗和海关官员往往把船上的共同体视为一个整体。移民在抵达目的地的前一天，擦洗船只并清洗自己的身体，从而给人一种干净有序、适合进入新社会的印象。上岸后，乘客经常会组成小团体，以节省住宿费用，方便寻找工作，并保护彼此免受抢劫和袭击。许多人团结在一起，以维持出发前或在海上形成的友谊。然而，同行乘客能做的也就这么多，他们只能互相帮助以求顺利抵达。大多数人最终意识到，他们在船上形成的社会关系在上岸后不会持续太久。“我现在无法描述自己的感受，但当我们最后一次坐在一起时，我们的感觉非常强烈。8 个 203
星期以来，我们是如此亲密的朋友，怀着同样的希望和恐惧”，詹姆斯·邓肯在 1847 年 5 月从贝尔法斯特来到纽约后哀叹道。在邓肯的想象中，他和其他乘客看起来就像是“一道美味佳肴，专为陆地上等待他们的鲨鱼而准备”。幸运的是，也有来自政府机构不同职位的人伸出援助之手，等待他们的到来。[12]

“名望与实用的计划”：
社会权威与移民救济

大饥荒时期的爱尔兰是一个等级制社会，许多穷人依靠牧师、地主、慈善家和政府官员的资助度日，因此脆弱的移民往往在上岸后不久就向这些人求助。社会地位较高的人有经验、人脉和经济实力来帮助移民确定发展方向，并计划在哪里生活和工作。例如，一些爱尔兰地主会提供信息和资金，以帮助那些他们资助移民的佃户。在大洋彼岸，许多新移民首先遇到的是驻守登陆港口的政府官员，他们的职责通常包括为有需要的移民提供帮助。同样，移民协会也很重要。然而，这些行为包含的不仅仅是善意。对于许多掌权的人来说，帮助移民是使自己权力地位具体化的一种方式，并巩固他们对有序的、等级森严的社会的愿景。1851 年，爱尔兰地主及慈善家维尔·福斯特给费城的美国移民友谊会写了一封公开信。他在信中向友谊会的主管保证，他们将获得来自“费城公共机关、不同教派的神职人员、英国领事以及其他社会上层的帮助，但前提是他们确信友谊会部署了有名望且实用的计划”。19 世纪中期，移民救济获得广泛的社会支持。[13]

加拿大政府授权移民官员敦促人们寻找工作和住宿。魁北克的首席移民官布坎南把这种经济援助与社会秩序的维持联系在一起。1846 年，布坎南警告说：“移民监管制度的稍许松弛，或维持移民援助能力的差池，都将造成不和谐。”他特别担心贫困工人和他们的家人聚集在港口城市及其周围，因为这种情况会造成犯罪和疾病的增加，以及随之而来的居民和陌生人之间的“敌对情绪”。1850 年 5 月，他在报告中介绍了他的办事处提供的帮助。“很多船只从利默里克、都柏林、沃特福德、斯莱戈的港口出发，船上有许多非常贫穷的家庭，有寡妇和孤儿，也有投奔自己丈夫或其他亲戚的无助妇女和儿童”，布坎南向在伦敦的上级部门解释道，“这些人中的大部分是自愿移民，来到这里时一贫如洗，有些人甚至对他们的目的地一无所知；因此他们寻求办事处的帮助，我发现有必要为 1375 人提供免费内陆通道”。一些人担心贫困家庭会滥用这些钱。1846 年，上加拿大的移民官员霍克（A. B. Hawke）称，许多从英属北美寄来的汇款都附有私人担保，即任何能到达魁北克的移民都会“在移民官员的协助下找到他们的朋友”。[14]

在处理贫困移民的问题上，布坎南负有多种连带责任。例如，他负责确保有资格的移民获得“落地钱”(landing money)，这是一种现金津贴，有时是他们的地主或济贫院为抵达加拿大的移民派发的。例如，1847 年 7 月，殖民地土地和移民委员会的秘书斯蒂芬 · 沃尔科特给布坎南寄去一份名单，上面有 11 个家庭。在地主的帮助下，他们乘坐“纳帕利马”号（*Naparima*）从都柏林驶往魁北克。殖民地土地和移民委员会已被告知，“每个家庭在抵达魁北克后将收到 1 英镑 10 先令的现金，这些钱已支付给都柏林的船票经纪人詹姆斯 · 米利先生”，沃尔科特解释道，“我因此请求您查明双方是否收到原定给他们的款项，并将结果反馈给我，以便告知资助这些移民 205
的地主爱德华 · 沃尔什爵士（Sir Edward Walsh）”。布坎南还负责让贫穷的移民能够在内陆旅行，即使他们的预定目的地是美国。1853 年，当一些贫穷的爱尔兰妇女和儿童在前往密苏里、肯塔基、田纳西和路易斯安那的途中抵达魁北克时，布坎南认为给他们支付一些路费是有好处的。这些家庭航行到魁北克，“因为他们的经济条件不允许他们乘船去纽约或新奥尔良”，布坎南在他的年度报告中写道，“由于他们在这里上岸时一贫如洗，人们发现有必要将他们转送到别处，通常是汽船能航行到达的地方，要么是在克利夫兰的伊利湖（Lake Erie）旁边，要么是在芝加哥的密歇根湖旁边”。最后，布坎南与当地政府合作，为潜在的劳工寻找工作。1853 年，霍普港（Port Hope）的市长告诉布坎南，来自利默里克济贫法联合会的 50 名女乞丐使镇上的每个人都受益。当地居民终于有了家庭佣人，而这些妇女现在“有一个工作，可以让她们在新大陆的生活有一个公平的起点”。[15]

当地主帮助自己的佃户移居海外时，他们有时会利用自己的跨国关系来确保乘客眼前的需要得到满足，或者至少确保移民在到达时不会一贫如洗。1847 年夏天，皇后郡一名叫德维西勋爵（Lord de Vesci）的议员，在将一些移民通过“旺兹沃思”号（*Wandsworth*）、“奥德萨”号（*Odessa*）和“兄弟”号运送到加拿大后，试图借助殖民地土地和移民委员会的官僚机制以获得好结果。在给布坎南的一封信中，斯蒂芬·沃尔科特转达了地主的要求。沃尔科特解释说，如果布坎南留意到这些需要帮助的移民，“并将你在这项服务中可能产生的任何合理支出的账目转交给我，殖民地土地和移民委员会就会把这笔钱汇给你，而你也可以把这笔钱转交给移民”。个人的社会关系也可能发挥作用。在把妻子和孩子送到澳大利亚与她们的丈夫团聚之前，卡罗琳·奇泽姆经常提前写信给当地政府和移民的家人，这样他们就可以准备接待新来的人。正如第一章所述，蒙蒂格尔勋爵在爱尔兰和英国有一些有权有势的朋友，他们利用自己的社会关
206 系通知澳大利亚的雇主，这些体面的劳工来自蒙蒂格尔勋爵的土地。1847 年底，阿奇博尔德·坎宁安得知蒙蒂格尔的一些佃户搭乘“皮

尔夫人”号出海后，“给殖民地的朋友写了两封信，信中附上蒙蒂格尔勋爵的名单副本和对移民的描述”，希望他们能帮助移民尽快找到好工作。坎宁安认为，当权者有义务“通过公平合理的劳动分配，恢复大英帝国的荣光”。[16]

爱尔兰地主有时会亲自雇用船长和代理人来监督航行，帮助移民找到工作，并汇报他们的进展。1847年，罗伯特·戈尔-布思爵士通过“风神”号（*Aeolus*）、“约曼”号和“赛尔夫人”号（*Lady Sale*）将数百名佃户送往新布伦瑞克时就是如此。根据船上管理人员写给他的信，他的移民一到加拿大就获得了充足的机会。戈尔-布思爵士在移民特别委员会作证时，大声朗读了博登夫人（Mrs. Purdon）的一封信。博登夫人的丈夫曾在其中一艘船上担任船长。“博登船长昨天把船上396名移民中的150名送到弗雷德里克顿（Fredericton），那里有很多工作”，博登夫人向戈尔-布思爵士保证道。“吉尔摩的女孩子们（Misses Gilmour）和一个裁缝在一起，他答应为她们找工作。她们的兄弟已经在乡下的一个农场找到工作，年薪20英镑……船上有两个女孩，其中一个叫玛丽·布兰（Mary Brine），她的工作是照看奶牛；还有一个是猎场看守人的姐妹，等船进城，我可以给她找个工作。”博登船长在写给戈尔-布思爵士的信中声称，他会竭尽所能来帮助这些移民。“可怜的人，我很遗憾地看到他们中的一些人在异国他乡上岸时既没有朋友，也没有钱”，博登写道。他打算把剩下的粮食全部送出去（而不是卖出去赚钱），同时“对于那些看起来最需要帮助的人，我会给一点钱，每人2先令到2先令6便士不等，我知道在这种情况下，你不会怪罪我”。戈尔-布思爵士还从约翰·罗伯逊（John Robertson）那里得到消息，他在圣约翰的船运经纪人负责处理移民上岸事宜，随后用这些船装载木材运回爱尔兰。根据罗伯逊的说法，如果戈尔-布思爵士的佃户不能在加拿大谋生，那不是他的错。“风神”号上的德里斯科尔船长（Captain Driscoll）成功帮助移民找到工作，只有那些“上当受骗的”移民仍处于失业状态。[17]

207 尽管有这样慷慨的声明，但同样明显的是，许多由地主资助移民的爱尔兰人在抵达加拿大时往往准备不足。布坎南在 1849 年的年度报告中抱怨说，那些得到地主资助的人通常“陷入极度贫困，每个家庭有时会获得少量钱用来购置衣物；但通常情况是，除提供免费的船票外，什么都没有”。爱尔兰和苏格兰地主把贫困的移民送往加拿大，布坎南对这种做法非常恼火。他甚至写信给那些地主，提醒他们这些移民最终到达加拿大时的恶劣处境。两年后，维尔·福斯特在加拿大布兰特福德（Brantford）逗留时，也观察到类似的情况。在写给母亲的信中，福斯特描述了在几个星期的时间里目睹数百名爱尔兰移民的到来。他们接受当地济贫法监护人的帮助，这些监护人在移民上岸时慷慨给予每人 1 英镑。然而，与此相反，福斯特指出，“那些被爱尔兰地主送出去的人在抵达时的情况最为糟糕”，因为他们通常“身无分文，也没有任何资助”，而且“往往由无助的大家庭组成，他们中没有人可以挣到钱”。1847 年 7 月，新布伦瑞克的移民官珀利指出，戈尔-布思爵士的爱尔兰佃户受到的待遇特别差。他指控说，那些被送到“风神”号的人被其地主“出口”到海外，因为地主想要剥夺移民的财产，而且这些人很可能成为加拿大公共基金永久的负担。珀利谴责这种“把无助的穷人‘铲出去’，且不为他们提供任何给养的行为”。[18]

那些前往美国且没有获得援助的移民尤其容易遭遇欺诈和抢劫，因为在 1855 年纽约城堡花园建立之前，美国没有一个正式的移民处理站。新移民面临的另一个问题是，他们经常被不诚实的经纪人和代理人欺骗，这些人专门利用与移民相同的种族和语言获取他们的信任，后又背叛他们。在那个熟悉面孔和声音极其罕见的年代，移民很容易被爱尔兰同胞所欺骗。1847 年，当纽约立法机构任命一个特别委员会调查“这种邪恶行为”时，“震惊地发现大多数针对这些无辜、在多数情况下无知的外国人实施欺诈之人，竟是比他们早到 208
这里的同胞；因为我们发现德国人坑害德国人，爱尔兰人坑害爱尔兰人，英国人坑害英国人”。一年后，《利默里克记者报》转载纽约移民协会的通告。“这艘船在纽约登陆时，总是搭载一群‘跑腿人’，其中许多人是爱尔兰人，会说爱尔兰语”，该通告警告有意移民的人，“这些人假装能为移民找到价廉物美的住处，却总是揩他们的油”。1851 年，约翰·奥汉隆在为前往美国的爱尔兰人撰写的移民指南中提醒他们，在利物浦，当有人向他们打招呼时，要准备好面临类似遭遇。“移民刚一上岸，就发现自己暴露在提前演练好的层层骗局中”，奥汉隆写道，“受雇的跑腿人一般都是乡下人，他们已经准备好对乘客嘘寒问暖，而毫无戒心的乘客还蒙在鼓里”。[19]

尽管 19 世纪 40 年代和 50 年代初纽约还没有一个移民站，但它的立法机构在 1847 年出资成立移民委员会。与加拿大的官员一样，这些由国家任命的志愿人员的目标是在本国的主要入境口岸实施规章制度，因为那里的疾病和违法乱象正威胁着社会秩序。他们的职责包括给膳宿管理员（boardinghouse keepers）和他们的跑腿人颁发执照，监督船票经纪人，并确保所有船只的船长提交货物（或乘客）清单和支付保证金。他们还要确保患病移民得到任何他们所需的帮助。保护新来者免于上当受骗也是专员的职责之一，因为他们承认“持续、系统的欺骗和欺诈活动……正在不断上演”。专员密切关注曼哈顿码头，并于 1847 年 7 月在奥尔巴尼任命一名代理人，以迎接和保护前往纽约州北部的“毫无防备的外国人”。次年 4 月，为打击实施诈骗的船票经纪人和跑腿人而颁布一部法令。移民委员会所做的工作不限于打击欺骗和抢劫行为。在 1854 年的年度报告中，该委员会罗列出许多方法来帮助新抵达的乘客。这些专员同加拿大移民
209 官员一样，旨在提供多种切合实际的援助。例如，当亲友为新来移民的内陆旅行寄钱时，专员会帮助新来移民把这些钱花到刀刃上。如果这些钱不足以支付全部费用，专员通常会垫付差额。根据 1854 年的年度报告，他们帮助移民“在城市或乡村获得工作，为未受过教育或不懂本国语言的移民写信或收信……还用其他很多方式来帮助和保护新来的陌生人”。[20]

由于移民管制仍处在起步阶段，私人慈善组织的影响力尤其大。这些移民协会主要由第一代和第二代中产阶级移民提供人员和资金支持，他们的目标是在航行的每一个阶段打击欺骗和抢劫行为。例如，1841 年成立的纽约爱尔兰移民协会，在爱尔兰银行开立了一个账户，人们可以在此提取汇票。任何人只要向该协会位于曼哈顿云杉街（Spruce Street）的办公室寄送一笔款项，并附上“明确的书面说明”，说明这笔款项应该支付给谁、在哪里支付，就可以将这笔钱安全地汇到国外。同样，成立于 1848 年的费城移民友谊会旨在“确保移民到达后不被强加无理要求”，并帮助他们找到好的工作和住处。跨大西洋的团结合作在 19 世纪中期的废奴运动等其他慈善运动中发挥了至关重要的作用，在这一精神的感召下，贫穷移民的中产阶级朋友试图在任何可能的情况下建立跨国联系。虽然利物浦没有创建像纽约或费城那样规模的移民协会，但一些市民、代理人和报纸编辑确实与北美团体合作，传播移民指南和信息。这些保护性服务往往承载着经营者的道德使命。例如，1851 年移民保护协会在都柏林成立时，《民族报》强调的不仅仅是它打击欺诈行为的能力。《民族报》评论道：“将一位毫无防备、淳朴的年轻女子，交由一个移民家庭精心照料”，无论是在航行前、航行中，还是在航行后，这“都

是一种无价的保护”。与此同时，在波士顿，1848 年爱尔兰革命的流亡者托马斯·达西·麦基，敦促移民协会不仅要提供现金援助，还
要帮助新移民成为美国选民。麦基认为：“防止行乞是极好的，但成 210
为公民更是如此。”[21]

虽然船长和船员通常认为他们的乘客只是乘客而已，但当乘客上岸后出现困难时，轮船公司有时也会尽最大努力来帮助他们。费城科普家族轮船公司的记录表明，船主认为自己在各方面均负有责任。例如，科普公司在写给船长的一封信中，试图帮助一名乘客找回丢失的行李。1852 年，詹姆斯·里奇（James Richie）从利物浦航行到费城，他把“一个黑色把手的红箱子和一桶货物（都没有标记）”落在“萨拉纳克”号上。如果船长能够找到行李，他请求把它们交给利物浦一个叫约翰·加拉格尔（John Gallagher）的人。科普公司还回复公众的来信，这些书信要求更新乘坐该公司船只的家属动态。不凑巧的是，由于船只的乘客清单仍在船上，因此科普公司不能事先确认或否认任何人的到达。1845 年，科普公司告诉帕特里克·迈科利尔（Patrick McAleer）：“由于我们在船只到达之前没有收到乘客名单，所以无法得知你所询问之人是否在‘萨拉纳克’号上。”尽管他们预测船只“可能在 1 周或 10 天内到达”。一旦船只抵达，他们可以帮上更多忙。“莎拉·基南（Sarah Keenan）的名字出现在‘怀俄明’号（*Wyoming*）的乘客名单上”，科普公司在 1850 年 7 月告诉玛丽·托马斯（Mary B. Thomas），“这艘船将在 20 号抵达”。该公司甚至同意代表新来移民的亲友向他们传递信息。当托马斯·唐纳森（Thomas Donaldson）得知他认识的一些人计划乘“怀俄明”号前往费城时，科普公司承诺，“如果基冈（Keegan）一家乘那艘船到达费城，我们将向他们传达你的指示”。[22]

那些抵达澳大利亚的爱尔兰人通常会接触到一个监管更为严格

的环境，这让他们更不容易受到欺诈和虐待。从 1848 年开始，坐
落在悉尼麦考瑞街（Macquarie Street）一处旧营房里的女性移民
站，开始为单身女性提供临时住所并介绍工作。1852 年，伯肯黑
211 德（Birkenhead）也建立了一个类似的移民站。在等待家人前来接应
（或在移民站的“招聘房”中寻找工作）时，这些妇女可以住在宿
舍，并有人给她们提供食物。1850 年 2 月，当“托马斯·阿巴斯诺
特”号搭载的近 200 名爱尔兰“女孤儿”抵达悉尼时，她们就住在
那里。在悉尼逗留一个星期后，船上的外科医生查尔斯·斯特拉特
陪着 100 多名孤儿，乘坐马车耗时 2 周前往亚斯（Yass）寻找家仆的
工作。许多澳大利亚移民担心爱尔兰女性贫民的涌入会破坏殖民地
的社会风气，但悉尼的《人民拥护者报》（*People's Advocate*）认为，
这些女性将成为“帝国的乳母，我们相信这个帝国注定会成为世界
上最强大的帝国之一”。运送犯人的船在航行中被严密监视，这意味
着犯人在到达时既受到限制又受到保护。1848 年，当 300 名爱尔兰
男性犯人乘坐“佩斯汤基·伯曼基”号前往范迪门之地时，都柏林
政府给殖民地政府写信，建议他们让这些人接受劳动和道德改造，
212 防止他们“突然暴露在殖民地的诱惑之下而没有约束或监督”。那些
获准离开的犯人可以受雇为劳工。1849 年，在乔纳森·奎恩下船之
前，就有一些雇主登船招人。“我成了一名牧羊人，不让自己闲着，
一年工作 12 个月，以获得 12 英镑的工资”，奎恩告诉他在阿尔马的
父母。在那之后，他“可以自由前往任何他认为适合的地方”。[23]

总之，无论是在加拿大、美国还是澳大利亚登陆，大饥荒时期成千上万的爱尔兰移民从各类政府机构和“上层社会”获得帮助。爱尔兰移民发现自己身处异国他乡，且预算紧张，他们寻求有钱人的支持，这是合情合理的。此外，从资助者的角度来看，资助的意义是多方面的。对于那些在大英帝国政府中掌握实权的人来

图 11　建于 1852 年的澳大利亚伯肯黑德移民站
来源:《伦敦新闻画报》1852 年 6 月 26 日。感谢英国报纸档案馆和大英图书馆委员会惠允使用。©Illustratod London News Group

说，帮助贫穷的移民找到工作和住宿是一剂良药，以应对加拿大和澳大利亚港口城市日益严重的疾病和犯罪。通过行使“慈善”的父权制，也让现存的社会等级制度具体化。1847 年 7 月，当一些受地主资助的移民从伦敦德里起航，殖民地土地和移民委员会的斯蒂芬·沃尔科特要求布坎南想方设法帮助他们，只要不违背“移民保护协会公平地为出身卑微的移民提供的照料和建议”。马修·高尔曼（Matthew Gallman）等人提出，移民协会等中产阶级的慈善组织，也有利于北美资本主义的发展。他们将新来的工人引导到劳动力短缺的地区，并鼓励移民同化（assimilate）、归化（naturalize）和追随他们的领袖，从而促进资产阶级民主制度的发展。如此一来，对于那些希望巩固 19 世纪中期英语世界社会结构的人而言，数百万穷人的迁移为其提供了一个巨大的机遇。[24]

“一切开明有益的东西”：作为移民沟通渠道的大众媒介

每周出版一期的报纸为新来的移民提供了另一种资源。尽管 19 世纪中期爱尔兰人的识字率约为 50%（并且受到相当大的地区差异
213 的影响），但大众媒介在爱尔兰社会中发挥重要作用。那些付不起全价的人经常与邻居分摊订阅费，或者去阅览室和图书馆翻看，此时这种现象在岛上蔓延开来。公开朗读报纸，也就是一个人为听众大声地朗读报纸专栏文章，成为一种流行的消遣方式，这也是文盲了解新闻和观点的一种常见方式。报纸的跨国发行也是国内外爱尔兰人保持联系的一种渠道。亲友经常互寄当地报纸作为维系彼此感情的信物。1847 年初，约翰·奥尔离开贝尔法斯特前往纽约，他的姐妹在几个月后敦促他保持联系。“妈妈希望我告诉你”，简写道，“你不写信的时候，只要寄一份报纸给我们，就会和私人信件一样令人满意”。在地球的另一端，即使是政治犯也可以获得从家里寄来的报纸。“与爱尔兰相关内容的摘录（澳大利亚的报纸转载）通常非常少，不能令人满意”，1848 年爱尔兰革命的流亡者约翰·马丁（John Martin）在 1850 年 6 月抱怨道，但他的同伴托马斯·弗朗西斯·米格尔“收到很多（都柏林的报纸），前一阵子遇见我和约翰·米切尔的老同学”分享了一些。在北美的移民经常分享他们收到的爱尔兰报纸。在 1849 年写给安特里姆朋友的信中，约翰·穆赫兰（John Mulholland）谈到他在新斯科舍省（Nova Scotia）温莎（Windsor）遇

到了一群来自爱尔兰北部的人。“他们很喜欢阅读爱尔兰的报纸”，穆赫兰写道，“坎宁安小姐好心送来一份科尔雷恩（Coleraine）的报纸，我就在他们中间传阅”。大众媒介是那些寻求过渡到新社会之人的重要资产。[25]

不论在国内还是在国外，爱尔兰的周报编辑都经常称赞他们的报纸是信息和思想的周转站。例如，在爱尔兰出生的出版商帕特里克·多纳霍（Patrick Donahoe）就利用他在波士顿的办事处作为爱尔兰人跨国交流的国际节点。1851 年，奥汉隆的《爱尔兰移民美国指南》出版后，多纳霍在自己拥有和主编的《波士顿导航报》专栏刊登这本书的前几章。当期迅速售罄后，多纳霍又加印，并鼓励他的读者与家乡的亲友分享。“打算给爱尔兰朋友汇款的人”，多纳霍写 214
道，“最好把载有奥汉隆指南的《波士顿导航报》寄给他们”。报纸也朝另一个方向传播。在 1842 年末出版第 1 期后不久，广受欢迎的都柏林《民族报》的编辑就给美国和加拿大的多位编辑免费邮寄这份报纸。当年 12 月，多纳霍告诉他的读者，他收到《民族报》“首批发行的 3 份”，很高兴将其加入与《波士顿导航报》达成互惠交换协议的报纸名单中。在离家更近的地方，多纳霍等编辑支持图书馆和阅览室成为放松和学习的场所。1849 年秋天，当波士顿的一家新书店开张时，多纳霍鼓励年轻人去参观并支持它。“还有什么比一个干净、愉快、满是聪明人、堆满书籍和报纸的阅览室，更令人感到愉快和有趣呢？”多纳霍在《波士顿导航报》专栏中问道。他总结说，阅览室是“一切开明有益的东西”的思想摇篮。[26]

对于移民共同体的中产阶级领导者而言，大众媒介是传播资产阶级理想和价值观念的关键动力。在 1848 年纽约《民族报》创刊后的几个月，托马斯·达西·麦基敦促读者把这份报纸作为一种训练工具，使自己成为受人尊敬的美国公民。1849 年 2 月，麦基宣称：

“最深入的研究、最纯粹的口才、最崇高的道德，都可以从报纸上看到。”“最重要的是，当美国社会出现固化时，我们需要报纸，我们需要人类头脑所能提供的一切智慧，来引导社会沿着正确的方向发展。”一年半后，麦基在与纽约的罗马天主教主教发生公开争吵后搬到波士顿，他利用自己的新报纸来夸耀一份好的报纸所具有的广泛价值。“报纸是现代文明最伟大的引擎之一”，麦基在《美国凯尔特人报》（*American Celt*）上说道，“从阅读中可以获得大量有用的信息和愉快的消遣”。与多纳霍有着密切工作联系的奥汉隆，在他的爱尔兰移民指南中赞扬大众媒介的作用。在他看来，一份好的报纸可以为整个家庭服务。奥汉隆建议，家家户户都应订阅一到两份像样的报
215 纸。如果负担不起全部费用，可以鼓励邻居分担订阅费用。奥汉隆宣称，经常读报的家庭“更聪明，更尊重常识，也更善于利用市场、金钱、商业和政治交易”。[27]

来自一个保守的乡土国家的公众，经常把美国拥挤的城市描绘成对爱尔兰人身心的严重威胁。1852年5月，在都柏林《民族报》转载的一封公开信中，穆利根（P. Mulligan）回忆说，他最近在美国城市旅行时看到的“苦难和匮乏”与他在爱尔兰看到的一样多。许多移民发现自己被困在美国，既找不到工作，又没有钱回家。“特别是在港口城镇，有一大群闲人……他们为了生计而不择手段”，穆利根警告说，“谋杀和抢劫，甚至在大街上和光天化日之下也时有发生”。即使是那些设法找到工作的人，也常常生活艰难。他们工资低，还经常遭受虐待。美国城市生活中也存在精神层面的危险，天主教神职人员对此保持警惕。在写给都柏林一家报纸的公开信中，牧师马伦先生（Reverend Mr. Mullen）对数千名爱尔兰移民的命运表示痛惜。“许多人定居在大城市的郊区，那里聚集着各教派中最堕落、被抛弃的数千人，他们的恶行令人发指，各种各样的罪行比比

皆是”，马伦哀叹道。看着自己的孩子在精神上走向毁灭，年长的爱尔兰移民“哭泣着，想起爱尔兰，想起它的乡村教堂、牧师、宗教，他们认为生活在爱尔兰就是幸福，即使身在贫困中”。一些友好的、土生土长的编辑同样鼓励新来的爱尔兰移民远离城市。在写给维尔·福斯特的一封公开信中，霍勒斯·格里利（Horace Greeley）建议新来者到乡下去激发自己的劳动技能。1852 年，格里利写道：“任何人都不应该在纽约市停留，哪怕是一天，除非他在这里有朋友。如果他在登陆时身无分文，让他立即向北走，直到他离开这座城市，然后不惜任何代价去寻找工作。”[28]

当城市被描绘成危险和堕落的深渊时，伊利诺斯州和威斯康星州等西部州的开阔平原被视为创造新爱尔兰共同体的温床。在爱尔兰，拥有一座农场几乎是不可能的，因为那里的一小撮人口控制着
大部分土地，但在美国至少可以拥有独立所有权。在一封写给都柏 216
林《民族报》主编的公开信中，费城的一位移民欣喜地看到最近新来的移民直接前往西部。“他们一批批地转向广阔的西部土地，他们应该继续这样做，因为在城市里他们是奴隶，而在西部他们成为土地的主人”，一个流放者解释说。有正确的社会价值观武装自己，这些移民就可以找到幸福。他写道：“上帝的仁慈、节欲和爱尔兰人的勤劳，使他们在西部空旷的土地上幸福地定居下来。”那些在西部各州成功开建自己农场的爱尔兰农民的来信，经常被大众媒介转载。1850 年 5 月，保守的伦敦《泰晤士报》刊登了一封来自威斯康星州利默里克的农民的信。尽管大多数爱尔兰移民不像这位农民那样拥有购买农场的全部资金，但他对乡村生活的描述引人关注。“不用担心喂猪的事情，只要把它们赶到树林里，它们就会自己吃，直到你把它们做成熏肉”，这位农民得意地说。威斯康星州确实是一片富饶之地。他宣称：“在这里，连最卑贱的工人一年到头都有牛羊肉吃，

还有面包、熏肉、茶、咖啡、糖，甚至馅饼，这里的每一天都像爱尔兰的圣诞节一样美好。”[29]

移民的报纸毋庸置疑地反映出其资产阶级编辑的价值观，但它也充当了漂洋过海所需的技术性说明的来源。因此，船票经纪人的广告在大饥荒时期占据所有主要报纸的版面，包含大量关键信息。例如，1846 年，利物浦的詹姆斯·贝克特成功地经营着一项生意，他销售开往美国和加拿大的“一流、快速的美国邮船”的统舱船票。由于许多准移民可能不知道邮船航运的基本知识，贝克特便用广告向他们描述。“所有这些船都是在特定日期准时起航”，他解释说，“如有延误，乘客每人每天可以得到 1 先令的补偿”。这个严格的时间表可以让移民节省时间和金钱。收到他们的申请后，贝
217 克特会回复一份清单，上面列出船只出发的日期和时间，这样乘客“在他们抵达利物浦后可以直接登船，从而节省所有的住宿费用及其他费用”。一旦移民在新的家园定居并积攒足够的钱，便成为其他人追随的榜样，他们还可以利用船票经纪人的广告，了解如何安全地将汇款寄回国内。塔普斯科特是 19 世纪中期最大的中介之一。1851 年 8 月，在纽约《自由人杂志》刊登的一则广告中，该公司告知读者，任何居住在美国或加拿大的人都可以通过其位于纽约、利物浦和都柏林的办事处“邀请他们的朋友来”。由于很多汇款是在预算紧张的情况下筹措的，所以让人们知道他们的投资受到保护是很重要的。另一家经纪公司，富尔顿街的罗氏兄弟公司（Roche Brothers）保证说：“如果出现拒绝接受汇款的情况，只要他们出示航程证明和收据，我们就会全额退款给当事方，不作任何费用扣除。”[30]

在更基础的层面上，报纸还可以让读者知晓特定船只是否安全抵达。通过发布这些船只的最新状况，报纸修复了爱尔兰跨国共同

体结构中的残缺部分。为了经济利益，许多这样的告示只是列出航船的基本细节。例如，1848 年 5 月，魁北克《纪事晨报》记载，从伦敦德里来的“特使”号（*Envoy*）抵达魁北克，搭载 1 名客舱乘客、214 名统舱乘客，有 1 人在航行中死亡。同样，1850 年 10 月 26 日，波士顿的《美国凯尔特人报》就从戈尔韦出发的“戴维”号发表评论：“经过 43 天的航行，船上的 80 名乘客都安然无恙。”1849 年 3 月，当移民船“法尼尔·霍尔”号（*Faneuil Hall*）抵达时，《波士顿导航报》没有提到它的登船港口，但列出所有 173 名乘客的姓名，包括唐纳（Donnell）一家（“詹姆斯、玛丽、玛格丽特和玛丽”）和“约翰·墨菲（已死亡）”。在爱尔兰，报纸编辑用当地船只的安全抵达作为他们港口适合移民的证据。例如，1854 年 8 月《戈尔韦快报》（*Galway Express*）高兴地宣布，几艘从戈尔韦出发的移民船安全抵达纽约。“如果说作为一个移民美国的港口，缺乏证据证明戈尔韦比利物浦优越”，《戈尔韦快报》宣称，“但现在有‘克拉伦斯’号、‘沃特福德’号、‘特里同’号和‘伊娃’号（*Eva*）的短途航行为此提供证据”。这样的新闻报道也是为了给留在爱尔兰的焦虑的亲属带来安慰。1853 年 7 月，《利默里克记者报》宣布“非洲”号（*Africa*）已安全完成从利物浦到墨尔本的航行，船上所有乘客健康 218
状况良好。考虑到“这么多来自利默里克、克莱尔和爱尔兰其他地方的体面的乘客”已经登上“非洲”号，《利默里克记者报》很高兴地将“这个令人欣慰的消息告知许多焦虑的家人”。[31]

大众媒介对不久前抵达的移民来说，也是一个非常有用的工具。特别是许多人在当地报纸的“寻人启事”板块购买版面，作为与亲人团聚的一种方式。其中最著名的是 1831—1921 年《波士顿导航报》的专栏。在大饥荒时期，许多周报都刊登类似广告，以增加收入，并将人们联系起来。1847 年，《波士顿导航报》的主编吹嘘其报纸的成功率。他说："我们每天都能听到有人借助这个专栏找到想要找的人。我们的报纸是这方面全国最好的报纸，因为它在有爱尔兰人的每座城镇（整个北美）都发行。"为吸引普通读者的注意，这些寻人启事中囊括具体细节，不仅针对需要寻找的人，也针对他们的朋友、家人、亲戚、同事和熟人——任何能将失联者的线索联系起来的人。例如，1850 年 1 月，萨拉·黑尔（Sarah Hare，原姓是奎恩）发布了一条关于她兄弟安东尼（帕特里克·奎恩和凯瑟琳·奎恩之子）的寻人启事。安东尼是都柏林斯蒂尔根（Stillorgan）人，他和两位名叫菲茨哈里斯（Fitzharris）的年轻人于 1847 年 12 月一起乘坐"罗素·格洛弗"号（*Russell Glover*）离开爱尔兰。1849 年，当她最后一次听到他的消息时，奎恩在俄亥俄州辛辛那提市工作。为了让任何可能认识她兄弟的人想起他，萨拉介绍了她兄弟的一些体貌特征。她说，他 22 岁，"肤色黝黑"，大约 5.5 英尺高，"缺失一颗门牙"。[32]

为增加回复的概率，那些在"寻人启事"板块购买版面的人有时会以物质回报来吸引他们的目标。1851 年 3 月，康涅狄格州纽黑文（New Haven）的帕特里克·麦克纳利在《美国凯尔特人报》发布一则通告，寻找约翰·史密斯（John Smith）。史密斯原本是德罗赫
219 达人，据说住在纽约和费城之间的某个地方。任何有关消息，"若对我们寻找史密斯有用"，麦克纳利将在收到信息后予以重谢。移民不是唯一想购买寻人启事广告的人。1849 年春天，彼得·肯尼迪（Peter Kennedy）乘坐"阿弗农"号（*Avernon*）从科克前往波士顿，他在途中逝世。当地的外国乘客和贫民委员会曾使用《波士顿导航报》的专栏，试图找到死者的儿子科尼利厄斯（Cornelius）和约翰。这份寻人启事承诺，他们可以到访委员会的办公室，以"了解彼得·肯尼迪继承人的财产细节"。寻人启事有时还用来追踪逃犯和追回被盗物

品。1850年9月，马萨诸塞州的两个农民迈克尔·奥赫恩（Michael O’Hearne）和迈克尔·莫兰（Michael Moran）借助《波士顿导航报》的“寻人启事”栏目，悬赏100美元捉拿克莱尔郡的约翰·金（John King）。金最初因涉嫌做伪证而被拘留，他在“自己的同胞中”募资以支付保释费用。但在审判前夕，“因为害怕受到惩罚，他卷钱而逃”。金大约45岁，“相当健壮”，肤色黝黑，“掉了一颗门牙”。[33]

尽管爱尔兰裔澳大利亚人的主流媒体比其北美的同行要小得多（大饥荒时期只有一份重要的周报——悉尼《自由人之报》），但它也把自己的专栏作为移民搜索他人信息的地方。由于教堂是许多爱尔兰天主教徒生活中的黏合剂，牧师经常被要求帮助人们寻找亲友。1850年6月，爱尔兰天主教牧师约翰·麦肯克罗（John McEncroe）创办《自由人之报》。该报旨在让读者利用报纸，而不是他们的牧师，来寻找失踪者。该报指出，美国“主要的天主教报纸”都“在期刊的一两个专栏中插入寻人启事，用来寻找朋友或亲戚”。《自由人之报》承诺采取类似计划，为居住在澳大利亚的爱尔兰人服务。这样做将增加成功的几率，同时避免牧师在徒劳地搜索中花费时间和精力。“由于这个殖民地的绝大多数爱尔兰人都阅读《自由人之报》”，麦肯克罗解释说，“通过这本杂志的专栏找到朋友的可能性，远远大于让牧师陷入无用和不必要的麻烦与花费中”。当移民选 220
择购买爱尔兰裔创办的澳大利亚报纸上的“寻人启事”时，他们有时还会用天主教会的社交网络来满足自己的诉求。例如，1855年3月，《自由人之报》刊登了一份“移民启事”，其中有一则玛丽·凯里（Mary Carey）的广告，她在寻找自己的姐妹，克莱尔郡奥布赖恩桥的布里奇特·凯里（Bridget Carey）。在广告原文中，玛丽明确请求牧师在星期天公布她的诉求，因为编辑在报纸的附言中特别规定“这类通告绝不能在天主教教堂的祭坛上宣读”。[34]

对处在贫困边缘的绝望的移民来说，寻人启事是他们与亲人团聚的最后机会。由于父亲通常是家庭的经济支柱，因此这些广告往往是针对他们的。1852 年 7 月，《美国凯尔特人报》上的一则启事寻找一位名叫帕特里克·格林（Patrick Glynn）的人，“他从罗斯康芒郡基尔布莱德出发前往布法罗市寻找他的父母和家人”，但一直没有出现。5 个月后，同样内容的广告仍在报纸上以同样的文字刊登。有时，工作的临时变动会打乱团聚的计划。1855 年初，玛格丽特·奥布莱恩抵达悉尼，她开始打听丈夫科尼利厄斯的消息。据她所知，科尼利厄斯“一个月前离开古尔本（Goulburn）前往维多利亚金矿”。妻子和孩子发现自己被遗弃是很正常的事。在玛格丽特·坎卡农（Margaret Cuncanon）的丈夫从戈尔韦移民到美国 4 年后，她追随丈夫的脚步来到美国，并在《波士顿导航报》刊登一则广告，称“她自己和孩子现在都依靠几位乡下老邻居的善心过活”。当孩子迷路时，能否与父母再次团聚取决于陌生人。1850 年 7 月，“海盗”号（*Corsair*）从利默里克到达魁北克，船上有两个无人陪伴的孩子——玛丽和凯瑟琳·卡利南（Catherine Cullinane）。两个月后，她们仍在当地移民局等待认领。魁北克《纪事晨报》上的一则启事写道：“没有（孩子的）父母或亲友的消息，插入这则广告是希望能引起与他们有关之人的注意。”这则广告请求“遍及加拿大、佛蒙特州以及毗邻各州”的其他报刊转载这则启事，这在当时是常见的情况。当范妮·麦克纳马拉（Fanny McNamara）在波士顿的一份爱尔兰报纸上
221 刊登一则关于她父亲的寻人启事时，她特别要求都柏林《民族报》在专栏中转载这则寻人启事。与此同时，1846 年，住在费城的马修·休斯（Mathew Hughes）在都柏林《民族报》刊登一则启事，以寻找他姐妹的消息，尽管她可能已经移居美国。[35]

因此，报纸专栏本身就包含对新到移民至关重要的内容，但跨

越大洋邮寄报纸的实际行动却成为一种媒介。通过这种媒介，分散在世界各地的爱尔兰人将破裂的情感和共同体纽带重新联结起来。对于那些看重外国报纸的人来说，知道国外的家人定期给他们邮寄报纸是很重要的。1846 年，约翰·坎贝尔（John Campbell）对远在多尼哥的母亲说道："威廉在几天前收到玛格丽特姑妈的一封信和两份报纸。"作为交换，威廉给姑妈寄去两份纽约的报纸，并打算定期这么做。"那些报纸是几个月前的"，约翰承认，"但每周寄两份，很快就轮到现在的日期"。对于那些生活在国外的爱尔兰人来说，邮寄报纸提供了一种跟进国内新闻和观念的方式。在写给德里郡妹夫的信中，约翰·林赛鼓励妹夫每隔几个月就写一封信。"如果你有机会经常给我寄份报纸，我会很高兴——我也尽可能经常给你邮寄报纸"，约翰保证道，"爱尔兰目前令人担忧的状况使爱尔兰的报纸更具吸引力，昨天我收到的那份报纸是我几个月以来看到的唯一一份"。爱尔兰移民也可以通过交换报纸，让亲戚了解他们的新家。戴维·穆迪（David Moody）在定居澳大利亚后，决定不时地寄几份报纸给远在爱尔兰的母亲，这样她就能"从报纸中看到这片土地上所发生的事"。邮寄报纸有时只是作为一个人已经到达大洋彼岸的通知。1850 年，在到达纽约 3 周后，乔治·里奇认为他的父母应该早些时候就收到他的消息，至少"我给你邮寄过一份载有'哈德逊'号（*Hudson*）抵达的消息的报纸，上面有客舱乘客的名字"。[36]

总之，移民在新家安顿下来的过程中，大众媒介发挥重要作用。任何周报的每一期都是思想和观点跨国交流的媒介，这是可转移的、负担得起的行为。这对爱尔兰报纸的编辑和所有者来说是很重要的，他们受限于有限的经费和半专业的员工，通过内容分布广泛的标题
为他们的订阅者提供有用的信息。编辑还鼓励读者来信，其中许多 222
信件不仅透露一些重要细节，而且还将资产阶级的价值观和理念具

体化。此外，周报是读者收集与移民有关信息的重要途径，包括特定船只航行的最新情况、如何安全汇款回家，以及在广阔的新大陆定居何处的建议。周报还通过“寻人启事”专栏为移民提供一种渠道，来表达他们自己的声音、关注和诉求。最后，爱尔兰媒体提供了一个场域，使受凌辱的新来者可以挑战那些掌权者。1851 年，一位名叫约翰·麦基尔南（John McKiernan）的爱尔兰客舱乘客从利物浦前往纽约。他一路上被多收了钱，还遭到欺凌。到达纽约后，麦基尔南和他的同行乘客来到塔普斯科特先生的办事处，抗议他们受到的不公待遇，却被粗暴地驱赶到大街上。麦基尔南认为他们要求赔偿的希望破灭了，但他的同伴并不认同他的看法。“你错了”，他的朋友说，“《美国凯尔特人报》在波士顿出版”。在把麦基尔南的经历写进专栏后，《美国凯尔特人报》的编辑希望他的故事能被广泛传播，“无论是在这里，还是在爱尔兰，在所有对贫困移民友好的报纸”上转载。[37]

“一些真朋友或旧相识”：
新大陆的友谊和家庭

虽然其他乘客、政府机构和周报都是新来的爱尔兰移民可利用的资产，但最重要的资源——也是他们努力尽快重建的资源——是与朋友和家人的人际关系。这些联系对于成功在新大陆定居至关重要。没有友好的面孔来迎接他们，新来者在寻找住宿和工作时会更加困难，需要付出更高的代价。事实上，移民经常被鼓励在出发之前就向亲友发送他们即将到达的消息。“老乡要来的时候，应尽可能把他的打算和所乘坐的航船名称告诉我们城里的一些真朋友或旧相识”，一个纽约人在一封公开信中建议道，这封信在 1849 年的爱尔兰报纸上被转载。“这样他乘坐的船只到达的消息就会出现在报纸上，当他的船只抵达时，他肯定会在码头上见到他的朋友，然后立刻前往价廉而合适的住所。”4 年后，《利默里克记者报》刊登了一封类似的书信。那些计划出国旅行的人应该在出发前和亲人一起做好准备，“因为如果他们是不期而至，那么在这里登陆时会因长途旅行而变得虚弱，还可能手头没有多少钱，这样他们的处境就会很痛苦”。移民在抵达一个新国家后，对来自个人的帮助的需要往往超出对基本生活必需品的渴望。那些在新家成功重建旧时交际网的人，可以享受到更高质量的生活。虽然许多人在抵达后的头几天和几周都会经历巨大困难，但丹尼尔·基尼（Daniel Guiney）难以表达他和旅伴在迎接他们的老邻居那里受到多么好的款待。在他们朋友家的第一个晚上，“我们的晚餐吃了土豆、肉、黄油、面包、茶；可以肯定的是，之后我们在马修·利里（Mathew Leary）家喝酒”。与老朋友重新建立联系是一种快乐，基尼承认他“几乎无法用言语向你们表达我们现在的喜悦”。[38]

帝国政府在往来于大西洋两岸的书信中指出，大量前往魁北克的爱尔兰乘客是为了与已经移民的亲属团聚。因此，他们抵达加拿大，就标志着链式移民过程中一个新环节的完成。1846 年 12 月，殖民大臣格雷伯爵认识到这种援助网络的经济价值。即使人数在增加，“新来的移民也会分散到各个地方，而这些地方已经有他们的朋友打下根基”，格雷指出，“从他们被派遣的方式来看，他们可以在那里找到维持生计的办法”。当被问及为什么没有更多的爱尔兰人前往澳大利亚时，罗伯特·戈尔-布思爵士坚称，移民“喜欢前往他们朋友所在的地方，很少有人在美国没有朋友”。作为魁北克的首席移
224 民官，布坎南试图帮助在北美的家庭重新建立联系。1850 年，他形容每年都有“非常贫困的爱尔兰移民”到来，他们横渡大西洋的旅费由散布在美国各地、甚至远在密苏里州的家人支付。魁北克通常被选为登陆港，原因很简单，因为这条航线最便宜。在布坎南从他自行支配的公共资金中支付移民的内陆旅行费用之前，他试图联系这些移民的亲戚，结果喜忧参半。布坎南在 1850 年的年度报告中写道：“在所有这些没钱的家人中，我都寻到她们丈夫的地址，并写信要求他们立即提供帮助。在许多情况下，钱被寄来……但在一些情况下，得不到任何答复。”[39]

一些预付船票的背面会潦草地写着简短的个人留言，因为大多数资助者认为，成功的团聚仰赖提前准确地传递信息。到 19 世纪 40 年代中期，书信通过汽船穿越大西洋，只需大约 2 周时间，而移民乘坐帆船则要花费 5—6 周时间。因此，所有在出发前寄信的乘客都

大可放心，书信会比他们提前几个星期到达。由于港口城市每天都会有船只抵达的消息，因此那些计划迎接新移民的人只需掌握一点细节就可以。1851 年，当 18 岁的凯瑟琳・卡拉文准备离家前往费城时，她的资助者提醒她要和他们交流。“我们希望你 4 月 12 日离开利物浦”，他们在她的预付船票背面写道，“给我们写信，告诉我们你要乘坐的那艘船的名字”。为了让移民自己顺利找到通往安全住所的路，有些资助者还向移民详述如何在到达时找到他们。“登陆后，你要打听胡桃街（Walnut Street）怎么走，然后一直走到斯库尔基尔河（Schuylkill River）”，帕特里克・约翰斯顿（Patrick Johnston）解释说，“然后找到胡桃街和乔治街之间的海滩街 2 号”。许多人更喜欢亲自迎接新来者。1851 年，艾格尼丝・夏基（Agnes Sharkey）在出发前夕，她的资助人答应她一到就为她安排好一切，至少会派一个朋友去，“但如果有可能，我会亲自去接你”。[40]

当亲戚不能立即帮助移民上岸时，他们通常还是会想办法来帮助他们。即使这些家庭成员相隔数百英里，情况也是如此。1848 年 225
3 月，在抵达缅因州的哈洛韦尔（Hallowell）后不久，欧文（Owen）和霍诺拉・海尼根（Honora Henigan）给他们远在爱尔兰的儿子写信，讲述他们在加拿大登陆后的经历。新布伦瑞克的生活“几乎和爱尔兰一样糟糕”，但谢天谢地，一位名叫彼得的亲戚从 250 多英里外寄来钱，以支持他们在圣约翰的生活，然后“支付我们前往他位于缅因州住处的马车费”。他们到达那里，发现彼得“给我们一间不错的房子，房租一直付到夏天”，还有很多生活用品，包括“两桶面粉、一桶牛肉和木柴”。与家人重新建立联系，接受他们的经济援助，并不总是那么容易。对于一些人来说，不准确的信息和遥远的距离是团聚的障碍。1847 年，托马斯・麦吉尼蒂抵达纽约后，花了一段时间才找到他的姐妹。“我去找和她住在一起的人，她们告诉我她结婚了，和她的丈夫住在乡下”，麦吉尼蒂在一封寄回爱尔兰的信中解释说，“我出了城，沿河向北行进，在离纽约大约 80 英里的地方找到她们”。由于他的货物被海关扣留，而他身上又没有钱，麦吉尼蒂的处境很艰难，可是他的自尊心和家庭动态使他很难接受帮助。他的姐妹把“自己的银行存折给他，让他取钱”，麦吉尼蒂解释说，“但我当场拒绝，理由是不能让她的丈夫说她兄弟到这里来是当乞丐的”。[41]

许多移民仅仅漂洋过海就花掉大部分积蓄，他们需要立即开始工作。那些帮助他们离开家乡的人也经常帮助他们寻找工作。正如理查德·斯托特（Richard Stott）在其关于 19 世纪中期纽约工人阶级文化的著作中所展现的那样，人际关系在南北战争前的城市经济中塑造就业状况。斯托特解释说，移民求职者做的第一件事就是“询问亲戚朋友是否知道哪里有空缺职位，这座城市的工厂很少有正式的招聘程序，大多数工人都是通过口头介绍找到工作的”。那些已经在国外定居的人经常警告那些想要移民的人，要准备好应对在他们新家进行长时间且艰苦的工作。支配北美地区就业节奏的资本主义劳动纪律是严格而客观的。当 17 岁的玛丽·麦凯（Mary McKay）准备乘船前往费城时，她的赞助人在预付船票背面潦草地写了一些建
226 议，让其他人读给玛丽听。“她将不得不和陌生人在一起辛苦工作，也许不会经常见到我”，他们警告说，“我们不一定都能在一起，你的雇主不会允许你浪费时间”。在求职过程中，目的地、技能和家庭往往都要考虑。1846 年 5 月，布坎南调查最近一批到达魁北克的爱尔兰移民。他指出，几百人“将要去寻找他们在美国各地的朋友，他们中的一群人是来自沃特福德的矿工，他们将要前往威斯康星州的铜铅矿”。那些已经有工作的人可以为新来者提供担保。1847 年，约翰·伯克到达纽约后的一天，他找到一个以制鞋匠身份受雇于百

老汇的熟人。他的朋友“是个好人”，马上给他找到一份工作。[42]

穿着对乘客在海上的安全和舒适起着至关重要的作用，在乘客抵达目的地后突然变成一种社会可靠性的象征。许多移民出海时都穿着不合身的、过时的、廉价的衣服，再加上在海上几个星期或几个月的时间里，洗衣服和保养衣服都很困难，这意味着许多人到达目的地时所穿的衣服，立刻就能将其与主流的、受人尊敬的社会群体区分开来。有些人一贫如洗。1851 年，魁北克的医官乔治·道格拉斯注意到，一艘船上的一些儿童穿着改装过的面包袋、帆布和毯子做的衣服。道格拉斯补充说：“有一个成年男子通过我的检查，他身上除女人的衬裙外没有别的衣服。”那些计划迎接新来者的人经常鼓励他们穿着得体些。当詹姆斯·珀塞尔给他的姐妹布里奇特寄一笔汇款，让她和珀塞尔的孩子前往澳大利亚和他团聚时，他建议她们每人带“两套衣服”，一套是登陆时穿的好衣服，另一套在海上日常生活时穿。其他人的要求更高。凯瑟琳·卡拉汉被要求“尽可能地整洁，因为你不知道一些爱尔兰人给他们在这里的朋友造成多大的羞辱”。许多人提出要迅速为新来的移民换上衣服。1851 年，当 16 岁的约翰·德莱尼准备乘船前往费城时，他的资助者告诉他的父母不要再花额外的钱添置新衣服，他只要携带必需品即可。他们保证说，“只要一见到他，我就会给他穿上一套好衣服。”当时和现在一 227
样，不断变化的时尚可能会让新来者感到尴尬。1851 年，一位资助者警告他的兄弟不要穿粗条或灯芯绒衣服，因为“在这个国家，没有人会穿这些衣服……（而且）不要带及膝裤，因为在这里穿及膝裤会遭人嘲笑”。[43]

虽然移民很快就与那些生活在他们新家的人建立起个人联系，但他们也向爱尔兰寄去书信，传递信息。在这种情况下，跨国人际关系的构建成为抵达过程中的一个重要部分。许多人匆匆写下字条，甚至只是寄送当地的报纸，以表明他们活着到达目的地，并随后提供更详细的汇报。1849 年 6 月，简·怀特（Jane White）给她在唐郡的朋友写信，并为她信中的措辞混乱而道歉。“我希望你能原谅我”，怀特承认道，“因为我只是抓住这个机会，让你知道我终于安全登陆”。在为爱尔兰移民撰写的指南中，约翰·奥汉隆提醒新来的移民不要为琐碎的事情浪费书信资源。太多移民在他们的信中填满了“邻居无聊的闲言碎语，或是报纸专栏里经常能看到的公之于众的事件”，而不是“对收信人和他不在场的朋友来说最重要的私人详情和家庭事务”。寄回家的信是一个分享信息的机会，也是一个亲人通过念叨彼此的名字来建立联系的场域。这在一定程度上解释了为什么移民经常要求收信人把信拿给邻居看。“向您致以最诚挚的敬意，亲爱的爸爸、妈妈、帕特和我的兄弟米克”，新布伦瑞克的约翰·穆拉尼在 1847 年 7 月写道，“马丁叔叔和他的妻子、帕特·马丁、约翰、玛丽和南希，米克·哈特、姨妈和家人，帕特·卡兰（Patt Carrane）和他的家人……还有托马斯·杰拉蒂（Thomas Geraghty）和他的家人，问问他种的瓜怎么样了，还有帕特·麦高恩（Patt McGowen），以及所有利萨德尔花园（Lissadell Garden）的孩子们”。自不待言，写信人要求收信人提供的信息也同样重要。1848 年，托马斯·加里对留在爱尔兰的妻子说：“请告诉我，我的两个儿子帕特里克和弗朗西斯怎么样了。请不要忘记我亲爱的父母、朋友和邻居，也不要忘记你的姐妹布里奇特。”[44]

那些没有收到亲人来信之人，往往会有强烈的失落感。悉尼《自由人之报》认为，家人的沉默是“朋友分离时最令人痛苦的伤害
228 之一”。许多人意识到他们旧有的社会关系很脆弱。托马斯·赖利后悔再也不能和都柏林的朋友说话，写信也许是他们今后唯一的交流方式。赖利哀叹道：“唉，这一刻，我的心开始往下沉，泪水开始涌

出我的眼睛。”许多移民在等待回信时倍感压力。1847 年 8 月，约翰·马洛尼（John Mullowney）抱怨道：“亲爱的爸爸妈妈，当我寄给你们的信没有回音时，我会感到不安。我常常到城里去，希望可以收到你们的信，但总是没有音讯。”另一些人有时会利用内疚心理来恢复交流。1847 年 6 月，宾夕法尼亚州克林顿港的约翰·林赛告诉他在德里郡的妹夫威廉·麦卡洛（William McCullough），他的妻子玛蒂尔达（Matilda）“还从未收到过她（妹妹简）的信，她一想到这种沉默的局面是她自己造成的，就会感到不安”。林赛承认，简可能很忙，但希望“她拨冗给她唯一的姐姐写封信”。通信的中断有时可能会助长个别移民的不安全感。C.A. 麦克法兰（C. A. McFarland）在写给母亲的信中抱怨家里没有来信。1855 年，麦克法兰在费城写道：“我想你一定是忘记了还有我这么一个人。”她已经寄了一封信和两份报纸回家，但一直没有收到回复。“当我收到邮包却没有信的时候，我真的很难过”，她承认，“我坐下来嚎啕大哭”。麦克法兰希望她的母亲不要像她的一些势利的朋友那样，在得知她做了一份家仆的工作后，“从不给我回信”。[45]

对于那些在新家安顿下来的人来说，孤独是不可避免的一部分体验。在写给田纳西州孟菲斯市的表亲特蕾莎·劳勒的信中，萨拉·卡罗尔承认，自从搬到纽约州的布法罗后，她就开始想念家人。“我希望你收到这封信后，我们可以经常通信”，卡罗尔恳求道，“因为自从大西洋将我和兄弟姐妹分开以来，收到你的来信是我唯一的快乐，亲爱的表亲，我希望你给我写信”。5 年后，特蕾莎·劳勒收到另一位表亲的来信，她在信中表达了类似的感受。每次想起“那天中午我挣脱你的怀抱……就简直撕碎了我的心”，来自加州索诺拉 229
的玛格丽特·米汉（Margaret Meehan）倾诉道，“因为我不是最近才有想见到你的念头”。其他移民有时会发现他们的孤独与睡梦和幻想交织在一起。1854 年，爱尔兰报纸转载的一封特别有说服力的信中，一位住在范迪门之地不具名的移民想知道他的亲戚是否曾经想起过他。“如果你没有想过，我会进行弥补，就算我们相隔超过 20000 英里，我的记忆永远和你们在一起”，他写道，“夜晚时分，我经常待在孤独的小屋里，幻想着回到家中，我在梦里见到你们，我似乎又一次在你们中间，向你们讲述我的旅行”。然而，当他醒来时，却发现自己仍然在“高大、黑暗、孤独的森林中，被深深的阴影包围着，回想起自己的现实处境，有时会因为失望而泪流满面”。不过，即使面对这样的绝望，许多移民仍然认为移居国外是正确的选择。乔安娜·凯利向远在蒂珀雷里郡的父亲承认，她有时会“因为离开朋友而感到孤独……不过，对我来说，假如还在我的祖国，我一定会再次来到这里”。[46]

在社会错位的这种背景下，许多移民不仅不遗余力地与所有移居国外的老邻居保持联系，而且还通过发送新共同体的最新动态来加深与留在爱尔兰的人的联系。信息的不断传播使人们的关系更加密切。作为在一个新的环境中工作的穷人，他们通常在书信中更新人们的就业情况。1851 年，迈克尔·霍根（Michael Hogan）告诉自己的姑姑：“安、埃莉诺和玛格丽特来到这里后很快就找到工作，而丹尼则与托马斯·雷德蒙（Thomas Redmond）一起制作靴子。”至于他自己，很快就开始在当地一家铸造厂工作，每周的收入约 1 英镑。霍根解释说：“托马斯·杨是铸造厂的书记员，是他介绍我去的。”1848 年，伊莱扎·菲茨杰拉德在抵达纽约后高兴地告诉迈克尔·卡希尔：“我们（在爱尔兰）的邻居来了很多人。”一些人去了西部，其他人就在附近生活和工作。“佩吉·努南（Peggy Noonan）没什么变化，还和以前一样”，菲茨杰拉德说，“约翰·道尔（John Doyle）和他的兄弟姐妹过得很滋润”。除就业状况外，移民通常只是高兴地叙说他们的友谊挺过了这段旅程。1847 年，来自新布伦瑞克的玛丽·芬尼（Mary Feeny）写道：“我亲爱的爸爸妈妈，我怀着愉快的心情拿起笔给你们写下这几行字，希望你们和所有关心我的朋友都像我现在一样健康，感谢上帝。”她抵达密斯佩克（Mispec）后 230
不久便找到工作，距离圣约翰大约 10 英里。她很高兴地说道，她现在生活的地方非常接近约翰·马洛尼和他的两个姐妹住的地方，“约翰晚上经常过来看我，有时是在白天，这让我觉得很满足”。[47]

当然，同样真实的是，海外爱尔兰共同体的领导者试图建立一种基于族裔民族主义（ethnic nationalism）的共同体意识。1848 年 10 月，托马斯·达西·麦基创办了自己的周报——纽约《民族报》，他把这份报纸献给“爱尔兰以及遍布美国的爱尔兰人”。麦基随后利用报纸的专栏宣传这样一种观念：在美国的每一个爱尔兰人——无论他们在这里生活了多长时间——都应该团结在一起。1849 年 3 月，他登载了一封读者来信，这封信谴责已定居的移民对待新移民的惯常方式。“许多在新大陆的爱尔兰人瞧不起我们一些刚到达的可怜同胞”，福勒抱怨道，这是出于一种“虚假的骄傲和自负，他们徒劳地让自己看起来美国佬化（*Yankeefied*）”。他们这样做是因为他们忘记了彼此共同的根。“所有人都应该牢记于心，正是亲爱的祖国孕育了他们”，他提醒读者，“也许他所鄙视的人，正是那些在世界史册上为他的国家命名的领袖的后代”。在澳大利亚，悉尼《自由人之报》虽然比麦基的《民族报》保守得多，但同样鼓励爱尔兰人在国外团结起来。1855 年 4 月，它的一篇社论写道：“世界各地的爱尔兰人，无论高低贵贱，都继承了一种共有的本能，即对他们的宗教和国家报以热情而坚定的忠诚拥护。”事实上，当被宗教责任的观念所控制并利用时，这种族裔认同往往会激发慈善行为。1847 年初，在前往波士顿的途中，一位有 5 个孩子的爱尔兰母亲在“盎格鲁–撒克逊”

号（*Anglo-Saxon*）上去世。周日，当地一名牧师将幸存的孩子带到教堂，并呼吁教堂会众给予帮助。据《波士顿导航报》报道，现场筹集到 253 美元“用来救济孩子”。[48]

这些节选自报纸上的内容表明，新移民一旦抵达新大陆，就开始重建破碎的共同体纽带。虽然煽动族裔认同可以为领导者提供一
231 种团结潜在选民的方式，但友谊和家庭的纽带要重要得多，这一点从移民在信中多次提到就可以看出。这些人通过国际邮政系统来重建和修复与国内外邻居的关系。他们的交流不是单向的，而是相互的、跨国的信息网络。通过分享、接收和回应新消息——无论好坏——爱尔兰移民和他们的关系在某种程度上超越了大饥荒时期大规模移民所造成的混乱。在他们的家书中，新移民向亲友证明，他们曾经在爱尔兰享有的共同体归属感并未完全被摧毁，而是在移民过程中发生改变。1847 年 10 月，凯瑟琳·布拉德利（Catherine Bradley）的一封信阐明了这一现象。毕竟，它是面向广大读者的。“亲爱的叔叔，请把这封信读给我的姐妹和其他朋友听”，布拉德利写道，“请告诉安不要为我伤心或烦恼，因为我希望我们很快就能再见面”。虽然她的姐妹没有陪同她前往加拿大让她很难过，但布拉德利声称对事情的结果很满意。她说：“我在这里感到非常幸福和满足，以至于我有时会忘记古老的爱尔兰。”布莱德利提到几位她要祝福的老邻居的名字，然后向他们介绍和她一起移民的人的近况，包括“查尔斯·亨利（Charles Henry）和爱德华·约翰斯顿（Edward Johnston），他们对我好得就像是我的兄弟一样”。在信的结尾，布拉德利鼓励亲戚给她回信。“现在，亲爱的叔叔，马上答应我”，她恳求道，“因为我很想知道留在家里的人怎么样了。”[49]

上岸和抵达的过程以各种各样的方式重新编织大饥荒时期爱尔

兰社会的跨国网络。1852 年，《戈尔韦辩护者报》发表一首名为《移民》的诗。当时正值移民热潮的高峰，诗中描绘了普通移民所面临的混乱，展示出这样一幅悲惨画面：

他要离开幼年生活的地方，
离开家人栖息的地方，
从此住到旷野或丛林，
居于荒凉的溪壑或山谷。

然而，正如上面的案例所说明的那样，爱尔兰移民往往能够成 232
功修补这些受损的社会关系。例如，乘客利用一系列选择，发展并巩固与当地的联系。他们联合其他同行乘客，在刚上岸那段繁忙的日子里寻求保护和经济利益，并精明地与政府官僚机构和大众媒介等合作，以此与等待他们的家人再次团聚。当遭到丈夫抛弃时，妻子会利用“寻人启事”来寻找他们。移民团结一致的纽带也一直延伸到爱尔兰。通过交换书信、报纸和汇款，新到的乘客开始重新联系《移民》这首诗里所提到的“在他父辈土地上久远的感情纽带”。分享老邻居在新共同体的最新情况，同时从家里获得消息，这对于保持互惠和友爱的联系至关重要。终归而言，一笔新汇款的传递，是每一个移民旅程的第一步，也是他们的最后一步。1852 年，詹姆斯·麦基的赞助人在他那张预付船票的背面写道：“你尽快来吧，从现在起我每天都会等你。我很高兴我们可以再次见面，从此永不分开。”[50]

233

结　语

移居国外意味着离开。归属纽带终被撕裂。但它也意味着重建。修复已然破裂的联系。移民的书信和日记表明，一次海洋航行的准备、航行过程与到达目的地后的恢复，不仅是个人的流动，也是共同体的构建。大饥荒时期留在家乡和移居国外的爱尔兰人通过最初将朋友和家人分离的各种方式（汇款、船票和船只）重建遭受破坏的人际关系。尽管在爱尔兰人大流散的过程中存在重要且持久的阶级分野，但修复人际关系的计划超越了这些差异。1847 年夏天，一位名叫托马斯·加里的“乞丐”把自己藏在一艘船上，这艘船运载罗伯特·戈尔–布思爵士的佃农前往新布伦瑞克。当船员发现这名偷渡客时，他们打算把他送回岸上，但船长被他的胆量所感动，鼓动乘客筹集足够的钱以支付加里的船费，尽管很多乘客本身就穷困潦倒。加里在顺利抵达纽约皮克斯基尔市后的第二年，寄信给远在斯莱戈的妻子。加里随信附寄 6 英镑，并承诺很快就会寄来她和孩子的船费。“保持一颗真诚的心，就像上帝宽恕你那样”，他写道，“你很快就会到达应许之地，和我还有孩子快乐地生活在一起”。1851 年 5 月，丹尼尔·朗特里汇给他的姐妹艾伦 70 英镑，此时艾伦与另一个兄弟生活在都柏林，这个兄弟是一位煤炭商人，她们生活惬意。“最后请允许我向你表达我全部的和真挚的爱”，丹尼尔在华盛顿告诉她，“如果这是上帝的旨意，我希望现在仍在世的家人能够很快在这个国家见到彼此”。移民过程是大饥荒时期爱尔兰人大流散国际网络的一条至关重要的线路。[1]

链式移民的复原能力在整个航程中以不同方式得以呈现。当个人和团体决定离开时，他们面临聚集所需财力的挑战。在经济衰退 234
的压力下，超过 200 万爱尔兰人依靠地方性、全国性和跨国性的联系，成功聚集移民所需的财力。通过金钱、预付船票、建议和信息的交换，航行的早期阶段将生活在世界不同地方的人连接在一起，以支持共同的事业。一旦到海上——暂时与他们在陆地上的亲友失去联系——这个过程就发生变化。移民发现他们被放逐数个星期，生活在一个奇怪的新环境中，这里由垄断暴力的少数陌生人统治，这种共有的经验扩展了他们传统的归属观念和同心同德。进餐时间和睡觉安排是重要的，但日常的娱乐活动也可以把大家团结在一起。“今天我把船长的山羊拿了出来，在很多乘客的欢声笑语中，与其他东西一起享用”，塞缪尔·哈维在日记中写道，他在 1849 年从贝尔法斯特前往纽约。“剥掉叶子的橄榄、干草、纸张、烟叶、木屑、一条涂有沥青用来制作绳子的线，最后是一杆装满烟叶的烟杆，在狂欢中已是皱巴巴的。”为了鼓励移民开阔他们对自己和其他人的认识，海上航行只是一个漫长的、令人担忧的过程中的第一步，移民在一个新的、多元的社会中寻找他们的位置。最后，他们到达侨居国，并在那里建立新的人际关系，也常常通过使其他人效法他们的方式与家乡重新建立联系。正如科马克·奥格拉达和其他学者认为的那样，移民毫无疑问是救荒的一种方式，但移民也是摆脱饥荒的一个方面。[2]

因此，大饥荒时期爱尔兰人的移民是一个更大的故事的一部分，这个故事是关于通信网络在19世纪重塑世界的方式。于尔根·奥斯特哈默（Jurgen Osterhammel）认为，这一时期贸易与金融“在世界范围内成为一体又相互联系的网络”，能够以新的方式将全球遥远的角落连接起来。国际性的电报系统通过由电缆和中转站组成的一个复杂网络传输信息，正走向成熟，可以使身在全球任何地方的人们“以思想的速度”进行交流。书信、汇款和预付船票，作为移民引
235 擎的燃料，都在迅速发展的跨国的邮政系统中穿梭，而这个系统在这一时期覆盖的范围更广、更值得信赖。大饥荒时期的移民处在航海时代即将结束之时，在蒸汽船搭载乘客穿梭海洋前的十余年，他们沿着几个世纪以来资本主义交换所确立的路线航行。邮轮对商人具有吸引力，因为可以确保他们的货物启程的时间；且同样能为移民提供很好的服务，使他们不用在港口城镇住宿，从而为他们节省宝贵的钱财。1848年，爱尔兰革命的流亡者约翰·米切尔不无讽刺地提及“英国犯下的重罪……如日不落一般”，旨在强调犯人流放制度实施的范围，而这一制度也使得成千上万的爱尔兰穷人（很多是自愿的）前往澳大利亚开启新生活。换言之，大饥荒时期离开爱尔兰的那些人的经历，与19世纪资本主义和帝国扩张的全球故事密不可分。正如现代生活的潮流可以将人们分开，也可以将人们聚在一起。[3]

本书对爱尔兰移民经历的检视，为爱尔兰和其他地方的移民研究指明了新方向。大饥荒在爱尔兰现代史上具有划时代的转折意义，但它的移民仅存续了10年。如果把他们的年代范围拉长，之后的研究者可以利用大饥荒之前和之后爱尔兰人的移民经历来验证本书的结论。现存的档案是否表明移民在18世纪与大饥荒时期有共同经历？在此后的几年里，那些乘坐蒸汽船跨洋航行的人，所耗时间变

短，费用更贵，这对那些前往澳大利亚和北美的人有什么影响，又对他们看待旅伴有什么影响？随着英国成为20世纪爱尔兰移民偏爱的目的地，短程（也更便宜）航行是鼓励还是抑制他们在船上的同心同德？现在的飞机是否让人回忆起“那个漂浮在海上的城市”？（这是1853年詹姆斯·巴克牧师在利物浦码头所说的）更广泛意义上的移民史家可以将他们的注意力放在流动中的人们如何准备和应对海上航行，他们将会从中学到更多。契约农、他们的主人以及政 236
府之间复杂的协议是否在海上航行的时间里发生变化？数不胜数的传教士完成漫长而艰难的旅程，宣扬他们的理念。这些艰难的旅行在《圣经》等宗教文本中都有先例，那么是否影响这些人对他们彼此之间关系的认知？他们是强化还是弱化了与当地高于他们社会地位之人的关系？最后，马库斯·雷迪克和其他学者已经对那些乘坐运送奴隶船只的人予以强制分类。在他们海上航行的过程中，来自亚洲的劳工是否变成了“苦力”？

1847年的移民，对很多人来说是一次从饥饿和疾病中的仓促逃离，具有我们今天所说的难民危机的特征。很多人因为没有离开的财力而陷入恐慌。老弱病残在过去可以留下，但现在也被匆忙地打发走。肆无忌惮的船主和经纪人面对不断增长的需求，将一些不适宜航海的船只和船员投入使用。奉行自由放任政策的政府在海洋两端对这一问题束手旁观。所有这些因素致使上千人在肮脏的环境中离世。“在恐怖的年份里，这些不幸的人从爱尔兰逃离，但和他们的同胞一样，并未远离死亡”，都柏林《民族报》在1847年8月劝诫说，“这块土地上的传染病跟随他们到船上，直到他们葬身海底或死于陌生的海岸，病毒才会离开他们。在他们永远昏迷时，他们朦胧的眼睛看起来像一场梦”。等到19世纪40年代末50年代初，移民条件获得改善。加拿大首席移民官布坎南对1855年英国《乘客法案》充满信心，认为该法案通过减少每艘航船搭载乘客的数量，增加每天的食物供给，提供充分的医疗护理，“在物质上增加乘客的舒适度并改善乘客的健康状况”。1847 年之后，绝大多数爱尔兰人移民到纽约。1855 年，纽约在花园城堡建立一个正式的处理移民事务的中心，此举获得同样的赞美。当地的专员表示，仅在最初的几个月里，这个中心就为“移民、船主、委员会和更广泛意义上的共同体谋利甚多”。在奥利弗·麦克多纳（Oliver MacDonagh）对移民法的经典研究中，他认为这些年里对移民管控的强化是西方国家治理革
237 命的一部分，这种管控以“富有创造力和自然生成的”(creative and self-generating）官僚制为特征。[4]

移民在大饥荒之后减缓，但在随后几十年里依然是爱尔兰人生活的重要动态。纽约移民专员在 1855 年的年度报告中指出，从欧洲来的“外国乘客”(多数是爱尔兰人或德国人）的总数不足此前 5 年年均人数的一半，是 1854 年的五分之二多一点。而且，这一显著减少“并不限于到达纽约港口的人，而是全美所有港口的普遍情况，并扩展到英属美洲的港口”。移民专员认为这一锐减是美国和英国政府颁布新《乘客法案》和由此而来的船费上涨带来的结果。雷蒙德·科恩给出了其他肇因，包括伴随实际工资的停滞而来的欧洲经济条件的普遍改善和美国排外主义者在选举中的胜利。不论何种解释，美国仍然是大多数爱尔兰移民的第一选择，直到 20 世纪第二个 25 年大萧条和第二次世界大战使爱尔兰移民潮改道英国。对大多数西欧国家而言，这是一个人口增长、城市扩张和工业发展的时代。但在爱尔兰，情况正好相反。对耕地的竞争和有限的城市机会，鼓励很多人移民。1855 年之后的一个半世纪中，有 700 万男女离开爱尔兰，尽管他们中的大多数是乘坐蒸汽船——后来是乘坐飞机——但大饥荒时期的帆船仍然是移民经历的一个有力象征。它的力量反

映在像皮特·圣约翰（Pete St. John）的《阿萨瑞的原野》（1979 年）和伦敦爱尔兰人的朋克乐队波格斯乐队（The Pogues）的《万人航行》（1988 年）这样的民谣和歌曲中。[5]

对大饥荒和“棺材船”经久不息的大众记忆，无疑让客观分析这几十年经历的研究黯然失色，但这些包含情感的回忆也有积极作用，即对进入爱尔兰公共叙述中的当代饥荒受害者和难民报以根深蒂固的同情之心。20 世纪 80 年代中期，埃塞俄比亚北部遭遇旱灾和饥饿，获得爱尔兰行动（Actions From Ireland）和爱尔兰明爱会（Trocaire）等爱尔兰非政府组织的巨大财力支持。20 年后，爱尔兰作家约瑟夫·奥康纳（Joseph O’Connor）把他的小说《海洋之星》（*The* 238
Star of the Sea）的场景设定在大饥荒时期的一艘移民船上。在宣传这部小说的一次专访中，他谈到从 19 世纪四五十年代爱尔兰人的经历中得出的主要教训，是“我们应该更多地去帮助世界上的数百万穷人，他们正遭受饥荒，甚至会饿死”。随着近年来全世界的电视荧屏和数字化平台播放寻求庇护者努力穿越地中海令人痛心的画面，类似的反思已经出现。不去关注祖国的人道主义危机，“绝望的人们将会继续冒着生命危险登上棺材船”，爱尔兰红十字会的约翰·罗奇（John Roche）对此感到懊悔。必须承认，并非所有爱尔兰公共部门都对这种联系报以同情。2019 年 10 月，在一位爱尔兰人驾驶的一辆冷链运输车中发现 39 名失去生命体征的越南难民，作为一位公开支持寻求庇护者的爱尔兰议员，马丁·肯尼（Martin Kenny）指出，船运集装箱就像越南人死亡的地方，“是 21 世纪的棺材船”。数天后，他的车在一次纵火袭击中遭到毁坏，这与他支持爱尔兰的难民有直接联系。但爱尔兰大部分地方的主流公共观念是支持脆弱的穷人。作为埃塞克斯卡车死亡事件的结果，《爱尔兰时报》（*Irish Times*）专栏作家芬坦·奥图尔（Fintan O’Toole）主张出台严苛的法律来保护

移民劳工，并提醒他的读者“我们也有我们自己的棺材船”。[6]

培养对不幸之人的共情并非易事。现在就像 19 世纪中叶那样，现代性的离心力仍在侵蚀人类同心同德的纽带。经济不安全、大规模移民和过时的无知使很多人向内转，在种族和国家中寻找安全感。数字化、24 小时循环播放的新闻已经使数百万精神创伤者沦为不易分辨的难民。我希望通过了解大饥荒时期爱尔兰移民的经历，可以穿过这些声音片段和统计数字。这样做时，我们可能要学会同情和支持那些就在今晚带着行李前往港口、驶入黑暗中的人。

致　谢

我清楚地记得这个写作计划产生的场景。那是 15 年前，我正在参加匹茨堡大学一场激动人心的演讲，马库斯·雷迪克简述他计划写一本新书，书的名字是《奴隶船》(*The Slave Ship*)。通过分析搭载沦为奴隶的非洲人跨越大西洋的木制设备，雷迪克旨在单方面地呈现海洋如何形塑人类的历史。那天晚上，我在回家的路上喃喃自语道："这就是在爱尔兰研究中我们需要的新视角。""在爱尔兰的历史中，与奴隶船对应的是什么呢？"我瞬间就想到"棺材船"。

当时我还是一名研究生，需要在开始这项新的工作之前，完成我关于爱尔兰民族认同的博士学位论文并将之修改成一本书。我必须首先要感谢马库斯，他不仅激发我去书写这种历史，而且总是以各种方式支持我。我在一开始也从其他人那里获得重要的帮助。克尔比·米勒（Kerby Miller）慷慨地与我分享他搜集的海量爱尔兰移民书信，并为我朗读部分手稿。彼得·格雷（Peter Gray）让我了解到 DIPPAM 移民档案数据库，当我弄明白在那里的发现后，他给我鼓励，并邀请我到贝尔法斯特女王大学爱尔兰研究研讨班上分享这些发现。凯文·肯尼（Kevin Kenny）的研究在很多重要方面深深地影响着我，他在本课题进行之际经常与我分享他的想法，并盛情邀请我将书稿交给由他创办的纽约大学出版社新近推出的格鲁克斯曼爱尔兰人大流散书系（Glucksman Irish Diaspora series）。

我还从其他朋友和学者那里受益良多。吉尔·本德（Jill Bender）、约翰·巴科尔瓦斯克（John Bukowcyzk）和科马克·奥格拉达拨冗审读部分或全部书稿，并坦诚与我分享他们的意见。马尔科姆·坎贝尔（Malcolm Campbell）耐心地为支持我申请基金撰写推
240 荐信，并帮我核查南半球的史料。在我到访密苏里州哥伦比亚市查阅克尔比·米勒的信件集时，康纳·刘易斯（Connor Lewis）和他的妻子劳伦（Lauren）热情款待我。

我从其他很多学者那里获得帮助和建议，包括泰勒·安炳德（Tyler Anbinder）、科林·巴尔（Colin Barr）、米歇尔·布里曼（Michael Brillman）、雷·卡什曼（Ray Cashman）、玛格丽特·科尔波拉（Marguérite Corporaal）、玛丽·戴利（Mary Daly）、迈克尔·德·尼（Michael de Nie）、肖恩·法雷尔（Sean Farrell）、马修·高尔曼（Matthew Gallman）、达拉赫·甘农（Darragh Gannon）（以及贝尔法斯特女王大学爱尔兰研究研讨班的其他成员）、伊利·贾尼斯（Ely Janis）、道格·坎特（Doug Kanter）、肖恩·凯利（Sean M. Kelley）、克里斯廷·基尼利（Christine Kinealy）、贾森·金（Jason King）、贾森·肯里克（Jason Knirck）、布兰登·马克·苏布赫（Breandán Mac Suibhne）、马克·麦高恩（Mark McGowan）、蒂莫西·麦克马洪（Timothy McMahon）、杰勒德·莫兰（Gerard Moran）、马修·奥布赖恩（Matthew O'Brien）、蒂莫西·奥尼尔（Timothy O'Neil）、杰伊·罗兹曼（Jay Roszman）、保罗·汤恩德（Paul Townend）、约翰·沃特斯（John Waters）、尼古拉斯·沃尔夫（Nicholas Wolf）。

在位于拉斯维加斯的内华达大学，我从很多朋友和同事那里获得慷慨支持，特别是安妮特·阿姆达（Annette Amdal）、格雷格·布朗（Greg Brown）、约翰·柯里（John Curry）、奥斯汀·迪安（Austin Dean）、迈克尔·格林（Michael Green）、安迪·柯克（Andy Kirk）、诺里亚·利塔克（Noria Litaker）、伊丽莎白·纳尔逊（Elizabeth Nelson）、希瑟·涅帕（Heather Nepa）、杰夫·肖尔（Jeff Schauer）、戴维·泰纳豪斯（David Tanenhaus）、米歇尔·图桑（Michelle Tusan）、保罗·沃思（Paul Werth）、埃尔斯佩思·惠特尼（Elspeth Whitney）、A. B. 威尔金森（A. B. Wilkinson）、商泰·苏尼加（Shontai Zuniga）、迪恩斯·安德鲁·汉森（Deans Andrew Hanson）、克里斯·希维（Chris Heavey）、克里斯·赫金斯（Chris Hudgins）、珍妮弗·基恩（Jennifer Keene）、玛尔塔·梅亚娜（Marta Meana）。我很荣幸可以在纽约大学出版社出版这本书，我要向我的编辑克拉拉·普拉特（Clara Platter）和她的助理维罗妮卡·克努森（Veronica Knutson）、马丁·科尔曼（Martin Coleman），以及其他工作人员致以谢意。我也要感谢两位匿名审读专家，他们为使本书臻于完善而付出大量努力。

在澳大利亚，我从佩里·麦金太尔（Perry McIntyre）、玛丽·拉姆齐（Mary Ramsay）、黛安娜·斯诺登（Dianne Snowden）、瓦尔·努恩（Val Noone）那里得到帮助与鼓励。在我完成学位论文的过程中，我必须承认当理查德·戴维斯和他可爱的妻子玛丽安娜（Marianne）安排与我在霍巴特见面时，我有一点追星的感觉，我当时在霍巴特做研究。我也对我的堂兄康纳尔·麦克马洪（Conor MacMahon）心怀感激，他从布利斯班（Brisbane）一路飞奔到悉尼，只是要在12月的一个温暖的晚上与我分享一大盘德式香肠和几品脱淡啤酒。

在本课题的研究过程中，我遍访三大洲的图书馆和档案馆，接待我的工作人员的慷慨与耐心经常让我自惭形秽。在爱尔兰和英国，我得到戈尔韦郡图书馆［特别是帕特里亚·麦克沃尔特（Patria McWalter）］、戈尔韦郡教区档案馆［特别是汤姆·基加瑞夫（Tom
241 Kilgarriff）］、爱尔兰国立戈尔韦大学詹姆斯·哈迪曼图书馆［特别是基兰·霍尔（Kieran Hoare）、玛格丽特·修斯（Margaret Hughes）］、位于利物浦的默西塞德郡博物馆和档案馆、位于伦敦的英国国家档案馆、爱尔兰国家档案馆、爱尔兰国家图书馆［特别是诺拉·桑顿（Nora Thornton）、汤姆·德斯蒙德（Tom Desmond）］、位于罗斯康芒郡斯特罗克斯敦公园的国家饥荒博物馆和档案馆［特别是卡罗琳·卡勒里（Caroilin Callery）、夏兰·赖利（Ciarán Reilly）、马丁·费根（Martin Fagan）］、北爱尔兰公共档案局。在美国，下列单位的工作人员为我提供很多帮助：宾夕法尼亚历史学会、纽约主教档案馆［特别是神父迈克尔·莫里斯（Michael Morris）、凯特·费里（Kate Feighery）］、纽约历史学会［特别是特德·奥赖利（Ted O'Reilly）］、纽约城市档案馆、纽约公共图书馆以及内华达大学拉斯维加斯分校的利德图书馆［特别是普里西拉·芬利（Priscilla Finley）、筱崎裕子（Yuko Shinozaki）、理查德·兹维尔坎（Richard Zwiercan）］。感谢安娜·皮尔兹（Anna Pilz）和莱斯利·刘易斯（Leslie Lewis）两位研究生帮我扫描和影印部分材料。在澳大利亚，新南威尔士州立图书馆［特别是戴维·贝里（David Berry）］、塔斯马尼亚州立图书馆［特别是杰西卡·沃尔特斯（Jessica Walters）］的工作人员为我提供了大量帮助。

基金是人文学科所有学者都会面临的最大挑战之一，我非常感激从很多项目和机构获得资金支持。国家人文基金会提供的暑期津贴资助我前往密苏里州哥伦比亚和宾夕法尼亚历史学会。美国历史学会的伯纳多特·施米特（Bernadotte E. Schmitt）基金资助我前往伦敦的路费，使我可以在国家档案馆开展研究。我还从内华达大学拉斯维加斯分校的历史系、人文学院、大学教师旅行委员会获得各类资助。但真正使本项目得以启动的是爱尔兰国立戈尔韦大学爱尔兰研究中心和爱尔兰美国文化研究所资助我以访问学者的身份前往爱尔兰，开始着手研究。我的家人和我在戈尔韦度过了一段愉快的时光，我对维丽娜·康明斯（Verena Commins）、路易斯·德·保尔（Louis de Paor）、米巴赫·倪·法尔特海恩（Méabh Ní Fhuartháin）和萨曼莎·威廉斯（Samantha Williams）提供的帮助感激不尽。

最后，也是最重要的，我获得了家人的鼎力支持。在我的研究过程中，我的母亲希娜（Sheena），父亲德莫特（Dermot），恶毒的
继母艾妮（Áine），兄弟塔赫格（Tadhg）、戴思思（Daithí）、米洛 242
（Milo），姐妹芬恩（Finn），还有很多姻亲［特别是弗兰克和克劳迪娅·克莱门特（Frank and Claudia Clemente）］以超乎他（她）们想象的方式帮助我摆脱困境。我非常高兴最终得以把我一直以来从事的秘密工作展示给我的 4 个孩子——菲昂努拉（Fionnuala）、丁夫娜（Dymphna）、克洛达赫（Clodagh）和弗朗西斯（Francis），感谢我伟大的妻子迪尔德丽（Deirdre）不间断地抚养孩子与著书立说。

资料来源与研究方法

正如本书注释和参考文献所表明的那样，我努力去理解爱尔兰移民是如何思考和言说大饥荒时期的航行过程，这就要求研读所涉范围颇广、分散在多个洲的一手和二手材料。这样做有一个很大的优势，但又产生一些认识论与方法论上的问题，值得认真思考。为避免使较为学术化的导论部分离题太远，我想在这篇短文中对这些反思予以说明。

作为一项对人类移民的跨国研究，本书立足于各领域一众历史学家的出色研究成果。因此，首先感谢爱尔兰移民研究的最新进展。在过去的十余年中，研究海外爱尔兰人的历史学家开始有意运用跨国史视野书写引人入胜的著作。他们的观点，与研究爱尔兰大饥荒的奠基性著述一道，对本书的知识架构贡献良多。我的书也从那些认为海洋史是值得关注的历史学家（大多不是研究爱尔兰）那里获益良多。这就要求拒绝接受根深蒂固的“陆地中心主义”(terracentrism)。马库斯·雷迪克将“陆地中心主义”归因于现代民族主义及相关概念的规范性地位，“其潜在的命题是认为海洋世界不是真实的空间，是真实空间之间的真空地带，而真实空间是拥有大量土地并归属某一国家”。除大量研究水手和海盗的劳工史著述外，很多海洋史家关注海上航行本身。最有活力的航行研究聚焦奴隶贸易和中央航路（Middle Passage）对奴隶造成的心理影响。尽管本书受到这些著述的影响，但它至少在一个重要方面提出一些新东西：大多数奴隶在他们身后没有留下航行的书面材料，而大饥荒时期爱尔兰人的书信、日记和报纸得以存世。[1]

这些手稿与印刷体档案藏于世界各地的档案馆和图书馆。例如， 244
多次前往爱尔兰可以发现济贫院的分类账簿、地主档案、移民书信和罪犯记录，这有助于我们了解移民航行的每一个阶段。位于伦敦的英国国家档案馆藏有海量官方通信、前往加拿大和澳大利亚的移民船和囚犯船上外科医生的报告。尽管这类文献代表的是官方对海上状况的解释，但如果细致解读，也可以揭示出移民的声音与动机。海量的移民书信有两个来源：克尔比·米勒的个人收藏，他在研究和撰写《移民与流犯》(*Emigrants and Exiles*）时开始积累，这本书在 1985 年出版后即成为经典之作；DIPPAM 电子数据库，由贝尔法斯特女王大学历史与人类学学院主办。藏于宾夕法尼亚历史学会的科普家族邮轮公司的航运档案、纽约历史学会和纽约公共图书馆馆藏的大量信件和日记也是非常有用的材料。澳大利亚新南威尔士和塔斯马尼亚的州立图书馆藏有珍贵的乘客和外科医生的日志。总体而言，这些手稿档案提供了目击证人的叙述，它们是以“自下而上的历史学”路径研究移民经历的核心资料。印刷体档案主要包括英国议会档案集以及数不胜数的微缩胶卷和数字化报纸。随着大众媒介定期刊登读者来信，报纸就显得特别有用。总之，这些范围广泛的一手档案提供了移民过程的独家记录，以及航行时的社会与文化背景。[2]

传统的移民史倾向于跟随他们的移民前往一个国家或另一个国

家。本书的雄心是对前往东、南、西、北的移民经历予以统合，这无疑会遇到知识盲点。例如，该书冒着风险笼统地概述前往北美与澳大利亚的移民经历（更不用说自由移民与流放犯人），从而抹杀了它们之间的真实差异。读者须明察爱尔兰人口内部的差异：北
245 方人与南方人、天主教徒与清教徒、男人与女人、年轻人与老年人、有文化的人与目不识丁的文盲、说英语的人与说爱尔兰语的人、富人与穷人。这些差异可以在书中看到。与富有的、乘坐隔间的男性乘客相比，目不识丁的妇女无疑更容易遭受剥削和感染疾病。前往澳大利亚的移民航线肯定要比跨大西洋的航线更长、费用更高、管制更严格。犯人通常比乘坐统舱横渡加拿大的乘客有更好的食物、衣物和医疗条件。然而本书的贡献并不在于只是罗列这些差异，而是在认识到这些差异的同时超越这些差异。为此，本书的分析框架欣然接受凯文·肯尼的挑战，书写“兼顾流散的或跨国的（transnational）与比较的或两国间的（cross-national）移民史”。换言之，本书旨在考察整个航行过程，将之作为19世纪形塑国内外爱尔兰人生活的当地条件与跨洋网络的一个化身。它也受到罗兰德·温策尔修默（Roland Wenzlhuemer）的影响，认为航船或无线电报等通信手段“并非仅仅将终端连在一起，它们以调停者的身份介入，因此对它们所联系的事务产生强烈影响”。本书借用以跨国框架为基础的理论网络，将“移民共同体”（emigrant community）的概念进一步延伸，超越人们熟悉的、以陆地为界的酒馆和舞厅。[3]

与此同时，本书与所有书一样，并非无所不包。例如，本书并未详细罗列船只的吨位、船员等细节。本书关注的是大饥荒时期的移民，而非木制机器（即搭载移民的航船）的一个名录。本书也无意聚焦这一时期与移民相关的法律、官僚机构和政治。尽管政府在移民过程中的作用经常出现在各章中，但本书的焦点是移民自身的

观念和态度。我并未有意限制对移民书信和日记的搜罗，但我很快就意识到现存档案无法构成大饥荒时期离开爱尔兰之人的一个完整且有代表性的核心样本。大饥荒暴发之前，爱尔兰有相当大比例的
乡村人口是文盲，他们目不识丁，无法亲自写信，而他们的思想和 246
观念令人遗憾地只能偶尔呈现，通常是在有人同意代他们写信之时。我像个孩子一样进入威尔士语言学校，希望找到这一时期用威尔士语书写的信件，但无功而返。读者也可以合理假设现有证据无法充分代表一贫如洗的穷人（在移民整体中未被充分代表）。日记与日志作者占有压倒性优势，尽管外科医生关于犯人船只的报告为我们了解爱尔兰犯人（既有男性也有女性）的思想和话语提供了一扇宝贵的窗户，即使这扇窗户是扭曲变形的。本书援引的移民书信中，有三分之一出自女性之手。总之，19 世纪中叶爱尔兰的社会经济、地域、性别、年龄、语言等差异与文盲之间相互影响的方式，提出一个重大的认识论困境，即使这一困境无法解决，至少应该承认它的存在。[4]

如何清楚地把我在这些书信中的发现呈现出来，又是一个独一无二的挑战。1847 年，一位叫帕特·布伦南的穷苦农民，请求他的地主查尔斯·万德斯弗德资助他移民美国。布伦南在读到关于格罗斯岛热病棚屋的新闻报道后，希望前往纽约，“避开魁北克恐怖的瘟疫（Plaigue）”。布伦南在请愿书中的这一拼写错误，可以让我们感受到任何利用 19 世纪爱尔兰移民书信和日记展开研究之人都会遇到的麻烦。本书援引的很多信件的书写者是半文盲，对他们而言，更重要的是传递信息，而不是书写优美的散文。手动设置打印机时的冒失行为，使得报刊专栏和议会档案总是错误不断。为保证社论的连贯性，避免使深思熟虑的作者的声音被打断，我不断插入斜体，将书中引用的语句中存在的拼写和语法错误一一更正，并在书中使

用美式英语的拼写格式。对于那些想要了解引文的准确拼写格式的读者，注释提供了查询档案文献的所有信息。此外，19 世纪拼写中的一些惯例有时会造成混乱。官员通常使用缩写形式（如“inst.”和“ult.”），有时一些普通名词的首字母大写（如“Passenger”），这些都会让今天的读者产生困惑。像“burden”这样的单词，一些人拼写成“burden”，但另一些人拼写成“burthen”。为统一起见，我在书中
247 将普通名词均以小写字母拼写，并且同一个单词都用一种拼写方式。在引用爱尔兰地名时，我遵从书信作者使用的版本。所有强调的内容均是引用原文。[5]

解读这些移民书信和日记会引发更大的、更广泛的方法论问题，这也是我在书中努力去解决的问题。已逝的戴维·菲茨帕特里克（David Fitzpatrick）在 1987 年为克尔比·米勒的《移民与流犯》这部获得普利策奖提名的著作撰写书评时，他对这本书不以为然，认为其“平淡乏味，毫无新意”。米勒的著作使用大量原始资料，包括成千上万封移民书信，但菲茨帕特里克批评他在引用书信时剥离了它们的语境，“使得作为历史证据的通信沦为一些图表，而简短的引述也掩盖了这些图表的细微差别”。因为他“缺少定量分析，未能评估他的样本在移民人口中的代表性”，因此读者如何相信米勒的“概论”？菲茨帕特里克认为，米勒本来可以做得更好，如果他能够对海量移民书信的内容进行分析的话。如果米勒将他搜集到的通信按照时段、职业、宗教等予以分门别类地整理，可以利用“由此产生的分层抽样结果”来检验他的命题的优势和局限。然而，其他历史学家则断言，对任何特定的移民书信进行语境分析，或多或少是“完全不可知的”。戴维·格伯（David Gerber）在《他们生活的作者们》（*Authors of Their Lives*）这部分析 19 世纪前往北美的英国移民书信的著作中指出，因为我们无法确知这些年里有多少书信丢失或毁坏，

故而一封特定的书信、书信集或档案馆馆藏的书信的典型性“几乎是无法解决的”。但格伯认为，从内容上分析移民书信的真正问题是，即使成功地确立一些范式，“仍然无法完成一个更加困难的任务——明晰这些范式所代表的内容”。颇具讽刺意味的是，1994 年，当菲茨帕特里克出版他关于移民澳大利亚的爱尔兰人书信的著作时，他为选择的书信提供了丰富的背景，但拒绝使用“数目字式‘内容分析’方法……因为不以具有代表性的样本为基础的研究都会导致虚假精度”。[6]

鉴于这一争论和我本人对我所使用的资料的优缺点的认识，我 248
的结论是，连贯的、定量的内容分析方法不适用于本书。尽管我了解一些书中援引的少量书信的背景信息，但绝大多数书信缺少全方位数据。这些移民日记和书信在其长度、语气和关注内容等方面有显著差异，难以进行数值检视和比较。如果每份文献都长度相当且受众相同，可以通过统计移民在他们书信中提及的，比如说晕船的比例，来量化晕船对移民情绪的影响。但塞缪尔·哈维对他在 1849 年海上航行的描述内容有 30 多页，而迈克尔·霍根仅仅用 5 句话来描述他在 1851 年从利物浦前往纽约的航行。我从这些资料中爬梳出有用的定性信息，但要以一种系统的、定性研究的方法来比较对照的话，将是徒劳无功的。所以，我最后采用的方法是极为直截了当的。我打算利用移民书信和日记，复原大饥荒时期爱尔兰人在移民过程中所想的和所谈论的内容。我花了两年时间在三大洲旅行，尽我所能地搜罗爱尔兰人以目击者身份对其移民航行的陈述。然后我又花了两年时间来阅读每份文献并作笔记，力图理解贯穿其中、相互纠缠在一起的主题。当我发现“共同体”（community）对这些作者和他们的读者而言是一个非常重要的主题时，我又回过头去看我的笔记，寻找一种方式可以将移民的声音和谐地融入围绕这一概念的合理解释的合唱中。当我写作这些段落时，我有意大段抄录、直接摘引这些档案，希望增强移民自身早已消失的声音。

在这样做的时候，我希望在处理这些书信和日记时能够更进一步：不是干瘪地叙述事实和数字，而是饱含深情地将这些实物视为遥远的亲友用以修复脆弱的社会关系的手段。

缩　写

AANY: Archives of the Archdiocese of New York，纽约主教档案馆

ADM: Records of the Admiralty，海军部档案

AJCP: Australian Joint Copying Project，澳大利亚联合拷贝工程

BLN: British Library Newspapers database，大英图书馆藏报纸数据库

CLEC: Colonial Land and Emigration Commission，殖民地土地和移民委员会

CO: Colonial Office Papers，殖民部档案

CON/LB: Convict Letterbooks, Chief Secretary's Office，布政司藏犯人书信集

CRF: Convict Reference File，犯人参考资料

CSO/OP: Official Papers Series 2 (1832—1880), Chief Secretary's Office，布政司藏官方档案系列 2（1832—1880）

DIPPAM: Documenting Ireland: Parliament, People, and Migration database，记录爱尔兰：议会、民众与移民数据库

FS: Free Settlers' Papers，自由定居者档案

GCL: Galway County Library，戈尔韦郡图书馆

GTCM: Galway Town Commissioners Minutes，戈尔韦市政委员会会议记录

HC DEB: House of Commons Debate(Hansard)，议会议事录（汉萨德）

HO: Home Office Papers，内政部档案

HSP: Cope Family Papers, Historical Society of Pennsylvania, Philadelphia，费城宾夕法尼亚历史学会藏科普家族档案

IFA: Irish Famine Archive, Grey Nun Records database，灰衣修女会数据库爱尔兰饥荒档案馆

JHL: James Hardiman Library, National University of Ireland, Galway，爱尔兰国立

戈尔韦大学詹姆斯・哈迪曼图书馆

KMC: Kerby A. Miller Collection，克尔比・A. 米勒的个人收藏

MMA: Merseyside Museum and Archives, Liverpool，利物浦默西塞德郡博物馆和档案馆

NAI: National Archives of Ireland, Dublin，都柏林爱尔兰国立档案馆

NLI: National Library of Ireland, Dublin，都柏林爱尔兰国立图书馆

NYHS: New-York Historical Society，纽约历史学会

NYPL: New York Public Library，纽约公共图书馆

PLMB: Poor Law Minute Book，济贫法记录簿

PRONI: Public Record Office of Northern Ireland, Belfast，贝尔法斯特北爱尔兰公共档案局

QRO: Quit Rent Office Papers，免役租办事处档案

SL-NSW: State Library of New South Wales, Sydney，悉尼新南威尔士州立图书馆

SL-TAS: State Library of Tasmania, Hobart，霍巴特塔斯马尼亚州立图书馆

SSJ: Surgeon-Superintendent Journal，外科医生日志

TDA: *Times* [London] Digital Archive database，《泰晤士报》（伦敦）数字化档案数据库

TNA: National Archives of the UK, Kew，邱园联合王国国家档案馆

TROVE: TROVE Digitised Newspapers database, TROVE 数字化报纸数据库

注 释 251—282

导 论

1. Davis，*Kennedys*，9–11.

2. Thomas McGinity to John McGinity and Mary Crosby，October 24，1847（T3539/3，PRONI）.

3. 参见 Scally，*End*，218。借助数据库全面分析 19 世纪爱尔兰报纸中“棺材船”一词的起源，参见 McMahon，“Tracking”。在 1848 年爱尔兰大饥荒最严重之时，爱尔兰叛乱者托马斯・达西・麦基公开谴责：“移民船已经变成了航行的棺材，把他们带到一个新世界。但实际上不是驶向美国，而是驶向永生！”他的演讲刊登在 1848 年 3 月 18 日的都柏林《民族报》。在麦基的传记中，戴维・威尔逊（David Wilson）宣称——没有一手资料佐证——麦基提及的“航行的棺材”东鸣西应，“不久后运送饥荒时期移民横渡大西洋的船只即以‘棺材船’而闻名”（Wilson，*Thomas*，1:192）。事实上，根据我对数据库的分析，麦基的演讲与“航行的棺材”或“棺材船”术语的广泛流行之间并无如此关联。除“棺材船”之外，一大批跨学科研究成果考察了大饥荒时期移民在爱尔兰和爱尔兰人流散历史与文学中被铭记与纪念的方式。代表性成果有：Corporaal and King，*Irish Global*；Corporaal，*Relocated Memories*；Corporaal and Cusack，“Rites of Passage”；King，“Remembering Famine”；Mark-Fitzgerald，*Commemorating*；McGowan，*Creating Canadian*；and McMahon，“Ports of Recall”。

爱尔兰移民被描述成丧失代理权的一个案例来自罗伯特・斯卡利在 1983 年发表的富有启发和广为征引的一篇文章。这篇文章讨论了 19 世纪的移民问题，作者在文章中指出，“在移民业务与移民之间的关系中……后者经常完全处在消极被动的地位”（Scally，“Liverpool Ships”，5）。

4. 参见 *First Report [Emigrant Ships]*（1854），76。我在引用英国议会档案时，按照牛

津大学博德利图书馆的指示，引用手稿而非印刷稿，因为我实际上是引用整卷而不是单页。移民船至少与运送犯人的船只一样安全的论断，也在大约同时出版的 Maury，*Englishwoman* [pt. II]，136 和 Anonymous，“Emigration，Emigrants”，446 中阐明。海洋航行作为爱尔兰人大流散中的一条连接线的论述，是以我之前的研究为基础。我之前的研究认为，“报纸为把分散在世界各地的爱尔兰人连接起来成为一个世界性想象的共同体奠定知识基础”（McMahon，*Global Dimensions*，5）。

5. 更多关于饥荒的纪年与背景，参见 Ó Gráda，*Black '47*，13-46。关于小块土地占有制与小村庄的讨论，参见 Miller，*Emigrants and Exiles*，54-60 和 Scally，*End*，9-18。对大饥荒之前农场规模的考察，参见 Turner，*After the Famine*，67-68 和 Miller，*Emigrants and Exiles*，380-381。更广泛地讨论土地分配与团结一致，参见 O'Neill，*Family and Farm*; Huggins，*Social Conflict*; Casey，*Class and Community* 和 Mac Suibhne，*End of Outrage*。感谢 Áine Hensey 和 Nicholas Wolf 对书中所用爱尔兰语的拼写和格式予以复查。

6. 前往美国的德国和意大利移民数据，参见 Daniels，*Coming*，145-148，188-190。850 万的统计数字出自 Kenny，*American Irish*，89。《戈尔韦水星报》引自 *Anglo-Celt*（Cavan），April 24，1851。参见 Kinealy，*This Great*，294; Kenny，*American Irish*，90; Crowley，Smyth，and Murphy，*Atlas*，494。难以精确计算这一时期前往澳大利亚和新西兰的爱尔兰移民的数量，因为绝大多数爱尔兰移民从英国港口起航，而他们在政府报告中并未被认定为爱尔兰人（或其他国家之人）。在 *The Irish in Australia*，63，Patrick O'Farrell 宣称 1841—1850 年移民澳大利亚的爱尔兰人有 23000 人，而 Kerby Miller，*Emigrants and Exiles*，569 补充说，1851—1855 年前往澳大利亚和新西兰的爱尔兰移民有 53801 人。Phillips 和 Hearn 认为，获得资助前往新西兰的爱尔兰移民在 19 世纪 40 年代中叶已是“涓涓细流”（Phillips and Hearn，*Settlers*，32）。这些对大饥荒时期爱尔兰移民的统计数据与 Roger Daniels 在 *Coming to America*，135 中的估计一致。罪犯数量（3726 名男性，2560 名女性）来自 Bateson，*Convict Ships*，393-395。关于澳大利亚爱尔兰人最新的历史研究，参见 Malcolm and Hall，*New History*。

7. 每年爱尔兰人移民数量最可信的数据零散分布在英国议会档案中：参见 *Sixth General Report*（1846），46-47 and *Seventh General Report*（1847），174（for the year 1845）; *Seventh General Report*（1847），170-171，174（for the year 1846）; *Thirteenth General Report*（1852-1853），74（for the years 1847 to 1850 inclusive）; *Seventeenth General Report*（1857，Session 2），42（for the years 1851 to 1855 inclusive）。我采用殖民地土地和移民委员会的计算公式计算 1845—1846 年爱尔兰移民总数：“从利物浦起航的十分之九的移民，从（格拉斯哥）克莱德（Clyde）前往北美的三分之一的移民，加上所有从爱尔兰港口出发的移民和前往澳大利亚的移民” [*Thirteenth General Report*（1852-1853），74]。因为 1845—1846 年前往澳大利亚的爱尔兰移民数量难以找到过硬的数据支撑，因此我采用四舍五入的计算方法，按每年 500 人估算。其依据参见 *Seventh General Report*（1847），174 和这些年资助移民前往澳大利亚已暂停的事实（Madgwick，*Immigration*，189-191）。

利用这些数字和公式，本研究对每年移民（美国、英属北美、澳大利亚、新西兰）数量的估算人数（如图1所示）是77965人（1845年）、108115人（1846年）、219885人（1847年）、181316人（1848年）、218842人（1849年）、213649人（1850年）、254537人（1851年）、224997人（1852年）、192609人（1853年）、150209人（1854年）、78854人（1855年）。上述总计1920978人，还须增加约300000人移民英国大陆和至少4000人移民到更远的地方，包括1846—1851年前往南非的1400人（参见McCracken，“Odd Man”，254）和1851—1855年前往“其他海外”目的地的2298人（参见Miller，*Emigrants and Exiles*，569）。毫无疑问，也有一些人前往亚洲和南美（特别是阿根廷），但在这些年里他们的人数较少，难以精确计算。综上所述，1845—1855年，爱尔兰移民海外的人数至少有220万，略高于历史学家通常引用的210万。

8. 1845—1855年移民过程的概况主要来自MacDonagh，*Pattern and Spray*，“Irish Famine”。尽管从19世纪20年代起蒸汽船就摆渡乘客横跨爱尔兰海，但直到19世纪60年代和80年代才开始搭载移民分别前往北美和澳大利亚。

9. 关于这些航线的概况，参见Scally，*End*，184-216（跨越爱尔兰海）；Cohn，*Mass Migration*，125-154（横跨大西洋）；Haines，*Life and Death*，123-229（前往澳大利亚）。75%的估算值是以上述注释7的数据为依据。“最脆弱的人”引自James J. Mitchell journal，1853（Misc. Mss. Mitchell，James J.，NYHS）。

10. 12便士等于1先令，20先令等于1英镑。它们依次缩写为“d.”“s.”“£.”，尽管一个数额如£3. 5s. 2d.也可以写作£3/5/2。在土地转租制度下，农业劳工挣的不是现金工资，而是可以获得一小块施过肥的土地，在一年租期中供其家人种植马铃薯（Ó Gráda，*Black '47*，21）。在大饥荒暴发前夕，劳工竞相租种小块土地以致他们需支付平均每年10英镑的地租。Kerby Miller称这种安排“完全是一种生存投机行为”（Miller，*Emigrants and Exiles*，53）。Cormac Ó Gráda在*Black '47*，108中引用了1847年一份报纸上的报道：一位寡妇为筹集她和6个孩子的移民费用，变卖了她们10英亩农场的权益（获得15英镑），还卖了一头母驴（获得5英镑）、一头牛（获得4英镑）、一辆手推车和一把耙（获得10先令），以及各类“其他物品”。“累赘”一语引自Norton，“On Landlord-Assisted”，28。更多关于大饥荒时期联合济贫会资助移民的情况，参见Moran，*Sending Out*，123-158。

11. 参见Ritchie and Orr，*Wayfaring Strangers*，92-93; Hansen，*Atlantic Migration*，178-183。关于当时提及的爱尔兰移民与谷物、木材和棉花贸易之间的关系，参见*Report [Colonization from Ireland]*（1847），136，190，499; Bateson，*Convict Ships*，83。

12. 更多关于航船布局的内容参见Dear and Kemp，*Oxford Companion*。每艘船只必须为每位船员和乘客配备救生船和救生衣的规定直到1912年“泰坦尼克”号沉船后才成为国际法（参见*Merchant Shipping*）。

13. Jefferson，*Clipper Ships*，5; Coleman，*Going to America*，89-90; Haines，*Life and Death*，25; Bateson，*Convict Ships*，89.

14. 参见*First Report [Emigrant Ships]*（1854），17。1849年到达纽约的乘客数据来自

Coleman，*Going to America*，88; *First Report [Emigrant Ships]*（1854），10。更多关于邮船系统的内容，参见 Cohn，*Mass Migration*，62–63; Albion，*Square-Riggers*，17–48，77–105。跨大西洋邮轮公司的先驱是 1818 年在纽约成立的黑球航线公司（Black Ball Line）。到 19 世纪中叶，它的主要竞争对手是科林斯邮轮公司（Collins）、冠达邮轮公司（Cunard）和英曼邮轮公司（Inman）。

15. 把统舱描述为“高密度的城市环境”，出自 Hassam，*No Privacy*，xviii。与之形成对照的是，Hassam 认为一等舱乘客的生活“非常接近一座英国乡间别墅的一次上流社会的社交聚会，受保护且可预测”（xvii）。我不是第一个认为海上航行会影响东道主社区（host communities）社会关系的历史学家。在 Patrick O'Farrell 编辑的 *Letters from Irish Australia，1825–1929* 的导论中，他认为海上各色人等的结合“在某种程度上解除了他们旧有的社会关系，并有意让他们更乐意接受平等宽容的澳大利亚环境：从很多重要的方面来看，航船就是殖民地的缩影”（O'Farrell，*Letters*，2）。在 David Cressy 对 17 世纪新英格兰殖民者的研究中，他认为跨越大西洋的航行“是一个考验，将航行者与陆地上的同时代人及其后继者相分离”（Cressy，*Coming Over*，ix）。然而，斯蒂芬·贝瑞（Stephen Berry）最近辩称海上航行是 18 世纪新教徒移民前往北美途中发展而成的集体认同之“形成阶段”（Berry，*A Path*，6）。需要说明的是，本书第五章只是考察移民抵达后的最初几天。对大饥荒时期爱尔兰移民利用家庭、朋友和邻里网络提供长期的财产安全的出色分析，参见 Anbinder，Ó Gráda，and Wegge，“Networks and Opportunities”。

16. 参见 Ó Gráda，“Next World”，esp.331–336 and *Black '47*，106–107 and（with Kevin H. O'Rourke）“Migration”；*Nation*（Dublin），August 14，1847; “Saranak's 5th Voyage”，1846，ticket #1432（Series 1a，Box 62A，HSP）。当新冠肺炎疫情在 2020 年 3 月暴发时，宾夕法尼亚历史学会临时闭馆。这使我无法回到那里追踪那些匿名资助人的姓名，这些资助人在科普家族轮船公司的预付船票背面写下了信息。

第一章　准备

1. Hannah Lynch to John Curtis，April 21，1847 [Balch Institute，Philadelphia（KMC）].

2. 1845—1855 年间爱尔兰移民总数的数据来源，参见本书导论的注释 7。

3. James Purcell to Bridget Brennan，August 10，1846（35，533/1，NLI）；C. H. B. C. S. Wandesforde，（Reply to questionnaire on effects of emigration），June 14，1847（35，533/7，NLI）.

4. *Limerick Reporter*，March 30，1847; *Freeman's Journal and Catholic Register*（New York），January 2，1847; April 3，1847; June 2，1849; 奇泽姆的信件首次刊载于悉尼的 *Morning Chronicle*，on April 8，1846（TROVE），并再版于 *Limerick Reporter*，on November 3，1846; *Freeman's Journal*（Sydney），February 12，1852; *Times*

(London), March 23，1853 (TDA) .

5. *Papers [North America]* (1847), 74–75; Affy Griffin to Daniel Griffin，March 10，1851 [Lewis Neale Whittle papers，Georgia State Archives (KMC)]; Mrs. Nolan to Patrick Nolan，October 8，1850 [T2054，PRONI (KMC)].

6. Affy Griffin to Daniel Griffin，March 10，1851 [Lewis Neale Whittle papers，Georgia State Archives (KMC)]; Hannah Lynch to John Curtis，April 21，1847 [Balch Institute，Philadelphia (KMC)].

7. Hannah Lynch to John Curtis，April 21，1847 [Balch Institute，Philadelphia (KMC)]; Margaret Masterson to Michael Masterson，October 4，1850 [Masterson family letters，Kentucky Historical Society (KMC)]; "Refunded Passenger Tickets，1852"，ticket #7043 (Series 1b，Box 290，HSP) ; "Saranak's 11th Voyage"，1847–1848，ticket #2841 (Series 1a，Box 65，HSP) .

8. "Saranak's 17th Voyage"，1850，ticket #4530 (Series 1a，Box 68，HSP) ; "Saranak's 25th Voyage"，1852，ticket #7712 (Series 1a，Box 280，HSP) ; Mary Duggan to her sister，April 8，1848 [T2946，PRONI (KMC)].

9. John O'Connor to Judy O'Connor，February 16，1848 (published in Tuke，*Visit*，48) ; "Refunded Passenger Tickets，1848–1851"，ticket #4145 (Series 1b，Box 290，HSP) ; Bessie Masterson McManus to Michael Masterson，December 24，1850 [Masterson family letters，Kentucky Historical Society (KMC)].

10. "Saranak's 12th Voyage"，1848，ticket #3091 (Series 1a，Box 65，HSP) ; Daniel Rountree to Mrs. M. Butler，May 5，1851 [from Prof. Emeritus Arnold Schrier，University of Cincinnati (KMC)]; "Saranak's 11th Voyage"，1847–1848，ticket #2833 (Series 1a，Box 65，HSP) .

11. "Saranak's 21st Voyage"，1851，ticket #6201 (Series 1a，Box 69，HSP) ; John，Dominick，and Mary Fleming to Sarah Humphreys [née Fleming]，December 26，1845 [Department of Manuscripts and University Archives，Cornell University (KMC)]; "Saranak's 8th Voyage"，1847，ticket #1999 (Series 1a，Box 63，HSP) .

12. Patrick Grant to his mother and siblings，November 3，1851 [from Prof. Emeritus Arnold Schrier，University of Cincinnati (KMC)]; "Saranak's 12th Voyage"，1848，ticket #2951 (Series 1a，Box 65，HSP) ; Judith Phelan to Teresa Lawlor，May 23，1849 [Teresa Lawlor letters，California Historical Society，San Francisco (KMC)]; James and Elisa Taylor to John Carr，June 6，1847 [from Professor E. R. R. Green，Belfast (KMC)].

13. 参见 James Walsh to Lord Monteagle，September 24，1851 (13，400/3，NLI)。更多蒙蒂格尔家族及其资助移民的信息，参见 O'Mahony and Thompson，*Poverty to Promise*。"Refunded Passenger Tickets，1853"，ticket #7555 (Series 1b，Box 290，HSP) ;

James Purcell to Bridget Brennan，August 10，1846（35，533/1，NLI）；文中有关期票的案例，参见Monteagle Papers（13，400/3，NLI）；Margaret Kelly to Lady Monteagle，May 1，1853（13，400/3，NLI）。

14. 此处卡罗琳·奇泽姆的生平表述引自Iltis，“Chisholm，Caroline”。该时期奇泽姆最有名的小册子是*Emigration and Transportation*以及*Comfort for the Poor!*也可参见Walker，*Saviour*；Caroline Chisholm to Earl Grey，January 25，1847（Ac 19/1，SL-NSW）。格雷伯爵在1846年7月至1852年2月期间担任殖民地大臣，他的继任者依次是John Somerset Pakington（1852年），Henry Pelham-Clinton（1852—1854年），George Grey（1854—1855年）。参见Caroline Chisholm to T. N. Redington，July 2，1847（FS/1847/3，NAI）。

15. Patrick Danaher to Lord Monteagle，February 2，1853（13，400/3，NLI）.

16. 参见Archibald Cunninghame to Lord Monteagle，November 5，1847（13，397/2，NLI）。此处地主和济贫院的数据引自Hirota，*Expelling*，30，37；Miller，*Emigrants and Exiles*，296；Moran，*Sending Out*，36；Reilly，“Aspects”，174；and Norton，“On Landlord-Assisted”，39–40。数据22478人引自Haines，*Emigration*，143。Fitzpatrick，“Emigration”，591–596仍是概述这一时期地主资助移民的可供参考的研究成果。有关该主题的其他重要二手材料包括Norton，*Landlords*，*Tenants*；Moran，*Sending Out*；Kinealy，*This Great*，309–315。具体到某一主题的研究，较为出彩的代表成果包括Anbinder，“Lord Palmerston”and“From Famine”；Lyne，“William Steuart”；Reilly，*Strokestown*。

17. Trench，*Realities*，123–125；Lyne，“William Steuart”，87–88；Kinealy，*This Great*，314–315.

18. 1847—1852年间这些“王室地产”支持下的移民细节，参见Ellis，*Emigrants*。巴利基尔克兰迁移的领军研究是Scally，*End*和Dunn，*Ballykilcline Rising*。另参见John Burke to Thomas Coury Knox，February 8，1848（QRO/4/3/6/29，NAI）；Richard Griffith to Charles Gore，April 11，1849（QRO/4/3/1/158，NAI）。

19. 关于“阿尔斯特惯例”的更多信息，参见Boyce，*Nineteenth-Century*，111–112。另参见Reilly，“Aspects”，175；Norton，“On Landlord-Assisted”，28。

20. 预估的被驱逐的60万人口参见O'Neill，“Famine Evictions”，48。这一章提供了爱尔兰大饥荒时期详细的被驱逐人口的统计数据和编史资料。另参见Lynch，*Mass Evictions*，66。更多关于斯特罗克斯敦移民的信息，参见Reilly，*Strokestown*，65–77。参见*Papers [North America，and to the Australian Colonies]*（1847–1848），27。柯林斯博士对休·赖利及其他人论断的反驳再刊于第30—31页。

21. 参见Trench，*Realities*，172–173。虽然作为大饥荒时期获得资助的移民的见证者，但特伦奇的回忆录需要以怀疑的态度看待，正如Lyne在“William Steuart”一文中建议的那样。参见Miller，*Emigrants and Exiles*，303；Trench，*Realities*，125；*Limerick Reporter*，August 17，1852。

22. 万德斯弗德移民的统计数据，参见“Emigration from Castlecomer Estate”（35，512/8，NLI）。

23. C. H. B. C. S. Wandesforde，[Reply to questionnaire on effects of emigration]，June 14，1847（35，533/7，NLI）；James Miley to Kildare Dobbs，August 4，1845（35，533/2，NLI）；Roderick Miley to Kildare Dobbs，November 14，1850（35，533/2，NLI）；James Miley to Kildare Dobbs，October 18，1854（35，533/2，NLI）.

24. James Kelly to Lord Wandesforde，June 15，1847（35，526/6，NLI）；Thomas Cloase to Lord Wandesforde，January 11，1847（35，526/1，NLI）；Denis Bowe to Lord Wandesforde，March 29，1847（35，526/3，NLI）；Biddy Dunleary to Lord Wandesforde，n.d. [1847]（35，526/8，NLI）.

25. John Curry to Lady Wandesforde，March 29，1847（35，526/3，NLI）；James Foley to Lady Wandesforde，March 22，1847（35，526/3，NLI）；Bryan McDonald to Lady Wandesforde，April 3，1847（35，526/5，NLI）；Widow Brenan to Lord Wandesforde，March 7，1847（35，526/3，NLI）.

26. Daniel Bryan to Lord Wandesforde，March 26，1847（35，526/4，NLI）；Widow Seymour to Lord Wandesforde，March 16，1847（35，526/3，NLI）；Daniel Flinne to Lord Wandesforde，March 22，1847（35，526/3，NLI）.

27. 参见 James Riley to Lord Wandesforde，March 25，1847（35，526/3，NLI）；Mary Wallace to Lord Wandesforde，January 28，1847（35，526/1，NLI）；Margaret Coogan to Lord Wandesforde，March 11，1847（35，526/4，NLI）。有关万德斯弗德地产历史的更多信息，参见“Collection List No. 52”in the Prior-Wandesforde Papers，NLI; Nolan，*Fassadinin*; Dunne，“Humour the People”。参见 Michael Brenan to Lord Wandesforde，April 13，1847（35，526/5，NLI）。

28. Donnelly，*Great Irish*，144; Billy Cantwell to Lord Wandesforde，April 14，1847（35，526/5，NLI）.

29. *Papers [North America]*（1847），28–29; Archibald Cunninghame to Lord Monteagle，November 5，1847（13，397/2，NLI）.

30. T. F. Elliot to James Stephen，January 28，1847（CO 384/79，TNA）；Kinealy，*This Great*，305.

31. “系统殖民”引自戈德利计划首次公布时，刊载于 *Galway Vindicator*，April 10，1847。全部过程和内容刊载于 *Anglo-Celt*（Cavan），April 16 and 23，1847。有关戈德利和鲁滨逊计划的更多信息，参见 Moran，*Sending Out*，70–80，21–28。参见 Moran，*Sending Out*，222; *Anglo-Celt*（Cavan），April 23，1847。

32. 参见 *Nation*（Dublin），April 17，1847 [reprinted in *Boston Pilot*，May 29，1847]。马金的信件获得国际关注，刊载于 *Nation*（Dublin），April 17，1847，并且全部再刊于 *Boston*

Pilot, May 15，1847，部分再刊于 *South Australian Register*（Adelaide），October 16，1847（TROVE）。参见 *Times*（London），April 6，1847（TDA）；*Anglo-Celt*（Cavan），April 9，1847; *South Australian Register*（Adelaide），August 11，1847（TROVE）。

33.“小偷殖民地”引自 Hughes，*Fatal Shore*，2。殖民地土地和移民委员会资助的规则和管控常通过传单和海报公之于众，不过大众媒介也传播重要的信息。举一个例子，参见 *Galway Vindicator*，September 8，1847。有关 19 世纪资助移民前往澳大利亚的更宽泛的概述，参见 Haines，“Indigent Misfits”；Haines，*Emigration*; and Reid，*Farewell*。参见 Patt Culhane to Lady Monteagle，January 5，1855（13，400/3，NLI）。

34. 斯蒂芬·沃尔科特与詹姆斯·克莱门茨之间的通信，参见 CO 386/42，TNA。更多关于殖民地土地和移民委员会的信息，参见 Richards，“How Did”。斯蒂芬·沃尔科特从殖民地土地和移民委员会自 1840 年成立以来，至 1860 年一直担任秘书一职。

35. 参见 McDonald and Richards，“Workers”，6–11; Haines，“Indigent Misfits”，228，239。关于补贴制（以及 1843—1847 年间，政府暂停对移民澳大利亚的支持）的有益解释，参见 Haines，*Emigration*，273。奇泽姆通过在报纸上刊登公开信的方式，宣传政府的这一决策，参见 *Morning Chronicle*（Sydney），April 8，1846（TROVE），再刊于 *Limerick Reporter*，November 3，1846。有关爱尔兰移民和囚犯家庭在澳大利亚的重聚，参见 Haines，*Emigration*，145–148; Madgwick，*Immigration*，191–192; McIntyre，*Free Passage*。参见 Stephen Walcott to E. D. Thomson，August 14，1847（CO 386/122，TNA）。

36. 关于济贫法和移民的概述，参见 Moran，*Sending Out*，123–158; Kinealy，*This Great*，309–315。一位地方济贫官员对帮助囚犯移民与将他们留在济贫院之间的成本差异给出解释，引自 *Anglo-Celt*（Cavan），March 10，1848。参见 Kinealy，*This Great*，310; meeting for week ending August 9，1851（Gort PLMB，G01/12/11，GCL）；meeting for week ending October 11，1851 [Mountbellew PLMB（September 12，1851，to March 19，1852），GCL]; meeting for week ending August 27，1853 [Galway PLMB（July 30，1853，to January 7，1854），GCL]。

37. Meetings for weeks ending July 15，August 19，and October 28，1854 [Galway PLMB（January 14，1854，to August 5，1854）and（August 19，1854，to February 3，1855），GCL].

38.“孤儿女孩”的数据引自 Haines，*Emigration*，149。有关“孤儿女孩”计划的更多信息，参见 McClaughlin，*Barefoot and Pregnant?*; Moran，*Sending Out*，129–132; Kinealy，*This Great*，316–327; Madgwick，*Immigration*，207–213; and Haines，*Emigration*，148–158。位于悉尼麦考瑞大街的爱尔兰大饥荒（1845—1852）纪念碑，正是受到“孤儿女孩”的启发而建。该纪念碑所属的网站上有许多关于这些女性的详细介绍，参见 www.irishfaminememorial.org。参见 *Limerick Reporter*，September 1，1848; meetings for weeks ending September 23 and October 21，1848; November 3，1849

[Galway PLMB（January 19，1848，to November 3，1848）;（August 31，1849，to March 29，1850），GCL]。

39. 参见 SSJ，*Waverley*（AJCP PRO 3212，SL-TAS）; T. N. Redington to Lieutenant Governor of Van Diemen's Land，July 16，1847（CON/LB/1，NAI）。更多有关运送囚犯前往澳大利亚的信息，参见 Carroll-Burke，*Colonial Discipline*; Costello，*Botany Bay*; Cowley，*Drift*; Davis，"Not So Bad"; Kavanagh and Snowden，*Van Diemen's Women*; McMahon，*Convicts*; McMahon，*Floating Prisons*; Reece，*Irish Convict*; Shaw，*Convicts*; Williams，*Ordered*。

40. 尽管较为少见，但孩子确实可以偶尔跟随他们被流放的父亲一同远行。举一个爱尔兰的例子，发生在 1845 年 8 月，参见 SSJ，*Samuel Boddington*（AJCP PRO 3209，SL-TAS）。关于 9 艘船只的统计数据，参见 *Tasmania [2]*，*Arabian*，*Waverley*，*John Calvin [2]*，*Maria*，*Earl Grey [4]*，*Duke of Cornwall*，*Blackfriar*，*and Midlothian*。外科医生对这些航行的记载，全部参见 AJCP PRO collection at the SL-TAS under the call numbers 3211，3188，3212，3199，3203，3193，3192，3189，M711。运送罪犯的船只上非罪犯的人数比例是否在大饥荒时期居高不下，尚需进一步的研究。有关市政司对 1845 年上半年儿童与女犯高比例的统计数据，参见 Richard Pennefather to Hon. H. Sutton，December 11，1845（CON/LB/1，NAI）; SSJ，*Arabian*（AJCP PRO 3188，SLTAS）; SSJ，*John Calvin [2]*（AJCP PRO 3199，SL-TAS）; SSJ，*Blackfriar*（AJCP PRO 3189，SL-TAS）; SSJ，*Midlothian*（AJCP PRO M 711，SL-TAS）。船名后面方括号中的数字是指其作为囚犯船所航行的次数。换句话说，*Tasmania [2]* 就意味着这是 *Tasmania* 作为囚犯船的第二次航行。

41. 更多有关"女看守"的信息，参见 Haines，*Doctors*，119–121，*Emigration*，190–195。参见 T. N. Redington to Archbishop Daniel Murray，January 5，1848（CON/LB/1，NAI）; T. N. Redington to Governor of the Convict Depot，Grangegorman，January 19，1848（CON/LB/1，NAI）; T. N. Redington to Governor of the Convict Depot，Grangegorman，January 19，1848（CON/LB/1，NAI）; Register of Convicts on Convict Ships，1851–1853（NAI）; T. N. Redington to Lieutenant Governor of Van Diemen's Land，June 24，1849（CON/LB/1，NAI）; T. N. Redington to Master Commanding the Transport *John Calvin*，January 21，1848（CON/LB/1，NAI）; T. N. Redington to Lieutenant Governor of Van Diemen's Land，January 21，1848（CON/LB/1，NAI）; T. N. Redington to Admiralty Agent，March 27，1849（CON/LB/1，NAI）; Register of Convicts on Convict Ships，1851–1853（NAI）。

42. SSJ，*Samuel Boddington*（AJCP PRO 3209，SL-TAS）; SSJ，*Lord Auckland [2]*（AJCP PRO 3201，SL-TAS）; SSJ，*Tory [2]*（AJCP PRO 3211，SL-TAS）; SSJ，*Pestonjee Bomanjee [3]*（AJCP PRO 3207，SL-TAS）; SSJ，*Blenheim II [1]*（AJCP PRO 3190，SL-TAS）; SSJ，*Rodney*（AJCP PRO 3208，SL-TAS）; Davis，"Not So

Bad"，19; T. N. Redington to Rev. Robert Downing，September 16，1848（CON/LB/1，NAI）; T. N. Redington to Governor of the Smithfield Convict Depot，n.d. [1848]（CON/LB/1，NAI）.

43. 有关囚犯家庭团聚计划的概述，参见 McIntyre，*Free Passage*；也可参见 Reid，"That Famine"。参见 McIntyre，*Free Passage*，115; William Meredyth Somerville to T. N. Redington，March 4，1847（CSO/OP/1847/100，NAI）。

44. Archibald McIntyre to Edmond Carr，March 9，1847 and J. P. Carr to T. N. Redington，July 23，1847（FS/1847/3，NAI）.

45. Bryan Conlon to Lord Lieutenant of Ireland，April 2，1850（FS/1850/2，NAI）; "Enquiry into certain irregularities"（Tasmanian Papers 112-113 MAV FM 4/8518，SLNSW）; Con McMahon to Lord Lieutenant of Ireland，n.d. [1850]（FS/1850/1，NAI）; T. N. Redington to Con McMahon，June 28，1850（FS/1850/1，NAI）.

46. Mary and Johanna Kelleher petition，September 3，1848（CRF/1848/K39，NAI）; Mary Jane Campbell petition，July 1850（CRF/1850/C68，NAI）.

47. Davis，"Not So Bad"，43，36，44，45; meeting for week ending June 7，1851 [Galway PLMB（December 7，1850，to July 4，1851），GCL]; *Nation*（Dublin），November 6，1847.

48. 罪犯流放研究的新趋势是将澳大利亚原住民经验（Harman，*Aboriginal Convicts*）、劳工实践（Roberts，"Knotted Hands"）以及该制度在澳大利亚以外的发展（Anderson，*Global History*; Morgan and Rushton，*Banishment*; Ziegler，*Harlots*）纳入研究范畴。谱系学仍然很流行（Hawkings，*Bound*）。"重刑"引自 Hughes，*Fatal Shore*，129。

49. Mary Hayes to Lord Lieutenant of Ireland，April 29，1852（FS/1852/3，NAI）.

50. *Third Report*（1849），619.

第二章　登船

1. James J. Mitchell journal，1853（Misc. Mss. Mitchell，James J.，NYHS）.

2. "Saranak's 15th Voyage"，1849，ticket #4090（Series 1a，Box 67，HSP）.

3. "Saranak's 5th Voyage"，1846，tickets #1441，#1412，#1515（Series 1a，Box 62A，HSP）.

4. *Nation*（Dublin），March 7，1846.

5. Daniel Rowntree to Mrs. M. Butler，May 5，1851 [from Prof. Emeritus Arnold Schrier，University of Cincinnati（KMC）]; "Saranak's 24th Voyage"，1851，1852，ticket #7189（Series 1a，Box 279，HSP）; Margaret McCarthy to Alexander McCarthy，September 22，1850（published in Ellis，*Emigrants*，66）; John，Dominick，and Mary Fleming to Sarah Humphreys [née Fleming]，December

26，1845 [Department of Manuscripts and University Archives，Cornell University（KMC）]; *Boston Pilot*, August 15，1846.

6. “Saranak's 21st Voyage”，1851，ticket #6348（Series 1a，Box 69，HSP）; “Saranak's 26th Voyage”，1853，ticket #8050（Series 1a，Box 280，HSP）; “Saranak's 11th Voyage”，1847-1848，tickets #2809，#2769（Series 1a，Box 65，HSP）; Nettle，*Practical Guide*，9.

7. “Saranak's 26th Voyage”，1853，ticket #8109（Series 1a，Box 280，HSP）; “Refunded Passenger Tickets，1848-1851”，tickets #1455，#5891（Series 1b，Box 290，HSP）; “Saranak's 14th Voyage”，1849，ticket #3493（Series 1a，Box 66，HSP）.

8. 参见 MacDonagh，*Pattern*，以一本书的篇幅对 19 世纪前 60 年英国《乘客法案》的内容及其实施做了详细分析。为方便起见，19 世纪英美《乘客法案》主要变化的概述，参见 Coleman，*Going to America*，314-321。参见 “Refunded Passenger Tickets，1851”，ticket #6502（Series 1b，Box 290，HSP）; “Saranak's 20th Voyage”，1851，ticket #5755（Series 1a，Box 69，HSP）; “Saranak's 21st Voyage”，1851，ticket #5734（Series 1a，Box 69，HSP）; “Saranak's 8th Voyage”，1847，ticket #1978（Series 1a，Box 63，HSP）; “Saranak's 11th Voyage”，1847-1848，ticket #2841（Series 1a，Box 65，HSP）; “Saranak's 20th Voyage”，1851，ticket #5884（Series 1a，Box 69，HSP）。

9. 参见 “Regulations for the Selection of Emigrants and Conditions on Which Passages Are Granted”，1854（45，247/5，NLI）; O'Hanlon，*Irish Emigrant's*，25–27。约翰 · 奥汉隆的《爱尔兰移民美国指南》由帕特里克 · 多纳霍在波士顿出版，多纳霍同时也是《波士顿导航报》的所有者兼主编。1851 年 4 月 12 日—6 月 14 日，多纳霍又以每周一次的频率，在《波士顿导航报》上刊登《爱尔兰移民美国指南》。

10. T. N. Redington to Sir Denis Marchant，January 15，1848（CON/LB/1，NAI）; meeting for week ending November 20，1852 [Mountbellew PLMB（November 5，1852，to May 6，1853），GCL]; T. N. Redington to High Sheriff（County Waterford），September 17，1850（CON/LB/1，NAI）.

11. 参见 O'Hanlon，*Irish Emigrant's*，27; “Saranak's 10th Voyage”，1847，1848，ticket #2557（Series 1a，Box 64，HSP）; “Saranak's 33rd Voyage”，1855，ticket #8050（Series 1a，Box 281，HSP）; “Refunded Passenger Tickets，1848-1851”，ticket #5181（Series 1b，Box 290，HSP）; James Purcell to Bridget Brennan，August 10，1846（35，533/1，NLI）; *Limerick Reporter*，September 21，1852。有关贫困移民服装的其他评论，参见 *Galway Vindicator*，May 31，1848; *Anglo-Celt*（Cavan），December 8，1848; *Times*（London），March 22，1849（TDA）; *Nation*（Dublin），February 9，1850。伦敦 *Sidney's Emigrant's Journal* 上的服装建议，被爱尔兰报纸转载，

参见 *Galway Vindicator*, March 31，1849。

12. James J. Mitchell journal，1853（Misc. Mss. Mitchell，James J.，NYHS）.

13. 有关 19 世纪爱尔兰交通运输状况的概述，引自 Williams，*Creating*，7–20。有关该主题的其他著述，参见 Nowlan，*Travel*; O'Connor，*Ironing*; Hoppen，*Ireland*。参见 *Galway Vindicator*，May 4，1853; *Clonmel Chronicle* 引自 *Limerick Reporter*，April 3，1849。

14. 参见 Williams，Creating，10; 比安科尼在 1848 年的演讲内容引自 *Limerick Reporter*，May 25，1852; *Anglo-Celt*（Cavan），January 26，1849; *Limerick Reporter*，April 5，1853; *Anglo-Celt*（Cavan），April 6，1849; *Limerick Reporter*，April 3，1849; *Anglo-Celt*（Cavan），January 15，1852。1 便士等于 4 法新（farthing），1 便士法新（penny farthing）等于 1.25 便士。这不应与几十年后发明的第一代自行车混淆，它也叫 "penny farthing"。

15. 参见 Ó Gráda，"Industry"，149–150; Comerford，"Ireland"，374–375。关于爱尔兰铁路发展的更多信息，参见 O'Connor，*Ironing*。关于从利默里克到都柏林的更多信息，参见 *Nation*（Dublin），August 22，1846。蒂珀雷里的编辑的资料引自 *Limerick Reporter*，April 20，1849; *Limerick Reporter*，May 6，1853; *Galway Vindicator*，August 31，1853。

16. 参见 Williams，*Creating*，15–17; *Anglo-Celt*（Cavan），July 24，1851。都柏林的报纸引自 *Limerick Reporter*，March 30，1847。

17. *Second Report [Colonization from Ireland]*（1847–1848），314; the *Mayo Telegraph* is cited in *Limerick Reporter*，April 4，1851 and *Anglo-Celt*（Cavan），April 10，1851; *Galway Vindicator*，August 25，1847; Galway Town Commissioners meeting on Thursday，November 4，1847（GTCM，LA 2/2，JHL）.

18. Harris，*Nearest Place*，189; Scally，*End*，172.

19. T. N. Redington to Lieutenant General Commanding，January 4，1848（CON/LB/1，NAI）; *Limerick Reporter*，September 26，1848; the *Evening Freeman*（Dublin）is cited in *Limerick Reporter*，April 6，1849; Theobald McKenna to Inspector General，April 10，1848（CON/LB/1，NAI）.

20. 参见 *Limerick Reporter*，June 6，1854。1854 年 8 月 18 日，该报还刊载了魁北克首席移民官布坎南写给利默里克联合济贫会的官员的信，信中说"西伦"号乘客抵达时，"全部健康"。参见 Meeting for week ending June 24，1854（Gort PLMB，G01/12/17，GCL）。

21. *Galway Vindicator*，June 18，1853; February 2，1853; *Hull Advertiser* cited in *Nation*（Dublin），October 2，1852 and *Limerick Reporter*，October 12，1852; Trench，*Realities*，126.

22.《沃特福德编年史》引自 *Galway Vindicator*，April 11，1846; *Freeman's Journal*（Sydney），July 23，1853;《沃特福德编年史》引自 *Anglo-Celt*（Cavan），October 31，

1850。丹尼尔・奥康奈尔所指的 1843 年“怪兽会议”，参见 Owens，“Nationalism” and McMahon，“International Celebrities”，150–153。

23. 参见 Meetings for weeks ending January 1，1853，and July 17，1852 [Mountbellew PLMB（November 5，1852，to May 6，1853）and（March 26，1852，to October 23，1852），GCL]。芒特贝柳联合济贫会于 1850 年 2 月正式成立，但济贫院直到 1852 年 5 月才开放。

24.《沃特福德编年史》引自 *Limerick Reporter*，April 20，1847; *Galway Vindicator*，November 15，1848（转载于 *Limerick Reporter*，November 21，1848）; T. F. Elliot to James Stephen，June 9，1847（CO 384/79，TNA）; *Nation*（Dublin），April 11，1846。

25. The *Freeman's Journal*（Dublin）引自 *Nation*（Dublin），October 13，1849，and see also *Limerick Reporter* October 16，1849; *Nation*（Dublin），April 5，1851; *Freeman's Journal*（Dublin）引自 *Limerick Reporter*，April 18，1851; *Nation*（Dublin），August 16，1851。

26. *Anglo-Celt*（Cavan），April 9，1847; *Limerick Reporter*，June 6，1854; the *Cork Examiner* 引自 *Limerick Reporter*，May 9，1851。

27. *Galway Vindicator*，March 20，1847（reprinted in *Limerick Reporter*，March 23，1847）; meeting for week ending May 6，1854 [Galway PLMB（January 14，1854，to August 5，1854），GCL].

28. 参见 T. N. Redington to Lieutenant Governor of Van Diemen's Land，September 18，1848（CON/LB/1，NAI）; Major Mylers to Colonel Beresford，May 1，1849（CSO/OP/1849/38，NAI）。有关 19 世纪 40 年代爱尔兰囚犯移民的大事记，以及斯派克岛过度拥挤的状况，参见 Davis，“Not So Bad”，9–10，17–18。

29. 参见 Meetings for weeks ending June 10，June 24，September 30，and October 14，1854（Gort PLMB，G01/12/17 and G01/12/18，GCL）。肯尼迪受伤首次被报道后，随后见诸 *Galway Vindicator*，July 1，1854。

30. Bridget Reilly to Lord Wandesforde，May 11，1847（35，526/6，NLI）.

31. 参见 *Anglo-Celt*（Cavan），April 9，1847; T. F. Elliot to James Stephen，April 28 and June 3，1847（CO 384/79，TNA）。有关“史瓦塔拉”号的更多信息，参见 *Report [Sickness and Mortality]*（1854），36–37 以及 Kinealy and MacAtasney，*Hidden Famine*，87–88。“史瓦塔拉”号驶离贝尔法斯特后，在德里城维修，并最终驶往费城，沿途有数十人死亡。

32. The *Evening Freeman*（Dublin）is cited in *Limerick Reporter*，March 30，1847; *Liverpool Mercury*，May 5，1854（BLN）; Thomas Reilly to John M. Kelly，April 26，1848（10，511/2，NLI）; 参见 Frank Neal，*Black '47*，61，作者推断 1847—1854 年间有超过 190 万名爱尔兰乘客航行至利物浦。

33. 参见 R. H. Sheil to J. Runge，April 29，1853（32，483A，NLI）; *First Report [Colonization from Ireland]*（1847–1848），183–184; *Liverpool Mercury*，January 14，

1853（BLN）。有关蒸汽船和移民贸易的更多信息，参见 Neal，“Liverpool”；Cohn，*Mass Migration*，223–224。有关“伦敦德里”号灾难的报道，参见 *Liverpool Mercury*，December 5，8，12，1848（BLN）；*Limerick Reporter*，December 8，1848。有关一名船长在爱尔兰海的风暴中不遗余力地拯救乘客的故事，参见 *Galway Vindicator*，February 18，1852。

34. 参见 *Liverpool Mercury*，May 7，1850，February 10，1852，and September 10，1852（BLN）。有关利物浦走私者和欺诈行为的更多信息，参见 Coleman，*Going to America*，66–71。海水中的高浓度氯化钠，确实会使正常的肥皂不起泡，所以英国移民戴维·阿特金森在 1851 年写给他父母的信中抱怨，“我买的那块肥皂毫无作用”，“我应该买一块海水皂，其他种类的肥皂在海上根本就没用”，参见 David Atkinson to his parents，March 4，1851（MLDOC 99，SL-NSW）。

35. *Nation*（Dublin），February 26，1848 [reprinted in *Liverpool Mercury*，March 24，1848（BLN）]; *Nation*（Dublin），May 23，1846; November 3，1849; *Liverpool Mercury*，March 21，1848（BLN）.

36. The *Liverpool Albion* 引自 *Nation*（Dublin），July 17，1847; *Galway Vindicator*，July 21，1847。有关利物浦驱逐爱尔兰移民的更多信息，参见 Gallman，*Receiving Erin's*，30，65–66; Hirota，*Expelling*，171。

37. O'Hanlon，*Irish Emigrant's*，33，19; C. Graham to John McGinity，September 5，1848（T3539/3，PRONI）; MacKenzie，*Emigrant's Guide*，44.

38. O'Hanlon，*Irish Emigrant's*，19; *Liverpool Mercury*，May 25，1847（BLN）.

39. Daniel Rowntree to Mrs. M. Butler，May 5，1851 [from Prof. Emeritus Arnold Schrier，University of Cincinnati（KMC）]; C. Graham to John McGinity，September 5，1848（T3539/3，PRONI）; *Anglo-Celt*（Cavan），March 23，1849.

40. 参见 *Nation*（Dublin），May 10，1851; *Limerick Reporter*，September 2，1851; *Limerick Reporter*，June 20，1851; *Liverpool Mercury*，January 20，1852（BLN）。除都柏林的《民族报》，“移民之家”也被其他爱尔兰报纸报道过，包括 *Limerick Reporter*，September 26，1851（该报以“red collars”为名报道）以及 *Galway Vindicator*，December 3，1851。“移民之家”刚成立时，也被《波士顿导航报》报道过，参见 *Boston Pilot*，June 7，1851。

41. *Liverpool Mercury*，February 4，1851（BLN）; *Limerick Reporter*，September 2，1851; *Nation*（Dublin），February 26，1848; *Galway Vindicator*，May 24，1851.

42. Wiley and Putnam，*Wiley & Putnam's*，38，30; Byrne，*Emigrant's Guide*，9.

43. *Liverpool Mercury*，May 14，1852; July 15，1851; January 9，1852（BLN）.

44. “Saranak's 12th Voyage”，1848，ticket #2824（Series 1a，Box 65，HSP）; “Saranak's 33rd Voyage”，1855，ticket #381（Series 1a，Box 281，HSP）; James Purcell to Bridget Brennan，August 10，1846（35，533/1，NLI）; Wiley and Putnam，

Wiley & Putnam's, 31–32; “Saranak's 21st Voyage”, 1851, ticket #5847（Series 1a, Box 69, HSP）; Byrne, *Emigrant's Guide*, 6.

45. Wiley and Putnam, *Wiley & Putnam's*, 30–31; Nettle, *Practical Guide*, 9–10; MacKenzie, *Emigrant's Guide*, 45; “Refunded Passenger Tickets, 1852”, ticket #6553（Series 1b, Box 290, HSP）; “Saranak's 20th Voyage”, 1851, ticket #5911（Series 1a, Box 69, HSP）.

46.“感情深厚的侄子”的书信刊载于 *Liverpool Mercury*, August 12, 1853（BLN）; O'Hanlon, *Irish Emigrant's*, 40; Wiley and Putnam, *Wiley & Putnam's*, 55。有关前往澳大利亚途中的伙食团系统的更多信息，参见 Haines, *Life and Death*, 100, 109。

47. John Burke to Commissioners of Woods, Forest, and Land Revenues, March 21, 1848（QRO/4/3/6/34, NAI）; MacDonagh, *Pattern*, 202–204.

48. MacKenzie, *Emigrant's Guide*, 45; Wiley and Putnam, *Wiley & Putnam's*, 32; SSJ, *George Seymour*（AJCP PRO 3214, SL-TAS）.

49. 参见 SSJ, *Bangalore*（AJCP PRO 3189, SL-TAS）; SSJ, *Lord Dalhousie [1]*（ADM 101/251, TNA）; SSJ, *Blackfriar*（AJCP PRO 3189, SL-TAS）。有关女囚船上的儿童在离开爱尔兰时接种疫苗的报道，参见 SSJ, journals from *Tasmania [2]*（AJCP PRO 3211, SL-TAS）; *Earl Grey [4]*（AJCP PRO 3193, SL-TAS）; *Blackfriar*（AJCP PRO 3189, SL-TAS）; *John William Dare*（AJCP PRO M711, SL-TAS）。更多关于英国政府为前往澳大利亚的移民和囚犯接种疫苗的政策，参见 Foxhall, *Health, Medicine*, 165–174。

50. *Galway Vindicator*, December 19, 1849; *Liverpool Mercury*, April 29, 1853（BLN）.

51. James J. Mitchell journal, 1853（Misc. Mss. Mitchell, James J., NYHS）; Byrne, *Emigrant's Guide*, 10.

52. Samuel Harvey journal, 1849（T3258/66/1, PRONI）.

第三章 生活

1. 参见 Margaret McCarthy to Alexander McCarthy, September 22, 1850（published in Ellis, *Emigrants*, 66）。在斯蒂芬·贝瑞关于 18 世纪新教徒移民北美的研究中，他指出，他的研究并非将大西洋视为一个“单一的、不受时间影响的空间”。事实上，大西洋“在看似永恒不变的表象下，呈现出一系列复杂的变化”（Berry, *A Path*, 4）。在玛格丽特·科尔波拉（Margu é rite Corporaal）和克里斯托弗·库萨克（Christopher Cusack）探究大饥荒时期移民的航海旅行如何影响后饥荒时代的爱尔兰和北美爱尔兰文学时，他们认为，“棺材船是微缩景观下爱尔兰‘想象的共同体’，发挥着乌托邦式的民族异位（异托邦）的功能”。爱尔兰国内的文化冲突与即将在新世界发生的文化同化之间，两者不得不进行交涉和谈判（Corporaal and Cusack, “Rites of Passage”, 343）。

2. 参见 Samuel Harvey journal，1849（T3258/66/2 and /6，PRONI）；Clark 的表述引自 Moore，*Voyage Out*，86–87; Mitchel，*Jail Journal*，23。

3. 参见 Connolly，*Priests and People*，113; James J. Mitchell diary，1853（Misc. Mss. Mitchell，James J.，NYHS）；Samuel Harvey journal，1849（T3258/66/18，PRONI）；Reid and Mongan，*Decent Set*，35，44。威廉·卡尔顿（William Carleton）在《爱尔兰农民的特点和故事》（*Traits and Stories*）一书中，也描述了一些乡村迷信现象。

4. 参见 William McElderry to Thomas McElderry，October 20，1853 [T2414/11，PRONI（DIPPAM）]; Johanna Kelly's letter is printed in *Report [Colonization from Ireland]*（1847），357; Jonathon Smyth to James Smith，September 24，1845 [D1828/31，PRONI（DIPPAM）]。1852 年末，“赫拉克勒斯”号原计划从苏格兰的坎贝尔敦（Campbelltown）起航，驶向澳大利亚的阿德莱德，船上还载有外科医生劳伦斯·凯里（Laurence Carey）。但到 1853 年 1 月，船上大量乘客和全体船员患上热病，船只不得不停靠在爱尔兰的科克。在接下来的 3 个月中，包括劳伦斯·凯里在内的几乎一半的乘客死去，抑或消失。“赫拉克勒斯”号于 1853 年 4 月 12 日再次起航，船上的外科医生是爱德华·诺洛思。凯里和诺洛思的日记，参见 SSJ，Hercules（AJCP PRO 3213，SL-TAS）。原稿分别参见 TNA as ADM101/77/4 and ADM101/77/5。

5. 参见 SSJ，*John William Dare*（AJCP PRO M711，SL-TAS）；SSJ，*Duke of Cornwall*（AJCP PRO 3192，SL-TAS）；SSJ，*Blackfriar*（AJCP PRO 3189，SL-TAS）；Jonathon Quin to James Quin，December 10，1849（MLDOC 3507，SL-NSW）。有关外科医生对航行中爱尔兰男性犯人整体健康状况的报告案例，参见 SSJ，*Samuel Boddington*（AJCP PRO 3209，SL-TAS）；SSJ，*Pestonjee Bomanjee [4]*（AJCP PRO 3207，SL-TAS）；SSJ，*Blenheim II*（AJCP PRO 3190，SL-TAS）。月经过多是指经期非正常大量出血。

6. “Saranak's 32nd Voyage”，1855，ticket #11（Series 1a，Box 281，HSP）；SSJ，*Kinnear [2]*（AJCP PRO 3200，SL-TAS）；Samuel Harvey journal，1849（T3258/66/18，PRONI）.

7. Thomas Patterson to John Thompson，May 22，1848 [D2795/5/1，PRONI（DIPPAM）]; *Anglo-Celt*（Cavan），July 22，1852.

8. James Purcell to Bridget Brennan，August 10，1846（35，533/1，NLI）；Samuel Harvey journal，1849（T3258/66/8–9，PRONI）；SSJ，*Tory [2]*（AJCP PRO 3211，SL-TAS）；SSJ，*Australasia*（AJCP PRO 3189，SL-TAS）；*Sailor's Magazine* [New York] 20，No. 8（April 1848），235.

9. 参见 Thomas Reilly to John M. Kelly，April 25，1848（10，511/2，NLI）。尽管此处的托马斯·赖利是雄辩的民族主义者，并于 1848 年离开爱尔兰，但他与著名的托马斯·德文·赖利（Thomas Devin Reilly，1823—1854 年）并非同一个人，后者于 1848 年 7 月参加蒂珀雷里起义。参见 Henry Johnson to Jane Johnson，September 18，1848（T2319/1，PRONI）。亨利·约翰逊与简·约翰逊之间的通信也在怀亚特（Wyatt）出版，参见“Johnson Letters”。简和两个孩子乘船到加拿大与亨利·约翰逊团聚，但亨利·约翰逊在妻儿抵达前于 1849 年 7 月就已去世。

10. 参见 Moore，*Voyage Out*, 133; Charles Moore diary，1855（B 1319，SL-NSW）。米格尔关于印度洋的描述，刊印在 1850 年 7 月 27 日的都柏林《民族报》，并于 1850 年 8 月 17 日在《波士顿导航报》和纽约《爱尔兰美国人报》再印。1850 年 2 月 16 日的通信原件，存放在 Alan Queale papers（11，705，NLI）。米格尔提及的“白色的熊”指代不清，因为南极根本没有北极熊。

11. 参见 William Culshaw Greenhalgh diary，1853（DX/1676，MMA）; John Burke，“Reminiscences [1839–1891]”（AHMC Burke，John，NYHS）; *Armagh Guardian*，February 24，1846（DIPPAM）。爱尔兰移民船只最有名的两次冰山沉船事件都发生在 1849 年，分别是从北爱尔兰的纽里驶向加拿大魁北克的“汉纳”号，以及从爱尔兰西部的利默里克驶向魁北克的“玛丽亚”号。

12. 米格尔描述的令人厌倦的海上生活，发表在 1850 年 7 月 27 日的都柏林《民族报》，又于 1850 年 8 月 17 日在《波士顿导航报》和《爱尔兰美国人报》上转载。

13. Samuel Harvey journal，1849（T3258/66/17，PRONI）; Nettle，*Practical Guide*, 10–11.

14. *Armagh Guardian*，February 24，1846（DIPPAM）; Witt，“During the Voyage”，193; 参见 Goffman，*Asylums*，特别是“On the Characteristics of Total Institutions”一章; Rediker，*Between the Devil*, 211–212。有关外科医生对船上日程安排和爱尔兰女囚犯船只的介绍，参见 SSJ，*Maria*（AJCP PRO 3203，SLTAS）。

15. 参见 Blunt，*Shipmaster's Assistant*, 13; *Papers [Australian Colonies]*（1850），260，263，267。有关海事法历史起源的信息，参见 Witt，“During the Voyage”。有关英美的海事法，分别参见 Creighton，*Rites and Passages*, 93–95; Rasor，*Reform*, 55。

16. Brand and Staniforth，“Care and Control”，30，24–25; *Instructions for Surgeons-Superintendent* [Surgeons]，clauses 14，13，and 33; *Instructions for Surgeons-Superintendent* [Masters]，clause 6; SSJ，*Lord Auckland [2]*（AJCP PRO 3201，SL-TAS）.

17. 参见 *Sailors' Magazine* [London] 7，No. 81（September 1845），143; *Liverpool Mercury*，April 29，1853（BLN）; Wiley and Putnam，*Wiley & Putnam's*, 66。关于航海中宗教信仰的更多信息，参见 Strong，*Victorian Christianity*。

18. Browning，*Convict Ship*, v–vi; *Limerick Reporter*，April 10，1849; T. N. Redington to G. Cornwall Lewis，September 12，1848（CON/LB/1，NAI）.

19. John Burke，“Reminiscences [1839–1891]”（AHMC Burke，John，NYHS）; MacKenzie，*Emigrant's Guide*, 63–64; W. Usherwood journal，1852–1853 [B 784（CY 1117），SL-NSW].

20. *Papers [North America]*（1847–1848），320; Bateson，*Convict Ships*, 68; Brand and Staniforth，“Care and Control”，31; SSJ，*Irene*（MLMSS 599，SL-NSW）;

Hassam，*No Privacy*，43–44.

21. O'Hanlon，*Irish Emigrant's*，42; Samuel Pillow journal，1852–1853（Ap 115，SL-NSW）.

22. *First Report [Emigrant Ships]*（1854），160，125; *Report [Sickness and Mortality]*（1854），16; “Saranak's 32nd Voyage”，1855，ticket #11（Series 1a，Box 281，HSP）; MacKenzie，*Emigrant's Guide*，65; *Instructions for Surgeons-Superintendent* [Surgeons]，clause 13; Stephen Walcott to Samuel Ellis，November 20，1846（CO 386/42，TNA）.

23. *First Report [Emigrant Ships]*（1854），180; Reid and Mongan，*Decent Set*，40; George E. Binsted diary，1848–1849（DLMS 137，SL-NSW）; James Menzies diary，1848（D 6594[L]，SL-SA）is also available online at https://bound-for-south-australia.collections.slsa.sa.gov.au.

24. 参见 Daniel Molony to H. and A. Cope，September 3，1851（Series 1a，Box 69，HSP）; T. W. C. Murdoch to Herman Merivale，January 17，1851（CO 384/88，TNA）; Robert Bunch to T. W. C. Murdoch，November 15，1851（CO 384/88，TNA）; *Papers [North America]*（1847–1848），320。关于移民船监管不力的更多内容，参见 Cohn，*Mass Migration*，151–152 and Scally，“Liverpool Ships”，22–25。

25. Richard Lynch to John Walpole，February 6，1849（CO 384/83，TNA）.

26. *Emigrant Ship “Washington”*（1851），435–436，439; *South Australian*（Adelaide），April 27，1849（TROVE）; C. Alexander Wood to T. F. Elliot，October 26，1849（CO 386/67，TNA）.

27. 参见 Captain Theodore Julius to H. and A. Cope，June 27，1848（Series 1a，Box 65，HSP）and June 27，1849（Series 1a，Box 67，HSP）; *Sailors' Magazine* [London] 9，No. 107（November 1847），253; Charles Moore journal，1855（B 1319，SL-NSW）; William Ellery Maxson journal，1846 [G. W. Blunt White Library，Mystic Seaport Museum（KMC）]。关于印度水手的更多信息，参见 Hassam，*No Privacy*，47 and Elizabeth Hentig journal，1853（MLMSS 7657，SL-NSW）。有关东印度水手的更多信息，参见 Jaffer，*Lascars*。关于水手的反抗和认同的分析，参见 Rediker，*Outlaws*。

28. William Ellery Maxson journal，1846 [G. W. Blunt White Library，Mystic Seaport Museum（KMC）]; SSJ，*Irene*（MLMSS 599，SL-NSW）; *Emigrant Ship “Washington”*（1851），435–436.

29. 参见 Foucault，*History of Sexuality*; SSJ，*Steadfast*（MLMSS 991，SL-NSW）; “调查运送女性犯人的‘康沃尔公爵’号在 1850 年从爱尔兰驶往这块殖民地的途中发生的不合常规的行为”，[1851]（Tasmanian Papers 112–113 MAV FM 4/8518，SL-NSW）。催吐剂是用于催吐的。

30. Thompson，“Time，Work-Discipline”.

31. James Duncan diary，1846–1848（MssColl 859，NYPL）.

32. 参见 Hassam，*No Privacy*，46; SSJ，*Bangalore*（AJCP PRO 3189，SL-TAS）; Moore，*Voyage Out*，133。水肿是指人体组织间隙有过多的液体积聚使组织肿胀。

33. 参见 *Third Report*（1849），617; Jonathon Smyth to James Smith，September 24，1845 [D1828/31，PRONI（DIPPAM）]; Samuel Harvey journal，1849（T3258/66/6，PRONI）。Verses 23–31 of the Bible's Psalm 107 描述的是上帝对困于暴风雨中的水手施以善行。

34. 参见 James Duncan diary，1846–1848（MssColl 859，NYPL）; Thomas Reilly to John M. Kelly，April 25，1848（10，511/2，NLI）; *First Report [Emigrant Ships]*（1854），108。菲利普斯提到的太多海员一起工作而导致冲突的问题，其实只是许多船主控告的一场更大的运动中的一部分。这些船主经常为了降低劳动力成本，而阻止政府管控船员数下限的新规定。

35. H. and A. Cope to Joseph Cope [cousin]，August 17，1852（Series 1c，Vol. 43，HSP）; Christopher Kelly to John Kelly，June 21，1846 [from Patricia Shaw，San Francisco，CA（KMC）]; Andrew Collin to his parents，November 30，1853 [T2834/1/2，PRONI（DIPPAM）];“调查运送女性犯人的‘康沃尔公爵’号在 1850 年从爱尔兰驶往这块殖民地的途中发生的不合常规的行为”，[1851]（Tasmanian Papers 112–113 MAV FM 4/8518，SL-NSW）。

36. Wiley and Putnam，*Wiley & Putnam's*，61; H. and A. Cope to John Peters，August 16，1850（Series 1c，Vol. 43，HSP）; Henry Cope to Alfred Cope，May 27，1851（Series 1c，Vol. 43，HSP）; *Emigrant Ship "Washington"*（1851），435; Joseph Kidd Walpole journal，1849（A 2085，SL-NSW）.

37. William H. McCleery to John Orr，July 1，1847 [Ulster-American Folk Park（DIPPAM）]; Stephen Walcott to J. B. Wilcocks，October 26，1846（CO 386/42，TNA）; Stephen Walcott to Samuel Ellis，November 7，1846（CO 386/42，TNA）.

38. *Emigrant Ship "Washington"*（1851），437–438. The *Galway Vindicator* published excerpts of Foster's letter on May 7，1851.

39. 参见 *Papers [North America]*（1847–1848），320; Ellen Rountree to Laurence Rountree，August 26，1851 [from Prof. Emeritus Arnold Schrier，University of Cincinnati（KMC）]。乘客的公开信引自 Hamrock，*Famine in Mayo*，138。根据 Hamrock 的研究，公开信于 1846 年 9 月 24 日发表在巴利纳的《泰劳利先驱报》（*Tyrawley Herald*）。

40. Wiley and Putnam，*Wiley & Putnam's*，43–44; Mitchel，*Jail Journal*，3–4.

41. William Culshaw Greenhalgh diary，1853（DX/1676，MMA）.

42. O'Hanlon，*Irish Emigrant's*，40;“Saranak's 20th Voyage”，1851，ticket #5911（Series 1a，Box 69，HSP）;“Refunded Passenger Tickets，1852”，ticket #6553（Series 1b，Box 290，HSP）; James Purcell to Bridget Brennan，August 10，1846

（35，533/1，NLI）.

43. MacKenzie，*Emigrant's Guide*，59–60; O'Hanlon，*Irish Emigrant's*，41–42; *Anglo-Celt*（Cavan），March 23，1849.

44. George Ritchie to his parents，January 10，1851（T3292/2，PRONI）; Samuel Harvey journal，1849（T3258/66/1 and /26，PRONI）.

45. 参见 Reid and Mongan，*Decent Set*，39–40; Duffy，*My Life*，2，131。关于 19 世纪爱尔兰葬礼和守灵的更多信息，参见 Brophy，"Keening Community"; Connolly，*Priests and People*，141–172; Griffith and Wallace，*Grave Matters*; Lysaght，"Hospitality"; Mac Suibhne，*Subjects Lacking*; Ó Crualaoich，"Merry Wake"; Ó Súilleabháin，*Irish Wake*; Tait，*Death*，*Burial*。威廉・卡尔顿在《爱尔兰农民的特点和故事》一书的"拉里・法兰德的守灵"（Larry M'Farland's Wake）和"党派之战与葬礼"（The Party Fight and Funeral）两个章节中也描述了乡村守灵。

46. *Anglo-Celt*（Cavan），March 23，1849; MacKenzie，*Emigrant's Guide*，60; Mitchel，*Jail Journal*，66.

47. 关于外科医生的指示，参见 Reid and Mongan，*Decent Set*，80，f.17; MacKenzie，*Emigrant's Guide*，65; SSJ，*Hyderabad [2]*（AJCP PRO 3198，SL-TAS）; SSJ，*Irene*（MLMSS 599，SL-NSW）; Moore，*Voyage Out*，70–71.

48. Joseph Carrothers to William Carrothers，July 14，1847 [T3734，PRONI（DIPPAM）]; James Duncan diary，1846–1848（MssColl 859，NYPL）; Samuel Harvey journal，1849（T3258/66/4 and /21，PRONI）; James J. Mitchell journal，1853（Misc. Mss. Mitchell，James J.，NYHS）.

49. 参见 Rediker，*Between the Devil*，186; James Menzies diary，1848（D 6594[L]，SL-SA）; Reid and Mongan，*Decent Set*，36。关于詹姆斯・孟席斯（James Menzies）的日记，参见 https://bound-for-south-australia.collections.slsa.sa.gov.au。

50. Samuel Harvey journal，1849（T3258/66/5，PRONI）; Moore，*Voyage Out*，105; David Atkinson to his parents，March 4，1851（MLDOC 99，SL-NSW）.

51. 参见 *Galway Vindicator*，February 18，1852。特纳在 *Ritual Process* 首次提出"交融"的概念。

52. Byrne，*Emigrant's Guide*，9; William Culshaw Greenhalgh diary，1853（DX/1676，MMA）; SSJ，*Tasmania [2]*（AJCP PRO 3211，SL-TAS）; O'Hanlon，*Irish Emigrant's*，41–42; Samuel Harvey journal，1849（T3258/66/10–11，PRONI）.

53. Samuel Harvey journal，1849（T3258/66/8，PRONI）; James Duncan diary，1846–1848（MssColl 859，NYPL）; Henry Johnson to Jane Johnson，September 18，1848（T2319/1，PRONI）.

54. Hassam，*No Privacy*，51; *Sailor's Magazine* [New York] 19，No. 4（December 1846），125，No. 9（May 1847），272.

55. Samuel Harvey journal，1849（T3258/66/5 and /30–32，PRONI）.

56. *Sailors' Magazine* [London] 9，No. 97（January 1847），22; George E. Binsted diary，1848–1849（DLMS 137，SL-NSW）.

57. William B. Neville journal，1848–1849（DLMSQ 148，SL-NSW）; George E. Binsted diary，1848–1849（DLMS 137，SL-NSW）; Daniel Molony to H. and A. Cope，March 31，1851（Series 1a，Box 69，HSP）; *Sailor's Magazine* [New York] 18，No. 6（February 1846），176.

58. Henry Johnson to Jane Johnson，September 18，1848（T2319/1，PRONI）.

第四章 死亡

1. 参见 Patt Brenan to Lord Wandesforde，n.d. [1847]（35，526/7，NLI）。万德斯弗德毫不客气地拒绝布伦南的请求。关于迈克尔·柯林斯的材料，参见 2016 年 7 月 19 日都柏林《爱尔兰时报》。参见 Smallwood，*Saltwater Slavery*，137。

自爱尔兰大饥荒以来，"20%"的统计数据就成为关于移民死亡率经久不衰的讨论话题：1848 年 4 月 11 日，威斯敏斯特展开一场辩论，民族主义政治家约翰·奥康奈尔声称，从 1845 年开始，爱尔兰百万人口中的四分之一"在这场灾难中被迫移居国外，其中超过 20% 的人或死于途中，或在抵达目的地后不久死去"[HC Deb（April 11，1848）third series，Vol. 98，Col.187]。近几十年来，无论是在面向大众的著作还是学术性著作中，大多数历史学家倾向于接受 1847 年前往加拿大的爱尔兰移民"20%"死亡率的估算数据。奥利弗·麦克多纳认为，尽管"由于记录不完整，无法得到准确数据"，但 1847 年爱尔兰移民总数的 17%——至少有 2.5 万人甚至多达 3 万人死亡（MacDonagh，*Pattern*，188n6）。塞西尔·伍德汉姆–史密斯在她 1962 年出版的畅销书《大饥荒》中写到，1847 年前往英属北美的 10 万移民中，有 1.7 万人死于途中，另有 2 万人在抵达加拿大后不久死亡（Woodham-Smith，*Great Hunger*，234）。23 年后，克尔比·米勒预估，1847 年前往英属北美的移民中至少有 30%、前往美国的移民中至少有 9% 死于"棺材船"或在下船后不久死亡（Miller，*Emigrants and Exiles*，292）。爱德华·拉克斯顿在他 1996 年的著作《饥荒船》中估算，1847 年有"超过 10 万"的爱尔兰移民前往加拿大，其中至少 2 万人死亡（Laxton，*Famine Ships*，38）。科马克·奥格拉达在 1999 年写道，"1847 年，爱尔兰移民在前往加拿大的途中死亡率很高，接近 20%，这一点仍然是事实"（Ó Gráda，*Black '47*，106）。马克·麦高恩 2009 年出版的《死亡还是抵达加拿大：1847 年前往多伦多的爱尔兰饥荒移民》（*Death or Canada: The Irish Famine Migration to Toronto，1847*）一书中没有提及整体死亡率，但在 1997 年的《格罗斯岛：每日活动记录》（*Grosse-Île: A Record of Daily Events*）中，安德烈·夏博诺（André Charbonneau）和安德烈·塞维尼（André Sévigny）写道："1847 年乘船到魁北克的 98649 名移民，其中 18%（17477 人）在抵达目的地前就已经死亡。"换句话说，他们的统计数据包含所有国籍的移民，而不仅仅是爱尔兰人。此外，17477 人的死亡数包括超过 7500 名死于蒙特利尔、多伦多以及上加拿大其他城市的人（Charbonneau and Sévigny，*1847*，*Grosse-Île*，15，23）。这些推测的死亡人数包含 1847 年之前的移民，并且还有一个问题是，新移民抵达后多久，他们的死亡才被算作“移民死亡率”。

最大的问题是一些通俗历史读物，如威廉·亨利（William Henry）将 1847 年所谓 20% 的死亡率暗示为整个大饥荒时期的死亡率（*Coffin Ship: The Wreck of the Brig St. John*）。2009 年，亨利声称：“大饥荒时期从爱尔兰起航的移民中有五分之一死于途中。资料显示，仅 1847 年就有 10 万人乘船前往英属北美，估计有 2 万人死于‘棺材船’或因船上的恶劣条件而在下船后死亡。”（Henry，*Coffin Ship*，16）。实际上，亨利所指的“棺材船”泛指 1845—1850 年大饥荒期间承载爱尔兰移民跨海远航的船只（Henry，*Coffin Ship*，52）。这种知识分子的伎俩混淆了移民经历的集体记忆。结果，美国众议院议长保罗·瑞安（Paul Ryan）在 2018 年 1 月对一位采访者说，他的祖先来自爱尔兰，“乘坐他们所谓的‘棺材船’”时，几乎没有引起什么关注，参见 *Irish Times*（Dublin），January 12，2018。职业历史学家谨慎地对待饥荒时期过高的移民死亡率，乔尔·莫克尔坚称，1847 年“棺材船”的“恐怖故事”“并不能代表整个大饥荒时期的移民活动”（Mokyr，*Why Ireland*，267）。与此类似，科马克·奥格拉达认为，“将 1847 年的死亡率视为普遍基准——正如 *Irish Press* 在 1994 年 12 月报道的那样，认为‘至少有 100 万人搭乘棺材船，逃离爱尔兰’，这样的观点简直就是一个神话”（Ó Gráda，*Black '47*，106）。

1845—1855 年间离开爱尔兰前往海外目的地（不包括不列颠大陆）的 1920978 名移民中，可能多达 47264 人死亡（占比 2.46%）。这超过 97% 的存活率的推测可能低估了饥荒时代爱尔兰移民活着到达目的地的数量。平均 2% 的死亡率是由 1845—1855 年间（除 1847 年）每一年的预估移民总数推算出来的（参见本书导论部分的注释 7）。而 1847 年的死亡总人数在统计时将从爱尔兰到加拿大途中的死亡人数（98749 人中的 10820 人）——正如移民局官员所述（参见第四章注释 11）——与当年没有前往加拿大的爱尔兰移民（121136 人中的 2423 人）的 2% 相加。

2. *Report [Sickness and Mortality]*（1854），8; *Second Report [Emigrant Ships]*（1854），189.

3. *Thirteenth General Report*（1852–1853），74; *Copies [North American Colonies]*（1854–1855），140; McInnis，“Population”，386.

4. 参见 Cohn，*Mass Migration*，144–145; Anbinder，*City of Dreams*，140–141; Rosenberg，*Cholera Years*，2。有关爱尔兰大饥荒时期各种诱因导致超高死亡率的详细资料，参见 Ó Gráda，*Black '47*，88–95。Cohn，*Mass Migration*，144 提供了有关大饥荒时期移民死亡率飙升情况的概述。天花和黄热病在 19 世纪中叶尚未根除，但它们对包括爱尔兰人在内的欧洲移民的影响较小（Brunton，*Politics of Vaccination*）。关于霍乱的新近著作，参见 Gilbert，*Cholera*; Hamlin，*Cholera*; Whooley，*Knowledge*。

5. 参见 Glazier，Mageean，and Okeke，“Socio-Demographic”，255; Mokyr，*Why*

Ireland, 267; Shlomowitz, “Mortality”, 42–45; *Report [Colonization from Ireland]*(1847), 12; *Papers [North American Colonies]*(1852–1853), 479。虽然他们没有解决莫克尔提出的移民死亡率过高的问题，但学者最近重新审视了他在 *Why Ireland Starved* 中的一些主要论断(Kelly and Ó Gráda, *Why Ireland Starved* and Solar, *Why Ireland Starved*)。

6. T. F. Elliot to James Stephen, August 4, 1847 (CO 384/79, TNA) ; *First Report [Emigrant Ships]*(1854), 16; Brown, *Passage*, 77–78.

7. Klein et al., “Transoceanic Mortality”, 114, 112, 107–108 (有关奴隶贸易死亡率的信息，参见 Eltis, “Mortality”; Steckel and Jensen, “New Evidence”; and Cohn, “Deaths”) ; Cohn, “Maritime Mortality”, 190; Cohn, *Mass Migration*, 149; Cohn, “Mortality”, 297; *Second Report [Emigrant Ships]*(1854), 215; McDonald and Shlomowitz, “Mortality”, 89; *First Report [Emigrant Ships]*(1854), 35; Haines, *Life and Death*, 29, 314; Haines, *Doctors*, 7; Bateson, *Convict Ships*, 393–396。

除非另有说明，本章的死亡统计数据包括那些在海上死亡的人以及上岸后不久死亡的人(在隔离区和医院)。在粗略计算既定人口的死亡率时，学者将死亡人数除以登船人数，并将该商数乘以 100。许多定量历史学家认为这种方法在分析海上死亡率时作用有限，因为它没有考虑到航程长度和移民相对年轻等关键动态因素。然而，由于本章试图对这一问题进行大概的比较评估，因此它只限于使用这种粗略估算的死亡率。有关计算死亡统计数据的更多信息，参见 Cohn, “Maritime Mortality”, 160–165。

1845—1855 年前往魁北克的移民的年度死亡率是使用斯蒂芬・沃尔科特的数据计算而来，参见沃尔科特的 “Mortality in Canada Immigration”, July 12, 1847 (CO 384/79, NAK)[for 1845]; *Papers [North America]*(1847), 35 [for 1846]; *Papers [North America]* (1847–1848), 393 [for 1847]; *Papers [North America]*(1849), 37–38, 45 [for 1848]; *Copy [Canada]*(1850), 15 [for 1849]; *Copies [North American Colonies]*(1851), 313 [for 1850]; *Papers [North American Colonies]*(1852), 587 [for 1851]; *Papers [North American Colonies]*(1852–1853), 463 [for 1852]; *Papers [North American Colonies]* (1854), 56 [for 1853]; *Copies [North American Colonies]*(1854–1855), 114 [for 1854]; *Copies [North American Colonies]*(1857 Session 1), 899 [for 1855]。

8. 参见 Cohn, “Mortality”, 296–297; Cohn, “Determinants”, 390; Ó Gráda, *Black '47*, 106–107。不幸的是，纽约移民专员的年度报告只包括移民死亡率的零散统计数据，通常只与当地医院的死亡人数有关。1848 年的报告指出，1848 年前往纽约的 196511 名乘客，仅有 1002 人死于途中，参见 *Annual Reports [1861]*, 12。

按照 21 世纪的标准，19 世纪航船的死亡率非常高。世界领先的航空咨询机构 TO70 表示，21 世纪第一个 10 年中，全球平均每 200 万次商业客运航班发生不到 1 起致命事故。参见 Adrian Young, “TO70's Civil Aviation Safety Review 2019: A Year of Difficult Questions”, https://to70.com。然而，近年来穿越地中海的非洲移民的死亡率与 19 世纪欧洲移民的海上死亡率相似。根据联合国资助的政府间机构国际移民组织 (International

Organization for Migration）的数据，地中海中部航线的死亡率分别是 1.96%（2017 年）、3.11%（2018 年）、3.63%（2019 年）。参见 International Organization for Migration，“Mediterranean Migrant Arrivals Reach 76，558 in 2019; Deaths Reach 1，071”，October 11，2019，www.iom.int。

9. 参见 McDonald and Shlomowitz，“Mortality”，89; *First Report [Emigrant Ships]*（1854），35。McDonald and Shlomowitz 和 *First Report [Emigrant Ships]*（1854）都不包括 1847—1855 年间的统计数据。因此，统计整个时间段的死亡率，需要将 McDonald 和 Shlomowitz 1847 年、1854 年、1855 年的数据与 *First Report's* 中 1848—1853 年的数据相结合。在上述两个来源的统计数据重叠的年份，死亡率非常接近。参见 *First Report [Emigrant Ships]*（1854），35–36; *Papers [Australian Colonies]*（1850），41–42; *Papers [Australian Colonies]*（1852），437–438; *Papers [Australian Colonies]*（1854），136。顺便提一句，虽然 1849 年受霍乱影响，大西洋移民的死亡率飙升，但似乎对当年接受资助前往新南威尔士州的移民只有微乎其微的影响。在当年登船的 15988 人中，有 360 人（2.25%）死亡。当年爱尔兰的死亡率低于平均水平，为 1.13%。参见 *Copies [Australian Colonies]*（1851），40–43。

10. Bateson，*Convict Ships*，393–396; SSJ，*Tory [2]*（AJCP PRO 3211，SL-TAS）; SSJ，*Waverley*（AJCP PRO 3212，SL-TAS）; Haines，*Life and Death*，46.

11. 参见 McInnis，“Population”，382; *Papers [North America]*（1847–1848），361，393，386，356。这些总数不包括少数航行到加拿大其他港口的人。布坎南的 *Papers [North America]*（1847–1848）第 395 页中的表 4，包括抵达后不久住院死亡率惊人的统计数据。1847 年在格罗斯岛检疫的 8691 名移民中，有 3389 人（38.99%）死亡，而在魁北克海事和移民医院（Marine and Emigrant Hospital in Quebec）的 3313 名移民中，有 712 人（21.49%）死亡。多伦多、蒙特利尔和其他加拿大城镇的移民死亡率，参见 McGowan，*Death or Canada*，70; Charbonneau and Sévigny，*1847*，*Grosse-Île*，23。

12. 参见 *Papers [North America]*（1847–1848），386–387，397–403。基于登船港（利物浦和科克除外）的死亡率是根据 *Papers [North America]*（1847–1848）中表 8 列出的单个船只的数据计算得出。布坎南在他的信中提供了利物浦和科克的统计数据，尽管他对每个城市的死亡率的计算略有偏差。珀利的年度报告指出，1847 年从爱尔兰和利物浦前往加拿大新布伦瑞克的 17074 名移民中，有 2400 人（14.06%）死于途中或者检疫隔离期，参见 *Papers [North America]*（1847–1848），361。正如莫克尔和格拉达指出的那样，许多流民和饥荒难民为“伤寒、复发热和斑疹伤寒”创造了一个新术语：“路热病”（road fever）。这段引文以及内部迁移和传染病传播的关系，参见 Mokyr and Ó Gráda，“What Do”，342。关于 19 世纪爱尔兰斑疹伤寒的概述，参见 Crawford，“Typhus”。

13. *Papers [North America]*（1847–1848），397–403，359，385.

14. 这些船只的死亡率参见 *Papers [North America]*（1847–1848），398–399，401–402。关于“萨拉”号的更多信息，参见 *Copy [Canada]*（1850），4；关于“布兰奇”号，参见 William Mure to Viscount Palmerston，April 5，1851（CO 384/88，TNA）；关于“芬格

尔”号，参见 *Papers [North American Colonies]*(1854), 64; *Morning Chronicle*(Quebec), October 25，1853。关于斯特罗克斯敦庄园移民的信息，参见 Reilly，*Strokestown*，65–77。位于斯特罗克斯敦公园的国家饥荒博物馆和档案馆，组织沿着国家饥荒之路的纪念步行道行走，这是一条长 165 公里的文物遗产步行道，追溯 1847 年斯特罗克斯敦移民从罗斯康芒到都柏林的路线，参见 Strokestown Park，“National Famine Way”，www.strokestownpark.ie。

15. 参见 *Papers [North America]*(1847–1848), 385，393; Cohn，“Determinants”，371，389; Shlomowitz and McDonald，“Babies at Risk”，86;“Register of Deaths and Births at Sea en Route to Australia，1847–1854”(CO 386/170，TNA)。有关“提康德罗加”号的更多信息，参见 Veitch，*Hell Ship*。政府限制儿童作为受资助移民到澳大利亚的信息，参见 Shlomowitz and McDonald，“Babies at Risk”，87; *First Report [Emigrant Ships]*(1854), 35–36。

16. 参见 Cohn，“Passenger Mortality”，16; Fifteenth General Report，14–15(for the years 1847–1854) and Sixteenth General Report，419(for the year 1855)；Haines，*Life and Death*，39。关于“卡塔拉奎”号、“泰勒”号、“启明星”号船只残骸的报道，分别见诸 *Boston Pilot*，March 21，1846; *Anglo-Celt*(Cavan), January 26，1854; and *South Australian Register*(Adelaide), October 4，1855(TROVE)。参见 Bateson，*Convict Ships*，3，6。海上失踪的为数不多的运输船之一是“涅瓦河”号 (*Neva*)，它在 1835 年沉船时，运载着来自科克的爱尔兰犯人。有关“涅瓦河”号的更多信息，参见 McCarthy and Todd，*Wreck* and Bateson，*Convict Ships*，248–252。

关于沉船的历史研究相对较少 (在爱尔兰编年史以及其他领域)，并且常常被特定灾难 (例如 Willis，*Shipwreck*) 耸人听闻的描述或者对具有考古意义的遗址 (Parker，*Ancient Shipwrecks*) 的分析所掩盖。一个例外参见 McMahon，“Shipwrecks”。他认为，海事灾难——围绕这些灾难的描述——与大饥荒时期爱尔兰的读者有关，因为它们通过移民和死亡来折射爱尔兰社会正在经历的巨大损失。有关爱尔兰大饥荒时期移民沉船的零星参考，见诸 Cohn，*Mass Migration*，147; Coleman，*Going to America*，121–131; Guillet，*Great Migration*，128; Hansen，*Atlantic Migration*，177; MacDonagh，*Pattern*，248–250，266。大饥荒时期著名的爱尔兰移民沉船事件包括 *Exmouth*(1847), *Ocean Monarch*(1848), *St. John*(1849), *Hannah*(1849), *Maria*(1849), *Caleb Grimshaw*(1849), *Annie Jane* (1853), *Staffordshire*(1853), *Tayleur*(1853), and *City of Glasgow*(1854)。

17. *Freeman's Journal*(Sydney), November 21，1850.

18. *Sailor's Magazine* [New York] 24，no. 4 (December 1851), 484; Dana，*Two Years*，45.

19. 弗雷泽博士出自 Maury，*Englishwoman* [pt. II]，13。弗雷泽报告的手稿副本还存放在 Box 3，Folder 24，Archbishop John Hughes Collection (AANY)。参见 SSJ，*Irene* (MLMSS 599，SL-NSW)；SSJ，*Kinnear [2]*(AJCP PRO 3200，SL-TAS)；*Morning Chronicle*(Quebec), October 18，1854; Samuel Pillow journal，1852–1853 (Ap 115，

SL-NSW）。

20. Samuel Harvey journal，1849（T3258/66/24-27，PRONI）。

21. SSJ，*Rodney*（AJCP PRO 3208，SL-TAS）; SSJ，*Tasmania [2]*（AJCP PRO 3211，SL-TAS）; SSJ，*Bangalore*（AJCP PRO 3189，SL-TAS）; SSJ，*Hyderabad [2]*（AJCP PRO 3198，SL-TAS）.

22. 参见 Lysaght，“Women”，23; *Report [Colonization from Ireland]*（1847），259; *Galway Vindicator*，April 5，1851。梅奥县的目击者引自 Tóibín and Ferriter，*Irish Famine*，106。关于 19 世纪爱尔兰葬礼的二手材料，参见本书第三章脚注 45。

23. *Boston Herald* 的公开信引自 *Nation*（Dublin），June 10，1854; Moore，*Voyage Out*，69; Hassam，*No Privacy*，8.

24. William H. McCleery to John Orr，July 1，1847 [Ulster-American Folk Park（DIPPAM）]; *First Report [Emigrant Ships]*（1854），122–128.

25. Samuel Harvey journal，1849（T3258/66/25–26，PRONI）; *Emigrant Ship "Washington"*（1851），437–438.

26. Frederick W. Hart to William Mure，March 29，1851（CO 384/88，TNA）; A. D. Crossman to William Mure，April 5，1851（CO 384/88，TNA）.

27. 参见 *Papers [North America]*（1847–1848），319–323; *Report [Sickness and Mortality]*（1854），54，49; *Third Report*（1849），620。加尔各答黑穴是印度的一个地牢，据说在 1756 年 6 月的一个晚上，数十名英国士兵窒息而死。

28. 参见 *Ancien Journal*，Vol. 2，16 and Vol. 1，7，16 [IFA]。蒙特利尔灰衣修女会在饥荒期间的活动记录（“编年史”）的分析与再版，参见 Jason King in Kinealy，Moran，and King，*History*，2，21–27，197–216。

29. *Armagh Guardian*，August 20，1849（DIPPAM）.

30. James Duncan diary，1846–1848（MssColl 859，NYPL）.

31. *Sailors' Magazine* [London] 8，no.88（April 1846），74; Sarah Carroll to Teresa Lawlor，September 16，1849 [Teresa Lawlor letters，California Historical Society，San Francisco（KMC）]; *Boston Pilot*，May 15，1852.

32. T. W. C. Murdoch to Herman Merivale，February 11，1853（CO 386/70，TNA）; SSJ，*George Seymour*（AJCP PRO 3214，SL-TAS）; SSJ，*Hyderabad [2]*（AJCP PRO 3198，SL-TAS）; SSJ，*Earl Grey [4]*（AJCP PRO 3193，SL-TAS）; SSJ，*Midlothian*（AJCP PRO M711，SL-TAS）.

33. 参见 *Report [Sickness and Mortality]*（1854），38–39; *Sailors' Magazine* [London] 10，no.109（January 1848），7–8; SSJ，*Blackfriar*（AJCP PRO 3189，SL-TAS）。19 世纪中叶流行的观点认为传染病是由致命的气味和空气（臭气）引起的，参见 Vandenbroucke，“1855 Cholera”。

34. Henry Johnson to Jane Johnson，September 18，1848（T2319/1，PRONI）;

关于“伊丽莎白和萨拉”号，引自 Hamrock，*Famine in Mayo*，140; Samuel Harvey journal，1849（T3258/66/28-29，PRONI）。

35. 参见 SSJ，*Maria*（AJCP PRO 3203，SL-TAS）; *Sailor's Magazine* [New York] 20，no.2（October 1847），43。诺洛思对船上其他病人也很慷慨。

36. George E. Binsted diary，1848-1849（DLMS 137，SL-NSW）; W. Usherwood journal，1852-1853 [B 784（CY 1117），SL-NSW]; Charles Moore diary，1855（B 1319，SL-NSW）; SSJ，*Hyderabad [2]*（AJCP PRO 3198，SL-TAS）.

37. 参见 *Galway Vindicator*，January 25，1854。“泰勒”号事故的另一报道见诸 *Belfast News-Letter*，January 25，1854 [BLN]，报道称爬上索具的那个人“为了安全而登上桅杆，并用船帆把自己绑在那里，几个小时后他被带走，说起来很奇怪，这时他睡着了”。“海洋君主”号的灾难事故参见 *Limerick Reporter*，August 29，1848。文章提到高贵的“外国人”可能是弗雷德里克·杰罗姆（Frederick Jerome），他那天因勇敢而受到众人喝彩。

38. *Copy [Canada]*（1850），5; *Copies [North American Colonies]*（1854-1855），116; H. and A. Cope to Enoch Train and Co.，December 23，1846（Series 1c，Vol. 43，HSP）; H. and A. Cope to Mary Bateman，January 19，1853（Series 1c，Vol. 43，HSP）.

39. 参见 *Morning Chronicle*（Quebec），October 4，1848; *Sailors' Magazine* [London] 8，no.87（March 1846），46-48; *Galway Vindicator*，October 15，1853。1848 年 10 月 7 日，*Morning Chronicle* 刊登了“汉普顿”号船长的反驳，他承认麦菲船长放弃“安妮·简”号，并为麦菲船长的决定辩护，但他否认乘客被锁在甲板下面。

40. *Nation*（Dublin），June 4，1853; *Boston Pilot*，July 28，1849; *Galway Vindicator*，October 15，1853; *Boston Pilot*，February 18，1854.

41. *Ancien Journal*，Vol. 2，17 [IFA]; O'Gallagher and Dompierre，*Eyewitness*，98; *Ancien Journal*，Vol. 2，106 [IFA].

42. 参见 Miller，“Landscape”，分析了饥荒前参与弥撒的人数；参见 Dana，*Two Years*，45; William B. Neville journal，1848-1849（DLMSQ 148，SL-NSW）; *Galway Express*，December 31，1853。

43. Thomas Corby to Lord Wandesforde，March 23，1847（35，526/3，NLI）; *Galway Vindicator*，June 18，1853.

44. 参见 Liverpool Health of Towns Association to Sir George Grey，March 17，1847（HO 45/1816，TNA）; James Mathews to William Meredyth Somerville，July 1，1847（HO 45/1816，TNA）;“一位市民”引自 O'Gallagher and Dompierre，*Eyewitness*，21，25。在糟糕的法律制度下，每个济贫联合会都通过在其辖区征税来为自己提供资金。因此，穷人只有在他们原来所属的济贫联合会才有资格获得救济。这就是为什么詹姆斯·马修斯要求将被驱逐出境的人“送到法律规定应该救济他们的地方”。

45. *Papers [North America]*（1847），44-45; T. F. Elliot to James Stephen，August

4，1847（CO 384/79，TNA）; *First Report [Emigrant Ships]*（1854），5.

46. T. W. C. Murdoch to Herman Merivale，February 11，1853（CO 386/70，TNA）; *Papers [North America]*（1847），27，48-49; *Papers [North America]*（1847-1848），388-389; *Report [Sickness and Mortality]*（1854），61.

47. 麦基“航行的棺材”的演讲刊登在1848年3月18日的都柏林《民族报》。参见 *Freeman's Journal* and *Catholic Register*（New York），April 1，1854; *Freeman's Journal*（Sydney），August 6，1853。“棺材船”这一术语的缘起，参见McMahon，“Tracking”。

48. Thomas Reilly to John M. Kelly，April 24，1848（10，511/2，NLI）; “Saranak's 26th Voyage”，1853，ticket #8048（Series 1a，Box 280，HSP）; “Saranak's 21st Voyage”，1851，ticket #6348（Series 1a，Box 69，HSP）; “Saranak's 11th Voyage”，1847-1848，ticket #2795（Series 1a，Box 65，HSP）; “Saranak's 14th Voyage”，1849，ticket #3644（Series 1a，Box 66，HSP）.

49. *Galway Vindicator*，July 3，1847; July 24，1847; *Nation*（Dublin），May 3，1851; John Montgomery to Joseph Searight，January 25，1849 [D2794/1/2，PRONI（DIPPAM）].

50. *Third Report*（1849），619; Judith Phelan to Teresa Lawlor，January 24，1851 [Teresa Lawlor letters，California Historical Society，San Francisco（KMC）]; Anne Kelly to John Kelly，July 12，1850 [from Patricia Shaw，San Francisco，CA（KMC）]; Margaret Masterson to Michael Masterson，October 4，1850 [Masterson family letters，Kentucky Historical Society（KMC）]; *Nation*（New York），March 17，1849.

51. *Galway Vindicator*，June 17，1846; October 20，1847; *Limerick Reporter*，January 27，1854; *Galway Vindicator*，January 25，1854.

52. 参见H. and A. Cope to George Nichols，November 29，1853（Series 1c，Vol. 43，HSP）; George Nichols to H. and A. Cope，December 26，1853（Series 1d，Box 307，HSP）; W. Tapscott and Co. to H. and A. Cope，May 16，1854（Series 1d，Box 307，HSP）; Stephen Walcott to A. C. Buchanan，September 18，1847（CO 386/122，TNA）。1847年8—10月，魁北克《纪事晨报》刊载一连串1847年夏季死于格罗斯岛的人名、年龄以及所属船只。11月，该报还刊载部分死于海上之人的姓名和年龄。1847年10月26日和11月29日，该报详细刊登了“在格罗斯岛去世却没有亲戚的移民留下的现金和财产”，包括“204个箱子和行李箱，大量羽毛褥垫和衣服”。

53. *Third Report*（1849），620；约翰·奥康纳引自Tuke，*Visit*，48; Edward McNally to William McNally，June 8，1851 [T1448，PRONI（DIPPAM）]; Jane Ellen Orr to John M. Orr，June 28，1848 [Ulster-American Folk Park（DIPPAM）]。

54. *Third Report*（1849），620; Daniel Murphy to John Baldwin Murphy，May 1，1849（T3258/23/1，PRONI）; Eliza Fitzgerald to Michael Cahill，December 18，1848 [Ulster-American Folk Park（DIPPAM）].

55. Mrs. Nolan to Patrick Nolan, October 8, 1850 [T2054, PRONI（KMC）]; Daniel Rowntree to Laurence Rowntree, March 23, 1852 [from Prof. Emeritus Arnold Schrier, University of Cincinnati（KMC）]; “Saranak's 11th Voyage”, 1847–1848, ticket #2713（Series 1a, Box 65, HSP）.

56. *Morning Chronicle*（Quebec）, October 18, 1854; William Hutton to John McCrea, October 20, 1854 [D2298/4/2, PRONI（DIPPAM）].

57. James J. Mitchell journal, 1853（Misc. Mss. Mitchell, James J., NYHS）.

第五章 抵达

1. 参见 John Burke, “Reminiscences [1839–1891]”（AHMC Burke, John, NYHS）; Wiley and Putnam, *Wiley & Putnam's*, 93。人际关系如何形塑饥荒时期前往纽约的爱尔兰移民的经济安全，与此相关的一项出色的长时段研究，参见 Anbinder, Ó Gráda, and Wegge, “Networks and Opportunities”。

2. Reid and Mongan, *Decent Set*, 47; *Belfast News-Letter*, December 14, 1849（BLN）.

3. Byrne, *Emigrant's Guide*, 12–13; MacKenzie, *Emigrant's Guide*, 99; O'Hanlon, *Irish Emigrant's*, 185–187, 43; Wiley and Putnam, *Wiley & Putnam's*, 60.

4. Reid and Mongan, *Decent Set*, 45; Charles Woods journal, 1851（CON 76/1/1, SLTAS）; *Third Report*（1849）, 613.

5. Moore, *Voyage Out*, 69; Richard Nuttal Preston to his uncle [Mr. Greaves], n.d. [1852]（SAS/3/1/12/e, MMA）; John Burke, “Reminiscences [1839–1891]”（AHMC Burke, John, NYHS）.

6. Begley, “Journal”, 46（KMC）; Hassam, *No Privacy*, 61, 8–9.

7. Joseph Claughton diary, 1852（MLDOC 366, SL-NSW）.

8. Andrew Collin to his parents, November 30, 1853 [T2834/1/2, PRONI（DIPPAM）].

9. Henry Johnson to Jane Johnson, September 18, 1848（T2319/1, PRONI）; Edward McNally to William McNally, June 8, 1851 [T1448, PRONI（DIPPAM）]; James Duncan diary, 1846–1848（MssColl 859, NYPL）.

10. *Nation*（New York）, May 12, 1849; *Morning Chronicle*（Quebec）, June 6, 1851; August 18, 1853.

11. 参见 James J. Mitchell journal, 1853（Misc. Mss. Mitchell, James J., NYHS）; *Anglo-Celt*（Cavan）, March 11, 1852。参见 *Freeman's Journal*（Sydney）, October 28, 1852; *Limerick Reporter*, February 11, 1853; 对“乔治亚娜”号事件的报道内容基本相同。

12. James Duncan diary，1846–1848（MssColl 859，NYPL）.

13. Foster，“Copy” [D3618，PRONI（DIPPAM）].

14. *Papers [North America]*（1847），33; *Copies [North American Colonies]*（1851），333; *Papers [North America]*（1847），47.

15. Stephen Walcott to A. C. Buchanan，July 3，1847（CO 386/122，TNA）; *Papers [North American Colonies]*（1854），62–63; *Copies [North American Colonies]*（1854–1855），140.

16. Stephen Walcott to A. C. Buchanan，August 3，1847（CO 386/122，TNA）; Caroline Chisholm to T. N. Redington，July 2，1847（FS/1847/3，NAI）; Archibald Cunninghame to Lord Monteagle，November 5，1847（13，397/2，NLI）.

17. 参见 *Second Report [Colonization from Ireland]*（1847–1848），271，273; *Third Report*（1849），613。玛丽·布兰负责照看的奶牛被戈尔-布思送往“约曼”号，为乘客提供鲜奶。

18. 参见 *Copy [Canada]*（1850），7，11; Vere Foster to his mother，September 12，1851 [D3618，PRONI（DIPPAM）]; *Papers [North America，and to the Australian Colonies]*（1847–1848），96。有关戈尔-布思否认自己对移民的忽视以及违反佃户意愿将他们送走的资料，参见 Robert Gore-Booth to Stephen Walcott，March 16，1848（D4131/H/8，PRONI）。

19. 参见 *Report [Frauds upon Emigrants]*（1847），3; *Limerick Reporter*，May 2，1848; O'Hanlon，*Irish Emigrant's*，50，52。根据凯文·肯尼的记叙，1855 年纽约城堡花园建成前，移民“从船上来到曼哈顿街道，不知道自己在哪儿、要去哪儿，也不知道怎么前往要去的地方”（Kenny，*American Irish*，104）。关于 19 世纪纽约城堡花园和纽约跑腿人、诈骗的更多信息，参见 Coleman，*Going to America*，266–270，192–203。

20. Purcell，“New York”，31; *Annual Reports* [1861]，6，25，155.

21. *American Celt*（Boston），September 7，1850；费城移民友谊会引自 Gallman，*Receiving Erin's*，38; *Nation*（Dublin），August 30，1851; *American Celt*（Boston），September 14，1850。更多关于利物浦和费城移民协会的信息，参见 Gallman，*Receiving Erin's*，37–47。总部位于费城的美国移民友谊会成立于 1851 年，有着全国范围的组织基础，在主要港口城市设有分支机构。纽约爱尔兰移民协会和波士顿爱尔兰移民援助协会（Irish Emigrant Aid Society）皆于 1841 年成立。

22. H. and A. Cope to Captain R. R. Decan，June 30，1852（Series 1c，Vol. 43，HSP）; H. and A. Cope to Patrick McAleer，June 10，1845（Series 1c，Vol. 43，HSP）; H. and A. Cope to Mary B. Thomas，July 24，1850（Series 1c，Vol. 43，HSP）; H. and A. Cope to Thomas Donaldson，August 10，1847（Series 1c，Vol. 43，HSP）.

23. Reid and Mongan，*Decent Set*，47–48; *People's Advocate and New South Wales*

Vindicator（Sydney）, March 16，1850（TROVE）; T. N. Redington to Lieutenant Governor of Van Diemen's Land，September 18，1848（CON/LB/1，NAI）; Jonathon Quin to James Quin，December 10，1849（MLDOC 3507，SL-NSW）.

24. Stephen Walcott to A. C. Buchanan，July 17，1847（CO 386/122，TNA）; Gallman，*Receiving Erin's*，47.

25. 参见 Jane Ellen Orr to John M. Orr，October 13，1847 [Ulster-American Folk Park（DIPPAM）]; John Martin to "Eva" [Mary Anne Kelly]，June 6，1850（Pos. 1396，NLI）; Rev. John G. Mulholland to Rev. George Kirkpatrick，March 21，1849 [D1424/11/1，PRONI（DIPPAM）]。19 世纪中叶爱尔兰国内外的民族主义报纸，参见 Andrews，*Newspapers and Newsmakers* and McMahon，*Global Dimensions*。

26. *Boston Pilot*，April 19，1851; December 3，1842; September 29，1849.

27. *Nation*（New York）, February 24，1849; *American Celt*（Boston）, October 12，1850; O'Hanlon，*Irish Emigrant's*，176–177.

28. *Nation*（Dublin）, May 15，1852; *Belfast Commercial Chronicle*，April 28，1852（DIPPAM）; *Galway Vindicator*，June 30，1852.

29. *Nation*（Dublin）, June 6，1846; *Times*（London）, May 14，1850（TDA）.

30. *Limerick Reporter*，March 3，1846; *Freeman's Journal* and *Catholic Register*（New York）, August 2，1851; July 6，1850.

31. *Morning Chronicle*（Quebec）, May 18，1848; *American Celt*（Boston）, October 26，1850; *Boston Pilot*，March 31，1849; *Galway Express*，August 12，1854; *Limerick Reporter*，July 22，1853.

32. *Boston Pilot*，November 6，1847; January 5，1850.

33. *American Celt and Adopted Citizen*（Boston）, March 1，1851; *Boston Pilot*，April 7，1849; September 7，1850.

34. *Freeman's Journal*（Sydney）, December 16，1854; March 10，1855.

35. *American Celt and Catholic Citizen*（Buffalo）, July 31，1852; December 24，1852; *Freeman's Journal*（Sydney）, March 10，1855; *Boston Pilot*，January 5，1850; *Morning Chronicle*（Quebec）, September 16，1850; *American Celt*（Boston）, November 23，1850; *Nation*（Dublin）, October 31，1846.

36. John Campbell to E. Campbell，February 26，1846 [D1781/3/6，PRONI（DIPPAM）]; John Lindsay to William McCullough，June 21，1847 [D3305/2/4，PRONI（DIPPAM）]; David Moody to his mother，October 16，1851 [T2901/3/1，PRONI（DIPPAM）]; George Ritchie to his parents，January 10，1851（T3292/2，PRONI）.

37. *American Celt and Adopted Citizen*（Boston）, May 24，1851.

38. *Anglo-Celt*（Cavan）, March 23，1849; *Limerick Reporter*，January 21，1853;

Daniel Guiney to his mother and brothers, August 9, 1850 (QRO/4/3/1/161, NAI) .

39. *Papers [North America]* (1847), 21; *Second Report [Colonization from Ireland]* (1847–1848), 279; *Copies [North American Colonies]* (1851), 324.

40. "Saranak's 20th Voyage", 1851, ticket #5755 (Series 1a, Box 69, HSP) ; "Refunded Passenger Tickets, 1853", ticket #8760 (Series 1b, Box 290, HSP) ; "Saranak's 20th Voyage", 1851, ticket #5913 (Series 1a, Box 69, HSP) .

41. *Third Report* (1849), 621; Thomas McGinity to John McGinity and Mary Crosby, October 24, 1847 (T3539/2, PRONI) .

42. 参见 Stott, *Workers*, 91; "Saranak's 32nd Voyage", 1855, ticket #10712 (Series 1a, Box 281, HSP) ; *Papers [North America]* (1847), 41; John Burke, "Reminiscences [1839–1891]" (AHMC Burke, John, NYHS)。布坎南所指的移民矿工可能来自此前万德斯弗德庄园，参见第一章。

43. *Papers [North American Colonies]* (1852), 575; James Purcell to Bridget Brennan, August 10, 1846 (35, 533/1, NLI) ; "Saranak's 20th Voyage", 1851, tickets #5755, #5884 (Series 1a, Box 69, HSP) ; "Refunded Passenger Tickets, 1851", ticket #6122 (Series 1b, Box 290, HSP) .

44. Jane White to Eleanor Wallace, June 27, 1849 [D1195/3/5, PRONI (DIPPAM)]; O'Hanlon, *Irish Emigrant's*, 189; *Third Report* (1849), 617, 619.

45. *Freeman's Journal* (Sydney), February 24, 1853; Thomas Reilly to John M. Kelly, April 24, 1848 (10, 511/2, NLI) ; *Third Report* (1849), 622; John Lindsay to William McCullough, June 21, 1847 [D3305/2/4, PRONI (DIPPAM)]; C. A. McFarland to her mother, March 5, 1855 [D1665/3/6, PRONI (DIPPAM)].

46. Sarah Carroll to Teresa Lawlor, September 16, 1849 [Teresa Lawlor letters, California Historical Society, San Francisco (KMC)]; Margaret Meehan to Teresa Lawlor, July 13, 1854 [Teresa Lawlor letters, California Historical Society, San Francisco (KMC)]; *Anglo-Celt* (Cavan), January 5, 1854; *Report [Colonization from Ireland]* (1847), 357.

47. Michael Hogan to Catherine Nolan, March 12, 1851 [from Seamus Murphy, Pollerton Little, Carlow, County Carlow (KMC)]; Eliza Fitzgerald to Michael Cahill, December 18, 1848 [Ulster-American Folk Park (DIPPAM)]; *Third Report* (1849), 621.

48. *Nation* (New York), October 28, 1848; March 24, 1849; *Freeman's Journal* (Sydney), April 21, 1855; *Boston Pilot*, December 5, 1846.

49. *Third Report* (1849), 615.

50. *Galway Vindicator*, July 24, 1852; "Saranak's 24th Voyage", 1852, ticket #7257 (Series 1a, Box 279, HSP) .

结 语

1. 参见 *Third Report*（1849），619。托马斯·加里潜入航船，并在船长的发动下由乘客为他筹钱的故事，参见 *Second Report [Colonization from Ireland]*（1847–1848），273。参见 Daniel Rountree to Mrs. M. Butler，May 5，1851 [from Prof. Emeritus Arnold Schrier，University of Cincinnati（KMC）]。朗特里家族背景可从克尔比·米勒移民书信集的批注中了解。

2. 参见 Samuel Harvey journal，1849（T3258/66/23，PRONI）; Ó Gráda，“Next World”，esp. 331–336。格雷迪在 *Black '47*，106–107 中，将移民视为饥荒救济，并和凯文·奥罗克（Kevin H. O'Rourke）一起将其称为“Migration”。在 *Atlas of the Great Irish Famine* 中，威廉·史密斯（William J. Smyth）指出，虽然记录在案的死亡率和移民率的比例在 1846—1849 年间几乎完全一致，但在接下来的 3 年（1850—1852 年）里，两者产生巨大差异。因此，史密斯认为大饥荒是持续移民的“社会革命”的催化剂，这场革命一直持续到 21 世纪（Smyth，“Exodus”，494）。

3. 参见 Osterhammel，*Transformation*，xv; Wenzlhuemer，*Connecting*，i; Mitchel，*Jail Journal*，8。关于私人书信和邮政系统的更多信息，参见 Gerber，*Authors*; Henkin，*Postal Age*。

4. *Nation*（Dublin），August 14，1847; *Copies [North American Colonies]*（1857 Session 1），910; *Annual Reports* [1861]，187; MacDonagh，*Pattern*，16.

5. *Annual Reports* [1861]，175; Cohn，*Mass Migration*，7–8.

6. 参见 Éstevez-Saá and O'Connor，“Interview”，166；约翰·罗奇的文章，参见 Irish Red Cross，“Coordinated Approach Needed to Address Tragedy of Mediterranean Coffin Ships”，www.redcross.ie; *Irish Examiner*（Dublin），October 24，2019; *Irish Independent*（Dublin），October 30，2019; *Irish Times*（Dublin），October 29，2019。2020 年初新冠疫情刚暴发时，国内外许多爱尔兰人向美国知名众筹平台“GoFundMe”账户捐款，以援助美国西南部遭受苦难的纳瓦霍人（Navajo）和霍皮族（Hopi）社区，作为对乔克托族（Choctaw Nation）在 1847 年饥荒救济的回报 [*Irish Times*（Dublin），May 5，2020]。

资料来源与研究方法

1. 今天研究爱尔兰移民的学者都从之前的著作中获益，例如 Miller，*Emigrants and Exiles*; Akenson，*Irish in Ontario*; Fitzpatrick，*Oceans*; O'Farrell，*Irish in Australia*; Meagher，*Inventing*。晚近具有开创性的研究成果有 Barr，*Ireland's Empire*; Barr and Carey，*Religion*; Campbell，*Ireland's New Worlds*; Janis，*Greater Ireland*; Mannion，*Land of Dreams*; O'Neill，*Catholics*; Roddy，*Population*，*Providence*; Townend，*Road*; Whelehan，*Dynamiters*。大饥荒研究的奠基性著述有 Gray，*Famine*，*Land*; Kinealy，*This*

Great; Ó Gráda，*Black '47*。雷迪克所说“潜在的命题”，参见 *Outlaws of the Atlantic*，2–3。从劳工史路径研究水手和海盗的重要著述有 Rediker，*Between the Devil*; Linebaugh and Rediker，*Many-Headed*; Rediker，*Outlaws*; Vickers，*Young Men*; Appleby，*Women*; Magra，*Poseidon's Curse*; Schoeppner，*Moral Contagion*。至少有一章论及移民海上体验的著作有 Anderson，*New England's Generation*; Berry，*A Path*; Brown，*Passage*; Cressy，*Coming Over*; Kushner，*Battle*; Taylor，*Distant Magnet*。对爱尔兰移民海上经验的简要分析，参见 Scally，*End*，184–229 and Potter，*To the Golden*，113–160。克尔比·米勒在他 1976 年的博士论文中有一章“前往北美的航行”，《移民与流犯》即是以其博士论文为基础修改而成的（参见 Miller，“Emigrants”）。详见 *Journal of Global History* 11，No. 2（July 2016），155–294，这是从历史空间的角度研究 19 世纪航船的特刊。研究移民海上认同的历史学家最感兴趣的是 de Schmidt，“This Strange”。关于奴隶船的研究有 Borucki，*From Shipmates*; Kelley，*Voyage*; O'Malley，*Final Passages*; Rediker，*Slave Ship*; Smallwood，*Saltwater Slavery*。反对陆地中心主义的有影响的历史研究著述有 Christopher，Pybus，and Rediker，*Many Middle Passages*; Lipman，*Saltwater Frontier*; Perl-Rosenthal，*Citizen Sailors*; Rafferty，*Republic Afloat*。

2. 为避开围绕他们真实性的争论，本书在研究过程中未使用 Gerald Keegan 和 Robert Whyte 所称的“饥荒日记”。对围绕这些书的争论的讨论，参见 McGowan，“Famine，Facts”；King，“Genealogy”。Christine Kinealy，Gerard Moran 与 Jason King 最近联合主编了一套四卷本大饥荒时期的档案。Jason King 主编的第 2 卷包括很多大饥荒时期的航行记叙（参见 Kinealy，Moran，and King，*History*，Vol. 2）。关于科普家族邮轮公司的背景信息，参见 Killick，“Early”。

3. 参见 Kenny，“Diaspora”，135; Wenzlhuemer，“Ship”，165。跨国移民史的其他重要著作有 Bender，*Rethinking*; Choate，*Emigrant Nation*; Gabaccia，*Italy's*; Tyrrell，“Reflections”。*Journal of American History* 关于“民族与民族之外”特刊[86，No. 3（December 1999）]也非常有价值，如“*AHR* Forum: Oceans of History”，in *American Historical Review* 111，No. 3（June 2006），717–780。未来爱尔兰移民航行的研究将更关注爱尔兰移民人口内部的差异和不同的体验。起航地点和到达地点的差异如何影响移民过程?

4. 对美国与英国移民政策的分析，参见 MacDonagh，*Pattern*; Gallman，*Receiving Erin's*; Hirota，*Expelling*。

5. Patt Brenan to Lord Wandesforde，n.d. [1847]（35，526/7，NLI）.

6. 参见 Fitzpatrick，“Irish”，273–275; Gerber，*Authors*，9，39–40; Fitzpatrick，*Oceans*，28。Andrew Hassam 也对航行日记的形式和功能提供了有趣的见解，参见 *No Privacy*，xiii–xiv。

参考文献

283—298

MANUSCRIPT COLLECTIONS

Australia

State Library of New South Wales

Caroline Chisholm papers (1833–1854)

Charles Moore diary (1855)

David Atkinson letters (1851)

Elizabeth Hentig journal (1853)

George E. Binsted diary (1848–1849)

John Henry Read journal (1848–1849)

Jonathon Quin letter (1849)

Joseph Claughton diary (1852)

Joseph Kidd Walpole journal (1849)

Samuel Pillow journal (1852–1853)

Tasmanian Papers (1803–1890)

Thomas Willmott journal (1852)

William B. Neville journal (1848–1849)

W. Usherwood journal (1852–1853)

State Library of Tasmania

Australian Joint Copying Project (Surgeon-Superintendents' Journals)

Charles Woods journal (1851)

Ireland

Galway County Library

Galway Poor Law Minute Books

Gort Poor Law Minute Books
Mountbellew Poor Law Minute Books
James Hardiman Library, National University of Ireland, Galway
Galway Town Commissioners Minutes
National Archives of Ireland
Convict Letterbooks, Chief Secretary's Office
Convict Reference Files
Free Settlers' papers
Official Papers Series 2 (1832–1880), Chief Secretary's Office
Quit Rent Office papers
National Library of Ireland
Alan Queale papers
Inchiquin family papers
Kelly family papers
Monteagle family papers
Prior-Wandesforde family papers
Richard Henry Sheil papers
United Kingdom
Merseyside Museum and Archives, Liverpool
Richard Nuttal Preston letters (1852–1854)
William Culshaw Greenhalgh diary (1853)
National Archives, Kew
Colonial Office papers
Home Office papers
Records of the Admiralty
Public Record Office of Northern Ireland
George Ritchie letter (1851)
Henry Johnson letter (1848–1850)
Lissadell family papers
McGinity family papers (1847–1850)
Miscellaneous Emigrant letters
Murphy family letters (1849)
Samuel Harvey journal (1849)
United States
Archives of the Archdiocese of New York
Archbishop John Hughes Collection
Columbia, Missouri

Kerby A. Miller Collection

Historical Society of Pennsylvania

Cope Family papers (Collection 1486)

New-York Historical Society

James J. Mitchell journal (1853)

John Burke “Reminiscences” (1839–1891)

New York Public Library

James Duncan diary (1846–1848)

MICROFILMED NEWSPAPERS

Australia

Freeman's Journal (Sydney)

Canada

Morning Chronicle (Quebec)

Ireland

Anglo-Celt (Cavan)

Galway Express

Galway Vindicator

Limerick Reporter

Nation (Dublin)

United States

American Celt (Boston)

American Celt and Adopted Citizen (Boston)

American Celt and Catholic Citizen (Buffalo)

Boston Pilot

Freeman's Journal and Catholic Register (New York)

Irish-American (New York)

Nation (New York)

ELECTRONIC DATABASES

British Library Newspapers (Gale Cengage Learning)

Documenting Ireland: Parliament, People, and Migration (Queen's University Belfast)

Irish Famine Archive, Grey Nun Records (Jason King, 2015; National University of Ireland, Galway)

Times [London] Digital Archive, 1785–1985 (Gale Cengage Learning)

TROVE Digitised Newspapers (National Library of Australia)

PRINTED PRIMARY SOURCES

Annual Reports of the Commissioners of Emigration of the State of New York, from the Organization of the Commission, May 5, 1847, to 1860, Inclusive, New York: John F. Trow, 1861.

Anonymous, "Emigration, Emigrants, and Emigrant Ships", *Irish Quarterly Review* (Dublin) 4, No. 14 (June 1854): 430–471.

Begley, Donal, ed., "The Journal of an Irish Emigrant to Canada", *Irish Ancestor* 6, No. 1 (1947): 43–47.

Blunt, Joseph, *The Shipmaster's Assistant, and Commercial Digest*, 5th ed., New York: Harper & Brothers, 1851.

Browning, Colin Arrott, *The Convict Ship, and England's Exiles: In Two Parts*, London: Hamilton, Adams, 1847.

Byrne, J. C., *Emigrant's Guide to New South Wales Proper, Australia Felix, and South Australia*, London: Effingham Wilson, 1848.

Carleton, William, *Traits and Stories of the Irish Peasantry*, 1st series, London: George Routledge & Sons, 1877.

Chisholm, Caroline, *Comfort for the Poor! Meat Three Times a Day!! Voluntary Information from the People of New South Wales*, London: John Ollivier, 1847.

——. *Emigration and Transportation Relatively Considered*, London: John Ollivier, 1847.

Copies or Extracts of Any Despatches Relative to Emigration to the Australian Colonies, in Continuation of Papers Presented to the House of Commons, in February 1850, 1851 (347): xl.

Copies or Extracts of Any Despatches Relative to Emigration to the North American Colonies; in Continuation of Papers Presented to the House of Commons in July 1849, 1851 (348): xl.

Copies or Extracts of Despatches Relative to Emigration to the North American Colonies (in Continuation of Papers Presented April 1851), 1854–1855 (464): xxxix.

Copies or Extracts of Despatches Relative to Emigration to the North American Colonies (in Continuation of Parliamentary Paper, No. 464, of Session 1855), 1857 Session 1 (14): x.

Copy of a Despatch Transmitting Report from the Chief Agent of Emigration in Canada for the Year 1849, and Other Documents, 1850 (173): xl.

Dana, Richard Henry, *Two Years before the Mast: A Personal Narrative of Life at Sea*, New York: Harper and Brothers, 1846.

Duffy, Charles Gavan, *My Life in Two Hemispheres*, 2 vols, London: T. Fisher Unwin, 1898.

Emigrant Ship "Washington" Copy of a Letter from Lord Hobart to the Colonial Land and Emigration Commissioners, 1851 (198): xl.

First Report from the Select Committee of the House of Lords, on Colonization from Ireland; Together with the Minutes of Evidence, 1847–1848 (415): xvii.

First Report from the Select Committee on Emigrant Ships; with the Minutes of Evidence Taken Before Them, 1854 (163): xiii.

Foster, Vere, *Copy of a Letter Addressed by Mr. Vere Foster to the Directors of the American Emigrants' Friend Society of Philadelphia*, 1851.

Hassam, Andrew, ed., *No Privacy for Writing: Shipboard Diaries, 1852–1879*, Melbourne: Melbourne University Press, 1995.

Instructions for Surgeons-Superintendent on Board Convict Ships Proceeding to New South Wales, or Van Diemen's Land: And for Masters of Those Ships, London: W. Clowes for Her Majesty's Stationary Office, 1840.

MacKenzie, Eneas, *The Emigrant's Guide to Australia, with a Memoir of Mrs. Chisholm*, London: Clarke, Beeton, & Co., 1853.

Maury, Sarah Mytton, *An Englishwoman in America*, London: Thomas Richardson and Son, 1848.

Merchant Shipping (Convention). A Bill to Make Such Amendments of the Law Relating to Merchant Shipping as Are Necessary or Expedient to Give Effect to an International Convention for the Safety of Life at Sea, Signed in London on January the twentieth, Nineteen Hundred and Fourteen, and for Purposes Incidental Thereto, 1914 (273): iv.

Mitchel, John, *Jail Journal*, edited by Thomas Flanagan, Dublin: University Press of Ireland, 1982.

Moore, Bruce, ed., *The Voyage Out: 100 Years of Sea Travel to Australia*, Freemantle: Freemantle Arts Centre Press, 1991.

Nettle, George, *A Practical Guide for Emigrants to North America, Including the United States, Lower and Upper Canada, and Newfoundland*, London: Simpkin, Marshall, and Co., 1850.

O'Hanlon, Rev. John, *The Irish Emigrant's Guide for the United States*, Boston: Patrick Donahoe, 1851.

Papers Relative to Emigration to the Australian Colonies, 1850 (1163): xl.

Papers Relative to Emigration to the Australian Colonies, 1852 (1489): xxxiv.

Papers Relative to Emigration to the Australian Colonies, 1854 (436, 436-I): xlvi.

Papers Relative to Emigration to the British Provinces in North America, 1847 (777, 824): xxxix.

Papers Relative to Emigration to the British Provinces in North America, 1847–1848 (932, 964, 971, 985): xlvii.

Papers Relative to Emigration to the British Provinces in North America, 1849 (1025): xxxviii.

Papers Relative to Emigration to the British Provinces in North America, and to the Australian Colonies, 1847–1848 (50, 50-II): xlvii.

Papers Relative to Emigration to the North American Colonies, 1852 (1474): xxxiii.

Papers Relative to Emigration to the North American Colonies, 1852–1853 (1650): lxviii.

Papers Relative to Emigration to the North American Colonies, 1854 (1763): xlvi.

Report of the Select Committee Appointed by the Legislature of New-York to Examine into Frauds upon Emigrants, Albany: C. Van Benthuysen, 1847.

Report of the Select Committee of the House of Lords on Colonization from Ireland; Together with the Minute of Evidence, 1847 (737, 737-II): vi.

Report of the Select Committee of the Senate of the United States on the Sickness and Mortality on Board Emigrant Ships, Washington, D.C.: Beverley Tucker, 1854.

Sailors' Magazine and Nautical Intelligencer (London).

Sailor's Magazine and Naval Journal (New York).

Second Report from the Select Committee of the House of Lords, on Colonization from Ireland; Together with the Further Minutes of Evidence, 1847–1848 (593): xvii.

Second Report from the Select Committee on Emigrant Ships; Together with the Proceedings of the Committee, Minutes of Evidence, Appendix, and Index, 1854 (349): xiii.

Seventeenth General Report of the Emigration Commissioners, 1857, Session 2 (2249): xvi.

Seventh General Report of the Colonial Land and Emigration Commissioners, 1847 (809): xxxiii.

Sixth General Report of the Colonial Land and Emigration Commissioners, 1846 (706): xxiv.

Third Report from the Select Committee of the House of Lords on Colonization from Ireland; Together with an Appendix; and an Index to Minutes of Evidence Taken in Sessions 1847 and 1847–8, 1849 (86): xi.

Thirteenth General Report of the Colonial Land and Emigration Commissioners, 1852–1853 (1647): xl.

Trench, W. Steuart, *Realities of Irish Life*, London: Longmans, Green, 1869.

Tuke, James H., *A Visit to Connaught in the Autumn of 1847*, London: Charles Gilpin, 1848.

Twenty-Fourth General Report of the Emigration Commissioners, 1864 (3341): xvi.

Wiley, John, and George Putnam, *Wiley & Putnam's Emigrant's Guide*, London: Wiley & Putnam, 1845.

SECONDARY SOURCES

Akenson, Donald H., *The Irish in Ontario: A Study of Rural History*, Montreal: McGill-Queen's University Press, 1984.

Albion, Robert Greenhalgh, *Square-Riggers on Schedule: The New York Sailing Packets to England, France, and the Cotton Ports*, Princeton: Princeton University Press, 1938.

Anbinder, Tyler, *City of Dreams: The 400-Year Epic History of Immigrant New York*, New York: Houghton Mifflin Harcourt, 2016.

——. "From Famine to Five Points: Lord Lansdowne's Irish Tenants Encounter North America's Most Notorious Slum", *American Historical Review* 107, No. 2 (April 2002): 351–387.

——. "Lord Palmerston and the Irish Famine Emigration", *Historical Journal* 44, No. 2 (2001): 441–469.

Anbinder, Tyler, Cormac Ó Gráda, and Simone A. Wegge, "Networks and Opportunities: A Digital History of Ireland's Great Famine Refugees in New York", *American Historical Review* 124, No. 5 (December 2019): 1591–1629.

Anderson, Clare, ed., *A Global History of Convicts and Penal Colonies*, London: Bloomsbury, 2018.

Anderson, Virginia DeJohn, *New England's Generation: The Great Migration and the Formation of Society and Culture in the Seventeenth Century*, Cambridge: Cambridge University Press, 1991.

Andrews, Ann, *Newspapers and Newsmakers: The Dublin Nationalist Press in the Mid-Nineteenth Century*, Liverpool: Liverpool University Press, 2014.

Appleby, John C., *Women and English Piracy, 1540–1720: Partners and Victims of Crime*, Woodbridge, UK: Boydell Press, 2013.

Barr, Colin, *Ireland's Empire: The Roman Catholic Church in the English-Speaking World, 1829–1914*, Cambridge: Cambridge University Press, 2020.

Barr, Colin, and Hilary M. Carey, eds., *Religion and Greater Ireland: Christianity and Irish Global Networks, 1750–1969*, Montreal: McGill-Queen's University Press, 2015.

Bateson, Charles, *The Convict Ships, 1787–1868*, Sydney: A. H. & A. W. Reed, 1974.

Bender, Thomas, *Rethinking American History in a Global Age*, Berkeley: University of California Press, 2002.

Berry, Stephen R., *A Path in the Mighty Waters: Shipboard Life and Atlantic Crossings to the New World*, New Haven, Conn.: Yale University Press, 2015.

Borucki, Alex, *From Shipmates to Soldiers: Emerging Black Identities in the Río de la Plata*, Albuquerque: University of New Mexico Press, 2015.

Boyce, D. George, *Nineteenth-Century Ireland*, Dublin: Gill & MacMillan, 2005.

Brand, Ian, and Mark Staniforth, "Care and Control: Female Convict Transportation Voyage to Van Diemen's Land, 1818–1853", *Great Circle* 16, No. 1 (1994): 23–42.

Brophy, Christina Sinclair, "Keening Community: Mná Caointe, Women, Death, and Power in Ireland". Ph.D. diss., Boston College, 2010.

Brown, Kevin, *Passage to the World: The Emigrant Experience, 1807–1940*, Barnsley, UK: Seaforth Publishing, 2013.

Brunton, Deborah, *The Politics of Vaccination: Practice and Policy in England, Wales, Ireland, and Scotland, 1800–1874*, Rochester: University of Rochester Press, 2008.

Campbell, Malcolm, *Ireland's New Worlds: Immigrants, Politics, and Society in the United States and Australia, 1815–1922*, Madison: University of Wisconsin Press, 2008.

Carroll-Burke, Patrick, *Colonial Discipline: The Making of the Irish Convict System*, Dublin: Four Courts Press, 2000.

Casey, Brian, *Class and Community in Provincial Ireland, 1851–1914*, Basingstoke: Palgrave MacMillan, 2018.

Charbonneau, André, and André Sévigny, *1847, Grosse-Île: A Record of Daily Events*, Ottawa: Minister of Canadian Heritage, 1997.

Choate, Mark, *Emigrant Nation: The Making of Italy Abroad*, Cambridge, Mass.: Harvard University Press, 2008.

Christopher, Emma, Cassandra Pybus, and Marcus Rediker, eds., *Many Middle Passages: Forced*

Migration and the Making of the Modern World, Berkeley: University of California Press, 2007.

Cohn, Raymond L., "Deaths of Slaves in the Middle Passage", *Journal of Economic History* 45, No. 3 (September 1985): 685–692.

——. "The Determinants of Individual Immigrant Mortality on Sailing Ships, 1836–1853", *Explorations in Economic History* 24 (1987): 371–391.

——. "Maritime Mortality in the Eighteenth and Nineteenth Centuries: A Survey", *International Journal of Maritime History* 1 (June 1989): 159–191.

——. *Mass Migration Under Sail: European Immigration to the Antebellum United States*, Cambridge: Cambridge University Press, 2008.

——. "Mortality on Immigrant Voyages to New York, 1836–1853", *Journal of Economic History* 44, No. 2 (June 1984): 289–300.

——. "Passenger Mortality on Antebellum Immigrant Ships: Further Evidence", *International Journal of Maritime History* 15 (December 2003): 1–19.

Coleman, Terry, *Going to America*, Garden City, N.Y.: Anchor, 1973.

Comerford, R. V., "Ireland 1850–70: Post-famine and mid-Victorian", in *A New History of Ireland*, Vol. 5: *Ireland Under the Union, 1801–1870*, edited by W. E. Vaughan, 372–395, New York: Oxford University Press, 2010.

Connolly, S. J., *Priests and People in Pre-famine Ireland, 1780–1845*, Dublin: Four Courts Press, 2001.

Corporaal, Marguérite, *Relocated Memories: The Great Famine in Irish and Diaspora Fiction, 1846–1870*, Syracuse, N.Y.: Syracuse University Press, 2017.

Corporaal, Marguérite, and Christopher Cusack, "Rites of Passage: The Coffin Ship as a Site of Immigrants' Identity Formation in Irish and Irish American Fiction, 1855–85", *Atlantic Studies* 8, No. 3 (September 2011): 343–359.

Corporaal, Marguérite, and Jason King, eds., *Irish Global Migration and Memory: Transatlantic Perspectives of Ireland's Famine Exodus*, New York: Routledge, 2017.

Costello, Con, *Botany Bay: The Story of the Convicts Transported from Ireland to Australia, 1791–1853*, Cork: Mercier Press, 1987.

Cowley, Trudy Mae, *A Drift of "Derwent Ducks": Lives of the 200 Female Irish Convicts Transported on the Australasia from Dublin to Hobart in 1849*, Hobart: Research Tasmania, 2005.

Crawford, E. Margaret, "Typhus in Nineteenth-Century Ireland", in *Medicine, Disease, and the State in Ireland*, edited by Greta Jones and Elizabeth Malcolm, 121–137, Cork: Cork University Press, 1999.

Creighton, Margaret S., *Rites and Passages: The Experience of American Whaling, 1830–1870*, Cambridge: Cambridge University Press, 1995.

Cressy, David, *Coming Over: Migration and Communication between England and New England in the Seventeenth Century*, Cambridge: Cambridge University Press, 1987.

Crowley, John, William J. Smyth, and Mike Murphy, eds., *Atlas of the Great Irish Famine*, New York: New York University Press, 2012.

Daniels, Roger, *Coming to America: A History of Immigration and Ethnicity in American Life*, 2nd ed., New York: HarperCollins, 2002.

Davis, John H., *The Kennedys: Dynasty and Disaster*, New York: S. P. I. Books, 1992.

Davis, Richard, "'Not So Bad as a Bad Marriage': Irish Transportation Policies in the 1840s", *Tasmanian Historical Research Association Papers & Proceedings* 47, No. 1 (March 2000): 9–65.

Dear, I. C. B., and Peter Kemp, eds., *The Oxford Companion to Ships and the Sea*, 2nd ed., Oxford: Oxford University Press, 2016.

de Schmidt, Johanna, "'This Strange Little Floating World of Ours': Shipboard Periodicals and Community-Building in the 'Global' Nineteenth Century", *Journal of Global History* 11, No. 2 (July 2016): 229–250.

Donnelly, James S., Jr., *The Great Irish Potato Famine*, Phoenix Mill, UK: Sutton, 2001.

Dunn, Mary Lee, *Ballykilcline Rising: From Famine Ireland to Immigrant America*, Amherst: University of Massachusetts Press, 2008.

Dunne, Terence M., "'Humour the People': Subaltern Collective Agency and Uneven Proletarianization in Castlecomer Colliery, 1826–34", *Éire-Ireland* 53, Nos. 3–4 (2018): 64–92.

Ellis, Eilish, *Emigrants from Ireland, 1847–1852: State-Aided Emigration Schemes from Crown Estates in Ireland*, Baltimore: Genealogical Publishing, 1983.

Eltis, David, "Mortality and Voyage Length in the Middle Passage: New Evidence for the Nineteenth Century", *Journal of Economic History* 44, No. 2 (June 1984): 301–308.

Éstevez-Saá, José Manuel, and Joseph O'Connor, "An Interview with Joseph O'Connor", *Contemporary Literature* 46, No. 2 (Summer 2005): 161–175.

Fitzpatrick, David, "Emigration, 1801–1870", in *A New History of Ireland*, Vol. 5: *Ireland Under the Union, 1801–1870*, edited by W. E. Vaughan, 562–622, New York: Oxford University Press, 2010.

——. "The Irish in America: Exiles or Escapers?", *Reviews in American History* 15, No. 2 (June 1987): 272–278.

——. *Oceans of Consolation: Personal Accounts of Irish Migration to Australia*, Ithaca, N.Y.: Cornell University Press, 1994.

Foucault, Michel, *The History of Sexuality*, Vol. 1: *An Introduction*, New York: Vintage, 1990.

Foxhall, Katherine, *Health, Medicine, and the Sea: Australian Voyages, c. 1815–1860*, Manchester: Manchester University Press, 2012.

Gabaccia, Donna, *Italy's Many Diasporas*, Seattle: University of Washington Press, 2000.

Gallman, J. Matthew, *Receiving Erin's Children: Philadelphia, Liverpool, and the Irish Famine Migration, 1845–1855*, Chapel Hill: University of North Carolina Press, 2000.

Gerber, David A., *Authors of Their Lives: The Personal Correspondence of British Immigrants to*

North America in the Nineteenth Century, New York: New York University Press, 2006.

Gilbert, Pamela K., *Cholera and Nation: Doctoring the Social Body in Victorian England*, Albany: State University of New York Press, 2008.

Glazier, Ira A., Deirdre Mageean, and Barnabus Okeke, "Socio-Demographic Characteristics of Irish Immigrants, 1846–1851", in *Maritime Aspects of Migration*, edited by Klaus Friedland, 243–278, Cologne: Böhlau Verlag, 1989.

Goffman, Erving, *Asylums: Essays on the Social Situation of Mental Patients and Other Inmates*, New York: Anchor, 1961.

Gray, Peter, *Famine, Land, and Politics: British Government and Irish Society, 1843–50*, Dublin: Irish Academic Press, 1999.

Griffith, Lisa Marie, and Ciarán Wallace, eds., *Grave Matters: Death and Dying in Dublin, 1500 to the Present*, Dublin: Four Courts Press, 2016.

Guillet, Edwin C., *The Great Migration: The Atlantic Crossing by Sailing Ship since 1770*, Toronto: University of Toronto Press, 1963.

Haines, Robin, *Doctors at Sea: Emigrant Voyages to Colonial Australia*, Basingstoke: Palgrave MacMillan, 2005.

——. *Emigration and the Labouring Poor: Australian Recruitment in Britain and Ireland, 1831–1860*, London: MacMillan, 1997.

——. "Indigent Misfits or Shrewd Operators? Government-Assisted Emigrants from the United Kingdom to Australia, 1831–1860", *Population Studies* 48, No. 2 (July 1994): 223–247.

——. *Life and Death in the Age of Sail: The Passage to Australia*, Sydney: University of New South Wales Press, 2006.

Hamlin, Christopher, *Cholera: The Biography*, Oxford: Oxford University Press, 2009.

Hamrock, Ivor, ed., *The Famine in Mayo, 1845–1850: A Portrait from Contemporary Sources*, Castlebar: Mayo County Council, 2004.

Hansen, Marcus Lee, *The Atlantic Migration, 1607–1860*, New York: Harper, 1961.

Harman, Kristyn, *Aboriginal Convicts: Australian, Khoisan, and Māori Exiles*, Sydney: University of New South Wales Press, 2012.

Harris, Ruth-Ann M., *The Nearest Place That Wasn't Ireland: Early Nineteenth-Century Irish Labor Migration*, Ames: Iowa State University, 1994.

Hawkings, David T., *Bound for Australia: A Guide to the Records of Transported Convicts and Early Settlers*, Stroud, UK: History Press, 2012.

Henkin, David M., *The Postal Age: The Emergence of Modern Communications in Nineteenth-Century America*, Chicago: University of Chicago Press, 2006.

Henry, William, *Coffin Ship: The Wreck of the Brig St. John*, Cork: Mercier Press, 2009.

Hirota, Hidetaka, *Expelling the Poor: Atlantic Seaboard States and the Nineteenth-Century Origins of American Immigration Policy*, New York: Oxford University Press, 2017.

Hollett, David, *Passage to the New World: Packet Ships and Irish Famine Emigrants, 1845–51*, Gwent, UK: P. M. Heaton, 1995.

Hoppen, K., Theodore. *Ireland since 1800: Conflict and Conformity*, London: Pearson, 1989.

Huggins, Michael, *Social Conflict in Pre-famine Ireland: The Case of County Roscommon*, Dublin: Four Courts Press, 2007.

Hughes, Robert, *The Fatal Shore: The Epic of Australia's Founding*, New York: Vintage, 1986.

Iltis, Judith, "Chisholm, Caroline (1808–1877)", in *Australian Dictionary of Biography*, http://adb.anu.edu.au.

Jaffer, Aaron, *Lascars and Indian Ocean Seafaring, 1780–1860: Shipboard Life, Unrest, and Mutiny*, Woodbridge, UK: Boydell Press, 2015.

Janis, Ely M., *A Greater Ireland: The Land League and Transatlantic Nationalism in Gilded Age America*, Madison: University of Wisconsin Press, 2015.

Jefferson, Sam, *Clipper Ships and the Golden Age of Sail*, London: Bloomsbury, 2014.

Kavanagh, Joan, and Dianne Snowden, *Van Diemen's Women: An Irish History of Transportation to Tasmania*, Dublin: History Press, 2015.

Kelley, Sean M., *The Voyage of the Slave Ship Hare: A Journey into Captivity from Sierra Leone to South Carolina*, Chapel Hill: University of North Carolina Press, 2016.

Kelly, Morgan, and Cormac Ó Gráda, "*Why Ireland Starved* after Three Decades: The Great Famine in Cross-Section Reconsidered", *Irish Economic and Social History* 42, No. 1 (December 2015): 53–61.

Kenny, Kevin, *The American Irish: A History*, Harlow, UK: Longman, 2000.

——. "Diaspora and Comparison: The Irish as a Case Study", *Journal of American History* 90, No. 1 (June 2003): 134–162.

Killick, John, "An Early Nineteenth-Century Shipping Line: The Cope Line of Philadelphia and Liverpool Packets, 1822–1872", *International Journal of Maritime History* 12, No. 1 (June 2000): 61–87.

Kinealy, Christine, *This Great Calamity: The Irish Famine, 1845–1852*, Lanham, Md.: Roberts Rinehart, 1994.

Kinealy, Christine, and Gerard MacAtasney, *The Hidden Famine: Hunger, Poverty, and Sectarianism in Belfast, 1840–50*, London: Pluto Press, 2000.

Kinealy, Christine, Gerard Moran, and Jason King, eds., *The History of the Irish Famine*, 4 vols., New York: Routledge, 2019.

King, Jason, "The Genealogy of *Famine Diary* in Ireland and Quebec: Ireland's Famine Migration in Historical Fiction, Historiography, and Memory", *Éire-Ireland* 47, Nos. 1–2 (Spring/Summer 2012): 45–69.

——. "Remembering Famine Orphans: The Transmission of Famine Memory between Ireland and Québec", in *Holodomor and Gorta Mór: Histories, Memories, and Representations of Famine in Ukraine and Ireland*, edited by Christian Noack, Lindsay Janssen, and Vincent Comerford, 115–114, New York: Anthem Press, 2012.

Klein, Herbert S., Stanley L. Engerman, Robin Haines, and Ralph Shlomowitz, "Transoceanic Mortality: The Slave Trade in Comparative Perspective", *William and Mary Quarterly* 58, No. 1 (January 2001): 93–118.

Kushner, Tony, *The Battle of Britishness: Migrant Journeys, 1685 to the Present*, Manchester: Manchester University Press, 2012.

Laxton, Edward, *The Famine Ships: The Irish Exodus to America*, New York: Henry Holt, 1996.

Linebaugh, Peter, and Marcus Rediker, *The Many-Headed Hydra: Sailors, Slaves, Commoners, and the Hidden History of the Revolutionary Atlantic*, Boston: Beacon, 2000.

Lipman, Alan, *The Saltwater Frontier: Indians and the Contest for the American Coast*, New Haven, Conn.: Yale University Press, 2015.

Lynch, Matthew, *The Mass Evictions in Kilrush Poor Law Union during the Great Famine*, Miltown Malbay: Old Kilfarboy Society, 2013.

Lyne, Gerard J., "William Steuart Trench and the Post-famine Emigration from Kenmare to America, 1850–1855", *Journal of the Kerry Archaeological and Historical Society* 25 (1992): 51–137.

Lysaght, Patricia, "Hospitality at Wakes and Funerals in Ireland from the Seventeenth to the Nineteenth Century: Some Evidence from the Written Record", *Folklore* 114, No. 3 (2003): 403–426.

——. "Women and the Great Famine: Vignettes from the Irish Oral Tradition", in *The Great Famine and the Irish Diaspora in America*, edited by Arthur Gribben, 21–47, Amherst: University of Massachusetts Press, 1999.

MacDonagh, Oliver, *A Pattern of Government Growth, 1800–1860: The Passenger Acts and Their Enforcement*, London: MacGibbon and Kee, 1961.

Mac Suibhne, Breandán, *End of Outrage: Post-famine Adjustment in Rural Ireland*, Oxford: Oxford University Press, 2017.

——. *Subjects Lacking Words? The Gray Zone of the Great Famine*, Cork: Cork University Press, 2017.

Madgwick, R. B., *Immigration into Eastern Australia, 1788–1851*, Sydney: Sydney University Press, 1969.

Magra, Christopher P., *Poseidon's Curse: British Naval Impressment and Atlantic Origins of the American Revolution*, New York: Cambridge University Press, 2016.

Malcolm, Elizabeth, and Dianne Hall, *A New History of the Irish in Australia*, Sydney: University of New South Wales Press, 2018.

Mannion, Patrick, *A Land of Dreams: Ethnicity, Nationalism, and the Irish in Newfoundland, Nova Scotia, and Maine, 1880–1923*, Montreal: McGill-Queen's University Press, 2018.

Mark-Fitzgerald, Emily, *Commemorating the Irish Famine: Memory and the Monument*, Liverpool:

Liverpool University Press, 2013.

McCarthy, Cal, and Kevin Todd, *The Wreck of the Neva: The Horrifying Fate of a Convict Ship and the Irish Women Aboard*, Cork: Mercier Press, 2013.

McClaughlin, Trevor, *Barefoot and Pregnant? Irish Famine Orphans in Australia*, 2 vols., Melbourne: Genealogical Society of Victoria, 1991, 2001.

McCracken, Donal, "Odd Man Out: The South African Experience", in *The Irish Diaspora*, edited by Andy Bielenberg, 251–271, Harlow, UK: Pearson Education, 2000.

McDonald, John, and Eric Richards, "Workers for Australia: A Profile of British and Irish Migrants Assisted to New South Wales in 1841", *Journal of the Australian Population Association* 15, No. 1 (May 1998): 1–33.

McDonald, John, and Ralph Shlomowitz, "Mortality on Immigrant Voyages to Australia in the 19th Century", *Explorations in Economic History* 27 (1990): 84–113.

McGowan, Mark, *Creating Canadian Historical Memory: The Case of the Famine Migration of 1847*, Ottawa: Canadian Historical Association, 2006.

——. *Death or Canada: The Irish Famine Migration to Toronto, 1847*, Toronto: Novalis, 2009.

——. "Famine, Facts, and Fabrication: An Examination of Diaries from the Irish Famine Migration to Canada", *Canadian Journal of Irish Studies* 33, No 2 (Fall 2007): 48–55.

McInnis, Marvin, "The Population of Canada in the Nineteenth Century", in *A Population History of North America*, edited by Michael R. Haines and Richard H. Steckel, 371–432, Cambridge: Cambridge University Press, 2000.

McIntyre, Perry, *Free Passage: The Reunion of Irish Convicts and Their Families in Australia, 1788–1852*, Dublin: Irish Academic Press, 2011.

McMahon, Anne, *Convicts at Sea: The Voyages of the Irish Convict Transports to Van Diemen's Land, 1840–1853*, Hobart, Australia: Anne McMahon, 2011.

——. *Floating Prisons: The Irish Hulks and Convict Voyages to New South Wales, 1823–1837*, Ultimo, Australia: Halstead Press, 2017.

McMahon, Cian T., *The Global Dimensions of Irish Identity: Race, Nation, and the Popular Press, 1840–1880*, Chapel Hill: University of North Carolina Press, 2015.

——. "International Celebrities and Irish Identity in the United States and Beyond", *American Nineteenth Century History* 15, No. 2 (2014): 147–168.

——. "Shipwrecks and Society: Press Reports of the Irish Emigrant Passage to Canada, 1845–1855", in *Canada and the Great Irish Famine*, edited by William Jenkins, Montreal: McGill-Queen's University Press, forthcoming.

——. "Tracking the Great Famine's 'Coffin Ships' across the Digital Deep", *Éire-Ireland* 56, Nos. 1–2 (Spring/Summer 2021).

McMahon, Colin, "Ports of Recall: Memory of the Great Irish Famine in Liverpool and Montreal", Ph.D. diss., York University, 2010.

Meagher, Timothy J., *Inventing Irish America: Generation, Class, and Ethnic Identity in a New England City, 1880–1928*, Notre Dame, Ind.: University of Notre Dame Press, 2001.

Miller, David W., "Landscape and Religious Practice: A Study of Mass Attendance in Pre-Famine Ireland", *Éire-Ireland* 40, Nos. 1–2 (Spring/Summer 2005): 90–106.

Miller, Kerby A., *Emigrants and Exiles: Ireland and the Irish Exodus to North America*, New York: Oxford University Press, 1985.

——. "Emigrants and Exiles: The Irish Exodus to North America, from Colonial Times to the First World War", Ph.D. diss., University of California, Berkeley, 1976.

Mokyr, Joel, *Why Ireland Starved: A Quantitative and Analytical History of the Irish Economy, 1800–1850*, London: George Allen and Unwin, 1983.

Mokyr, Joel, and Cormac Ó Gráda, "What Do People Die of During Famines: The Great Irish Famine in Comparative Perspective", *European Review of Economic History* 6, No. 3 (December 2002): 339–363.

Moran, Gerard, *Sending Out Ireland's Poor: Assisted Emigration to North America in the Nineteenth Century*, Dublin: Four Courts Press, 2004.

Morgan, Gwenda, and Peter Rushton, *Banishment in the Early Atlantic World: Convicts, Rebels, and Slaves*, New York: Bloomsbury, 2013.

Neal, Frank, *Black '47: Britain and the Famine Irish*, London: MacMillan, 1998.

——. "Liverpool, the Irish Steamship Companies, and the Famine Irish", *Immigrants and Minorities* 5, No. 1 (1986): 28–61.

Nolan, William, *Fassadinin: Land, Settlement and Society in Southeast Ireland, 1600–1850*, Dublin: Geography Publications, 1979.

Norton, Desmond, *Landlords, Tenants, Famine: The Business of an Irish Land Agency in the 1840s*, Dublin: University College Dublin Press, 2006.

——. "On Landlord-Assisted Emigration from some Irish Estates in the 1840s", *Agricultural History Review* 53, No. 1 (2005): 24–40.

Nowlan, Kevin B., ed., *Travel and Transport in Ireland*, Dublin: Gill & MacMillan, 1973.

O'Connor, Kevin, *Ironing the Land: The Coming of Railways to Ireland*, Dublin: Gill & MacMillan, 1999.

Ó Crualaoich, Gearóid, "The 'Merry Wake'", in *Irish Popular Culture, 1650–1850*, edited by J. S. Donnelly Jr. and Kerby A. Miller, 173–200, Dublin: Irish Academic Press, 1999.

O'Farrell, Patrick, *The Irish in Australia*, Sydney: University of New South Wales Press, 1986.

——. *Letters from Irish Australia, 1825–1929*, Sydney: New South Wales University Press, 1984.

O'Gallagher, Marianna, and Rose Masson Dompierre, eds., *Eyewitness, Grosse Ile, 1847*, Quebec: Carraig Books, 1995.

Ó Gráda, Cormac, *Black '47 and Beyond: The Great Irish Famine in History, Economy, and Memory*, Princeton: Princeton University Press, 1999.

——. "Industry and Communications, 1801–45", in *A New History of Ireland*, Vol. 5: *Ireland Under the Union, 1801–1870*, edited by W. E. Vaughan, 137–157, New York: Oxford University Press, 2010.

——. "The Next World and the New World: Relief, Migration, and the Great Irish Famine", *Journal of Economic History* 79, No. 2 (June 2019): 319–355.

Ó Gráda, Cormac, and Kevin H. O'Rourke, "Migration as Disaster Relief: Lessons from the Great Irish Famine", *European Review of Economic History* 1, No. 1 (April 1997): 3–25.

O'Grady, Desmond, *The Road Taken: Poems, 1956–1996*, Salzburg: University of Salzburg Press, 1996.

O'Mahony, Christopher, and Valerie Thompson, *Poverty to Promise: The Monteagle Emigrants, 1835–58*, Darlington: Crossing Press, 1994.

O'Malley, Gregory, *Final Passages: The Intercolonial Slave Trade of British America, 1619–1807*, Chapel Hill: University of North Carolina Press, 2014.

O'Neill, Ciaran, *Catholics of Consequence: Transnational Education, Social Mobility, and the Irish Catholic Elite, 1850–1900*, Oxford: Oxford University Press, 2014.

O'Neill, Kevin, *Family and Farm in Pre-famine Ireland: The Parish of Killashandra*, Madison: University of Wisconsin Press, 1984.

O'Neill, Tim P., "Famine Evictions", in *Famine, Land, and Culture in Ireland*, edited by Carla King, 29–70, Dublin: University College Dublin Press, 2000.

Osterhammel, Jürgen, *The Transformation of the World: A Global History of the Nineteenth Century*, Princeton: Princeton University Press, 2015.

Ó Súilleabháin, Seán, *Irish Wake Amusements*, Cork: Mercier Press, 1997.

Owens, Gary, "Nationalism without Words: Symbolism and Ritual Behavior in the Repeal 'Monster Meetings'of 1843–5", in *Irish Popular Culture, 1650–1850*, edited by James S. Donnelly and Kerby A. Miller, 242–269, Dublin: Irish Academic Press, 1999.

Parker, A. J., *Ancient Shipwrecks of the Mediterranean and the Roman Provinces*, Oxford: British Archaeological Reports, 1978.

Perl-Rosenthal, Nathan, *Citizen Sailors: Becoming American in the Age of Revolution*, Cambridge, Mass.: Belknap, 2015.

Phillips, Jock, and Terry Hearn, *Settlers: New Zealand Immigrants from England, Ireland, and Scotland, 1800–1945*, Auckland: Auckland University Press, 2008.

Potter, George, *To the Golden Door: The Story of the Irish in Ireland and America*, Boston: Little, Brown, 1960.

Purcell, Richard J., "The New York Commissioners of Emigration and Irish Immigrants", *Studies: An Irish Quarterly Review* 37, No. 145 (March 1948): 29–42.

Rafferty, Matthew Taylor, *The Republic Afloat: Law, Honor, and Citizenship in Maritime America*, Chicago: University of Chicago Press, 2013.

Rasor, Eugene L., *Reform in the Royal Navy: A Social History of the Lower Deck, 1850–1880*, Hamden, Conn.: Archon Books, 1976.

Rediker, Marcus, *Between the Devil and the Deep Blue Sea: Merchant Seamen, Pirates, and the Anglo-American Maritime World, 1700–1750*, Cambridge: Cambridge University Press, 1987.

——. *Outlaws of the Atlantic: Sailors, Pirates, and Motley Crews in the Age of Sail*, Boston: Beacon, 2014.

——. *The Slave Ship: A Human History*, New York: Penguin, 2007.

Reece, Bob, ed., *Irish Convict Lives*, Sydney: Crossing Press, 1993.

Reid, Richard, *Farewell My Children: Irish Assisted Emigration to Australia, 1848–1870*, Sydney: Anchor, 2011.

——. "'That Famine Is Pressing Each Day More Heavily upon Them': The Emigration of Irish Convict Families to NSW, 1848–1852", in *Poor Australian Immigrants in the Nineteenth Century: Visible Immigrants*, Vol. 2, edited by Eric Richards, 69–96, Canberra: Australian National University Press, 1991.

Reid, Richard, and Cheryl Mongan, eds., *A Decent Set of Girls: The Irish Famine Orphans of the Thomas Arbuthnot, 1848–1850*, Yass: Yass Heritage Project, 1996.

Reilly, Ciarán, "Aspects of Agency: John Ross Mahon, Accommodation, and Resistance on the Strokestown Estate, 1845–1851", in *Ireland's Great Famine and Popular Politics*, edited by Enda Delaney and Breandán MacSuibhne, 172–185, New York: Routledge, 2016.

——. *Strokestown and the Great Irish Famine*, Dublin: Four Courts Press, 2014.

Richards, Eric, "How Did Poor People Emigrate from the British Isles to Australia in the Nineteenth Century?", *Journal of British Studies* 32, No. 3 (July 1993): 250–279.

Ritchie, Fiona, and Doug Orr, *Wayfaring Strangers: The Musical Voyage from Scotland and Ulster to Appalachia*, Chapel Hill: University of North Carolina Press, 2014.

Roberts, David Andrew, "The 'Knotted Hands That Set Us High': Labour History and the Study of Convict Australia", *Labour History* 100 (May 2011): 33–50.

Roddy, Sarah, *Population, Providence, and Empire: The Churches and Emigration from Nineteenth-Century Ireland*, Manchester: Manchester University Press, 2014.

Rosenberg, Charles E., *The Cholera Years: The United States in 1832, 1849, and 1866*, Chicago: University of Chicago Press, 1987.

Scally, Robert, *The End of Hidden Ireland: Rebellion, Famine, and Emigration*, New York: Oxford University Press, 1995.

——. "Liverpool Ships and Irish Emigrants in the Age of Sail", *Journal of Social History* 17, No. 1 (Autumn 1983): 5–30.

Schoeppner, Michael A., *Moral Contagion: Black Atlantic Sailors, Citizenship, and Diplomacy in Antebellum America*, Cambridge: Cambridge University Press, 2019.

Shaw, A. G. L., *Convicts and Colonies: A Study of Penal Transportation from Great Britain and*

Ireland to Australia and Other Parts of the British Empire, London: Faber and Faber, 1966.

Shlomowitz, Ralph, "Mortality and the Pacific Labour Trade", *Journal of Pacific History* 22, No. 1 (January 1987): 34–55.

Shlomowitz, Ralph, and John McDonald, "Babies at Risk on Immigrant Voyages to Australia in the Nineteenth Century", *Economic History Review* 44, No. 1 (1991): 86–101.

Smallwood, Stephanie, *Saltwater Slavery: A Middle Passage from Africa to American Diaspora*, Cambridge, Mass.: Harvard University Press, 2007.

Smyth, William J., "Exodus from Ireland: Patterns of Emigration", in *Atlas of the Great Irish Famine*, edited by John Crowley, William J. Smyth, and Mike Murphy, 494–503, New York: New York University Press, 2012.

Solar, Peter M., "*Why Ireland Starved* and the Big Issues in Pre-famine Irish Economic History", *Irish Economic and Social History* 42, No. 1 (December 2015): 62–75.

Spray, William A., "Irish Famine Emigrants and the Passage Trade to North America", in *Fleeing the Famine: North America and Irish Refugees, 1845–1851*, edited by Margaret M. Mulrooney, 3–20, Westport, Conn.: Praeger, 2003.

Steckel, Richard H., and Richard A. Jensen, "New Evidence on the Causes of Slave and Crew Mortality in the Atlantic Slave Trade", *Journal of Economic History* 46, No. 1 (March 1986): 57–77.

Stott, Richard B., *Workers in the Metropolis: Class, Ethnicity, and Youth in Antebellum New York City*, Ithaca, N.Y.: Cornell University Press, 1990.

Strong, Rowan, *Victorian Christianity and Emigrant Voyages to British Colonies, c. 1840–c. 1914*, London: Oxford University Press, 2017.

Tait, Clodagh, *Death, Burial, and Commemoration in Ireland, 1550–1650*, Basingstoke: Palgrave MacMillan, 2002.

Taylor, Philip, *The Distant Magnet: European Emigration to the U.S.A.*, London: Eyre and Spottiswoode, 1971.

Thompson, E. P., "Time, Work-Discipline, and Industrial Capitalism", *Past & Present* 38 (December 1967): 56–97.

Tóibín, Colm, and Diarmaid Ferriter, eds., *The Irish Famine: A Documentary*, New York: Thomas Dunne Books, 2001.

Townend, Paul A., *The Road to Home Rule: Anti-imperialism and the Irish National Movement*, Madison: University of Wisconsin Press, 2016.

Turner, Michael, *After the Famine: Irish Agriculture, 1850–1914*, Cambridge: Cambridge University Press, 1996.

Turner, Victor, *The Ritual Process: Structure and Anti-Structure*, Chicago: Aldine, 1969.

Tyrrell, Ian, "Reflections on the Transnational Turn in United States History: Theory and Practice", *Journal of Global History* 4, No. 3 (November 2009): 453–474.

Vandenbroucke, Jan P., "The 1855 Cholera Epidemic in Ferrara: Lessons from Old Data Reanalysed with Modern Means", *European Journal of Epidemiology* 18, No. 7 (2003): 599–602.

Veitch, Michael, *Hell Ship: The True Story of the Plague Ship Ticonderoga, One of the Most Calamitous Voyages in Australian History*, Crows Nest: Allen and Unwin, 2018.

Vickers, Daniel, *Young Men and the Sea: Yankee Seafarers in the Age of Sail*, New Haven, Conn.: Yale University Press, 2007.

Walker, Carole Ann, *A Saviour of Living Cargoes: The Life and Work of Caroline Chisholm*, Brisbane: Connor Court, 2011.

Wenzlhuemer, Roland, *Connecting the Nineteenth-Century World: The Telegraph and Globalization*, Cambridge: Cambridge University Press, 2015.

——. "The Ship, the Media, and the World: Conceptualizing Connections in Global History", *Journal of Global History* 11, No. 2 (July 2016): 163–186.

Whelehan, Niall, *The Dynamiters: Irish Nationalism and Political Violence in the Wider World, 1867–1900*, Cambridge: Cambridge University Press, 2012.

Whooley, Owen, *Knowledge in the Time of Cholera: The Struggle over American Medicine in the Nineteenth Century*, Chicago: University of Chicago Press, 2013.

Williams, John, *Ordered to the Island: Irish Convicts and Van Diemen's Land*, Sydney: Crossing Press, 1994.

Williams, William H. A., *Creating Irish Tourism: The First Century, 1750–1850*, London: Anthem Press, 2011.

Willis, Sam, *Shipwreck: A History of Disasters at Sea*, London: Quercus, 2009.

Wilson, David A., *Thomas D'Arcy McGee*, 2 vols., Montreal: McGill-Queen's University Press, 2008, 2011.

Witt, Jann M., "'During the Voyage Every Captain Is Monarch of the Ship': The Merchant Captain from the Seventeenth to the Nineteenth Century", *International Journal of Maritime History* 13, No. 2 (December 2001): 165–194.

Woodham-Smith, Cecil, *The Great Hunger*, New York: Harper & Row, 1962.

Wyatt, Louise, ed., "The Johnson Letters", *Ontario History* 40 (1948): 27–52.

Ziegler, Edith M., *Harlots, Hussies, and Poor Unfortunate Women: Crime, Transportation, and the Servitude of Female Convicts, 1718–1783*, Tuscaloosa: University of Alabama Press, 2014.

索 引

译后记

爱尔兰大饥荒是世界历史上的重要事件，对于其成因（马铃薯歉收）我们较为熟悉，但对于爱尔兰人如何应对饥荒以谋生，我们则知之不多。本书即是从爱尔兰人向海外移民的视角考察其应对大饥荒的生存策略。翻译这本书并非我有意为之，端赖上海人民出版社邱迪女史的热情相邀。当然这也契合我的一个想法，那就是我认为中国的世界史研究者应该至少翻译一本专业书籍。我经常跟我的学生讲，在中国研究世界史的意义，其中之一便是译介史学前沿著述。

在我看来，这本书的学术价值至少体现在以下三个方面：一是倾听爱尔兰移民的“声音”。本书作者利用爱尔兰移民的信件和日记，聆听爱尔兰移民亲历者的讲述，聚焦他们活生生的经历。作者借此修正人们对“棺材船”的刻板认知，将爱尔兰移民的活力、创造性和能动性公诸于世。二是海洋社会史与移民史的融合。作者认为，在过去的数年中，很多学者已经围绕海盗、船员和奴隶在海上的经历推出重磅著作；但奇怪的是，移民并未成为他们的研究主题，尽管 19 世纪的每个移居海外之人都会耗费数周或数月在海上漂泊。

《棺材船：爱尔兰大饥荒时期海上的生与死》借助散落在世界各地档案馆的书信、日记和报纸，力图展示航行本身就是人类迁徙谜题中至关重要的一块拼图。三是跨国史的视野。跨国史是当前学界方兴未艾的研究潮流，旨在超越民族国家叙事的藩篱。本书作者在探讨爱尔兰人移民的整个过程中，着重强调跨国网络对远航成功的重要性，特别是移居国外的亲戚、朋友利用汇款系统将沿途所需费用和建议等信息传递给将要移民之人。

本书作者奇安 T. 麦克马洪是美国内华达大学拉斯维加斯分校历史系副教授，他在 2010 年从卡内基梅隆大学获得博士学位。他的研究专长是 19 世纪移民与身份认同，目前已经出版两本专著。除本书之外，麦克马洪在 2015 年推出《爱尔兰人身份认同的全球维度：1840—1880 年的种族、民族与大众媒介》一书，探讨爱尔兰大饥荒引发的数百万爱尔兰人的全球大流散如何改变爱尔兰人对民族和民族主义的看法。

学术翻译往往是吃力不讨好的活计。当翻译完这部书稿时，我更加认同这句话，正所谓“文章千古事，得失寸心知”。我的翻译过程犹如爱尔兰移民的航程一般，得到多方帮助。感谢邱迪女史提供的机会和细致入微地校正翻译稿，感谢山东大学翻译学院梁远副教授及其团队的帮助，感谢我的家人的支持。我虽然从事英国史学习和研究有年，但主要关注的是英格兰的历史，对爱尔兰的历史并无深入研究，因此在翻译这部书稿的过程中，往往感到力不从心。纵使我力求准确、流畅地翻译书稿，但难免会有很多地方翻译得不尽如人意，欢迎诸位读者批评指正。

译者谨识于武昌桂子山

图书在版编目(CIP)数据

棺材船:爱尔兰大饥荒时期海上的生与死/
(爱尔兰)奇安·T.麦克马洪(Cian T. McMahon)著;
初庆东译. —上海:上海人民出版社,2024
书名原文:The Coffin Ship: Life and Death at
Sea during the Great Irish Famine
ISBN 978-7-208-18684-2

Ⅰ.①棺… Ⅱ.①奇… ②初… Ⅲ.①爱尔兰-历史
-19世纪 Ⅳ.①K562.3

中国国家版本馆CIP数据核字(2023)第245813号

责任编辑 邱 迪
封面设计 赤 徉

棺材船:爱尔兰大饥荒时期海上的生与死
[爱尔兰]奇安·T.麦克马洪 著
初庆东 译

出　版 上海人民出版社
(201101 上海市闵行区号景路159弄C座)
发　行 上海人民出版社发行中心
印　刷 苏州工业园区美柯乐制版印务有限责任公司
开　本 889×1194 1/32
印　张 11.25
字　数 277,000
插　页 5
版　次 2024年3月第1版
印　次 2024年3月第1次印刷
ISBN 978-7-208-18684-2/K·3343
定　价 88.00元